AF250038

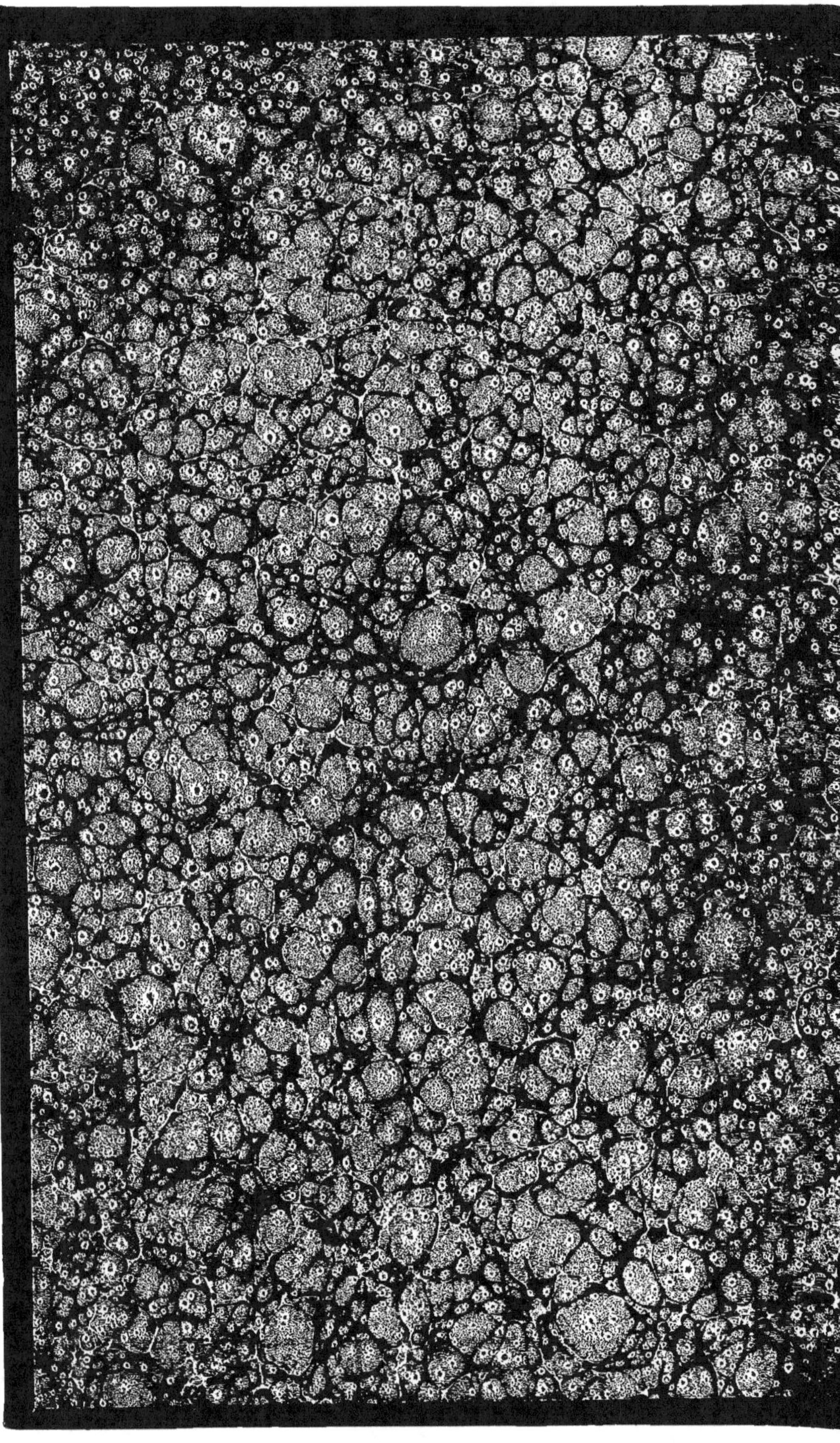

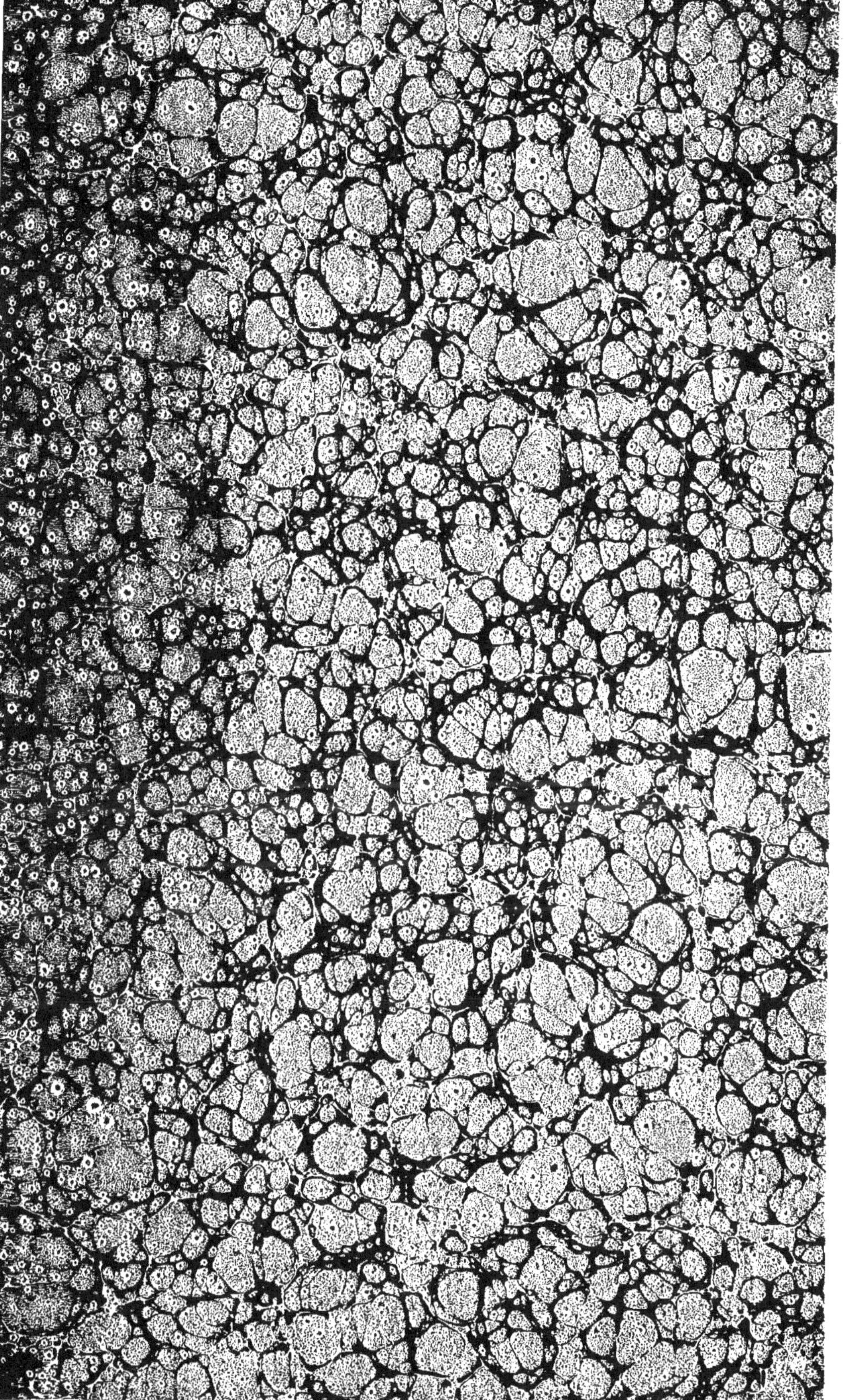

L'ITALIE

SOUS

LA DOMINATION AUTRICHIENNE

PARIS. — IMPRIMERIE WALDER, RUE BONAPARTE, 44.

S. M. l'Impératrice recevant les drapeaux pris aux Autrichiens à Magenta.

L'ITALIE

SOUS

LA DOMINATION AUTRICHIENNE

HISTOIRE DES CAMPAGNES DE 1796 ET 1859

PAR MM.

PONSON DU TERRAIL ET P. DE LASCAUX

PARIS

IMPRIMERIE WALDER, RUE BONAPARTE, 44.

—

1860

HISTOIRE

DE L'ITALIE

SOUS LA DOMINATION

AUTRICHIENNE

PAR

MM. PONSON DU TERRAIL ET PAUL DE LASCAUX

INTRODUCTION

PAR M. PONSON DU TERRAIL

> Il est des instants, pour une nation, où la meilleure musique est celle du tambour qui bat la charge.
>
> BÉRANGER.

I

A l'heure où le canon de la France élève sa grande voix, si le laboureur devient soldat, les poëtes se font historiens.

A chacun son rôle et son but.

A celui qui tient une épée, la mission de franchir les Alpes et de chasser du dernier coin de l'Italie le dernier soldat autrichien.

A ceux qui tiennent une plume, jusqu'à l'heure où le pays en danger les appellerait sous le drapeau national, la mission d'ajouter une page à la grande histoire de notre Patrie.

La France est grande comme le monde, a-t-on dit.

Pendant la paix, phare étincelant, elle projette au loin sur les peuples la clarté de sa civilisation.

Vienne la guerre! la France tire son épée dont les nationalités en péril ont réclamé le secours, et cette épée devient aussitôt le glaive de l'indépendance!

II

Dans les moments de calme et de prospérité, comme aux heures fatales de guerre civile, les factions peuvent surgir.

Mais au premier roulement du tambour retentissant à la frontière, les factions rentrent dans l'ombre et la France n'a plus qu'un drapeau!

Fils de soldats, en attendant l'instant où nous aurons à transcrire les bulletins de la jeune armée d'Italie, nous raconterons l'histoire de ces autres armées qui passèrent les monts à diverses époques pour arracher la Péninsule à la domination de l'Autriche.

III

Italie! terre féconde, le sang de tes enfants égorgés par les barbares a rendu tes plaines fertiles!

Italie! champ de bataille qui te souviens encore de Charlemagne et de Bayard, n'es-tu pas le vaste ossuaire où tes morts dorment couchés entre les soldats de Pavie et les vainqueurs de Marengo!

IV

Il est une nation qui, dans son orgueil, osa prendre pour devise ces paroles:

Austriæ est imperare orbi universo.

Fidèle à cette devise, elle a marché constamment,
Toujours insolente et cruelle aux vaincus;
Toujours cauteleuse, hypocrite, rampant dans les ténèbres et enlaçant l'Europe des fourberies sans nombre de sa diplomatie.

Peuplade mal à l'aise, à son origine, entre ses étroites frontières, elle est devenue un empire, et il ne s'est point écoulé une heure, à travers les âges, qu'elle n'ait essayé de faire un pas de plus vers son but.

Interrogez l'histoire !

Quand, lassés de la guerre, les peuples jetaient leur épée, demandant au Dieu des batailles de devenir enfin le Dieu des récoltes fécondes, de bénir les laboureurs là où les soldats étaient tombés en l'invoquant ; tandis que la France élevait des palais et protégeait les arts, que, sous le règne des Médicis, l'Italie commençait à renaître, alors que l'Angleterre envoyait ses vaisseaux découvrir des terres lointaines, — seule, l'Autriche conspirait contre la paix du monde !

Les siècles ont passé, mais aux Rodolphe de Hapsbourg ont succédé les Metternich.

Ennemie de tout ce qui était grand, jalouse de tout ce qui était beau, craignant tout ce qui était fort, elle a marché sans relâche, marché toujours !

D'une main, elle tenait un bâton ; de l'autre, elle portait des fers.

Avec le bâton, elle châtiait ses soldats, qui manquaient d'enthousiasme sur le champ de bataille ;

Avec les fers, elle enchaînait un à un les peuples vaincus.

V

Le treizième siècle allait finir.

Un baron allemand, Rodolphe de Hapsbourg, mélange d'astuce et de bravoure, venait de se hisser, moitié par la force et moitié par la ruse, jusques au trône des fils cadets de Charlemagne.

A peine s'était-il emparé du sceptre, que son empire lui sembla trop étroit, et que, l'épée à la main, à la tête de hordes à demi sauvages, il s'élança vers l'Italie.

Naples l'attirait, avec ses palais, ses plaines fertiles, son ciel radieux et son doux climat !

Naples, où la mer était bleue comme l'azur du firmament, — où les orangers poussent en pleine terre, vigoureux comme les chênes de la vieille Germanie.

Ainsi qu'un torrent dévastateur, Rodolphe et ses soldats farouches traversèrent les campagnes, coupant les récoltes sur pied, incendiant les villes, égorgeant et pillant; moins généreux que Brennus, qui s'arrêta saisi de respect devant les vieux Romains assis dans leur chaise curule, il n'eut pitié ni des femmes qui demandaient grâce pour leur beauté, ni des vieillards implorant la mort comme une délivrance, ni des enfants qui voulaient vivre, ni des poëtes qui le suppliaient de respecter les trésors enfouis dans les bibliothèques, ni des artistes essayant d'arrêter le bras impie de ses Croates qui brisaient les vitraux et lacéraient les fresques des églises, après avoir renversé les statues de marbre des palais !

Les femmes furent déshonorées, on laissa vivre les vieillards pour qu'ils versassent leurs dernières larmes; on égorgea les enfants, on enchaîna les sculpteurs et les poëtes, parce que, les uns avec leur ciseau, les autres avec leurs chants, sont les précurseurs de l'enthousiasme ou du dédain de la postérité.

VI

Sept années plus tard, Rodolphe de Hapsbourg n'était plus, mais l'empire d'Autriche était fondé.

Le chef de cette dynastie d'envahisseurs avait tracé d'avance la ligne de conduite que devaient suivre ceux qui lui succéderaient.

L'empereur Rodolphe avait conquis l'Italie; il était mort à la veille d'être roi des Romains. Son fils, Albert, porta ses yeux vers une autre contrée florissante, prospère, indépendante jusque-là.

Le père avait eu l'Italie, le fils voulut la Bohême.

Le roi de ce pays, Venceslas III, venait de tomber sous le poignard d'un assassin.

L'empereur Albert entra, l'épée au poing, dans Prague, comme l'empereur Rodolphe était entré dans Rome et dans Naples.

La Bohême conquise, le fils de Rodolphe de Hapsbourg, qui venait d'agrandir ses frontières, les trouva plus étroites que jamais.

Et, pour la seconde fois, le nouvel empereur jeta les regards autour de lui, et se demanda pour quelle nation il pourrait forger des chaînes.

VII·

A l'ouest des Marches allemandes, se dressent les cimes neigeuses des Alpes du Nord.

Là, fier et tranquille comme l'aigle dont le vol s'élève ou s'abaisse au-dessus des abîmes, vivait un pauvre peuple qui n'avait de richesse que sa liberté, de maître que Dieu, de chefs que les *anciens* de chacun de ses cantons.

Pâtres, laboureurs, guerriers, ces hommes ne demandaient ni accroissement de territoire, ni trésors.

Au printemps, le pâtre regagnait les sommets déjà verdoyants sous la neige, le laboureur conduisait ses bœufs au travail ; le jeune homme qui n'avait ni troupeau à mener paître, ni champ à cultiver, prenait une pique, endossait une cuirasse et s'en allait combattre et verser fidèlement son sang pour les peuples voisins.

Un jour, la fierté sauvage de cette poignée de montagnards parut injurieuse à l'Empereur.

L'Autriche avait envahi l'Italie, conquis la Bohême; elle se dit que l'asservissement de la Suisse était nécessaire à sa grandeur.

L'Autriche se trompait, l'empereur Albert ne savait pas que les hommes qui habitent les monts et les hautes vallées habitent près de Dieu, et que Dieu les a rendus forts, parce qu'il leur a donné le mépris des richesses.

Un soir d'été, les femmes d'Unterwalden et de Zurich filaient au seuil de leurs portes, les enfants se roulaient dans la poussière du chemin, les hommes mûrs revenaient des travaux des champs ;

Un cavalier bardé de fer arriva et dit à ce peuple qui n'avait jamais franchi les défilés de ses montagnes :

— L'Empereur, mon maître et le vôtre, m'envoie pour vous gouverner.

A quoi les Suisses étonnés répondirent :

— Nous ne savions pas que l'Empereur fût notre maître; cependant, s'il doit être juste et bon, nous lui serons fidèles et nous le servirons avec amour.

Ce cavalier qui leur apparaissait ainsi et qui se disait leur gouverneur, ce lieutenant de l'Empereur qui traînait une armée d'oppresseurs à sa suite, se nommait Gessler.

Gessler logea d'abord ses soldats chez les laboureurs, puis il éleva des forteresses au bord des abîmes et s'y enferma avec eux.

Le gouverneur devint un tyran, les soldats qu'il commandait se transformèrent en collecteurs d'impôts.

Ceux qui sont forts sont bons et patients, — les Suisses souffrirent longtemps sans se plaindre.

Puis, un jour vint où le tyran Gessler, après avoir attenté à leur fortune, voulut toucher à leur dignité.

La toque du gouverneur fut élevée sur une pique, et les fils d'Unterwalden, d'Uri et de Zurich durent abaisser leur fierté devant elle.

Ce fut alors qu'on vit descendre des montagnes un archer qui tenait un enfant par la main.

L'homme et l'enfant passèrent devant la toque du gouverneur et ne saluèrent pas.

Les soldats de Gessler s'emparèrent de l'enfant, lui placèrent une pomme sur la tête, et le gouverneur dit au père :

— Si tu veux racheter la vie de ton fils, saisis ton arc et tes flèches, vise cette pomme et prends garde de viser trop bas.

L'archer se mit à genoux, invoqua le Dieu de ses ancêtres, puis il se releva calme et fort, tendit son arc, y plaça une flèche, ajusta la pomme et la perça d'outre en outre sans avoir touché à son enfant !

Alors cet homme regarda Gessler comme il avait regardé naguère la toque du gouverneur :

— Je me nomme Guillaume Tell ! lui dit-il.

VIII

A trois mois de là, par une nuit sombre, les sommets des montagnes se couronnèrent soudain d'une chevelure de feu.

Les Suisses, à ce signal, poussèrent un cri d'enthousiasme, coururent aux armes, et dix ans après la Suisse était libre.....

IX

Deux siècles s'étaient écoulés.

Si la Suisse était demeurée face à face avec l'Allemagne, le front haut, comme un soldat de la liberté, une partie de l'Europe était devenue la proie de ce vautour autrichien dont la serre s'allongeait et grandissait sans cesse.

La Hongrie, la Bohême, une portion de l'Italie, les deux rives du Danube, vingt peuples divers s'étaient un à un courbés sous son joug de fer.

Rodolphe, Albert, Maximilien étaient morts, mais l'idée d'envahissement de l'Autriche avait marché.

Un homme venait d'apparaître et de prendre pour lui la moitié de l'Europe.

Cet homme était duc d'Autriche, il était roi d'Espagne, il possédait les Flandres, il avait planté son étendard sur la terre du Nouveau-Monde.

On le nommait Charles-Quint.

C'était pour ses ancêtres que Christophe Colomb avait découvert l'Amérique, pour lui que Pizarre et Fernand Cortez avaient conquis le Pérou, pour lui encore que le duc d'Albe faisait son apprentissage de grand capitaine.

Comme ses aïeux, cet homme, qui réunissait au talent militaire du conquérant l'astuce profonde de l'homme d'État, voulut aussi fouler de son talon vainqueur le sol tant de fois tourmenté de la malheureuse Italie.

Mais, au pied des Alpes, au midi de la Suisse, un peuple se trouva qui, comme les fils d'Unterwalden, opposa aux armes victorieuses de l'Autriche sa poignée de soldats et les tint longtemps en échec.

C'était la Savoie.

Puis, de l'autre côté des monts géants, deux hommes s'étaient dressés qui personnifiaient la nation la plus vaillante du monde.

Et ces deux hommes étaient accourus au secours de l'Italie en péril.

Le premier était un roi, un roi vaillant et chevaleresque, qui mar—

chait au combat comme on court à une fête, qui dormait la veille d'une bataille sur l'affût d'un canon, et qui plus grand dans la défaite que son ennemi dans la victoire, rendait son épée en s'écriant :

Tout est perdu fors l'honneur !

X

A côté du roi chevalier, qui venait défendre sur la terre italienne la cause sainte de l'indépendance des nations, un vieux capitaine combattait qui devait laisser au monde le plus grand renom de vertu guerrière.

C'était un gentilhomme obscur, un soldat dont l'épée fut si vaillante, dont la loyauté fut si haut vantée, que l'histoire l'appela le *Chevalier sans peur et sans reproche.*

Cet homme c'était Bayard.

En face de ce roi, en face de ce soldat, l'Autriche hésita et recula plus d'une fois.

Le roi représentait la noblesse française; le pauvre capitaine représentait un peuple de guerriers et de laboureurs.

Cette noblesse et ce peuple, c'était la France tout entière !

La France, sentinelle avancée de l'indépendance et de la civilisation.

La France, champion éternel de toute cause juste et sainte !

XI

O soldats de Pavie ! ô François de Valois ! ô Bayard ! n'êtes-vous pas les ancêtres de cette armée de la Convention manquant de pain, marchant pieds nus à la suite d'un général de vingt-six ans, qui gravissait, il y a soixante années, les sommets escarpés du Saint-Bernard ?

O Bayard ! ô Kléber ! ô Desaix ! ô Marceau ! gloires gigantesques du passé; — Canrobert, Pélissier, Mac-Mahon, héros du présent et de l'avenir; — ô soldats de la France ! n'avez-vous donc pas toujours eu pour mission de faire flotter sur le monde notre drapeau civilisateur ?

Paris. — Impr. WALDER, 44, rue Bonaparte.

XII

Il est pour les nations des heures de transition et des moments de repos.

Après François 1ᵉʳ, la France remit l'épée au fourreau.

Une ère nouvelle s'ouvrait pour elle avec Henri II.

Le seizième siècle devait finir avant que la France eût planté de nouveau son étendard sur la terre d'Italie.

Quatre rois allaient se succéder, et leur personnalité devait s'effacer devant une femme.

Epouse de l'un, mère des trois autres; héritière des Médicis, princes corrompus; élève de Machiavel, le génie infernal dont le nom est resté comme un synonyme d'intrigue et de ruse diplomatique, la reine Catherine, figure abhorrée et gigantesque, devait sacrifier la grande cause nationale à une question religieuse qui livra la France à toutes les calamités de la guerre civile !

Pendant ce temps, l'Autriche envahissait, envahissait sans cesse.

Oppressant les nations vaincues, elle accablait d'impôts ses propres sujets. Tandis que ses soldats, stimulés par la bastonnade, portaient à l'extérieur l'incendie, le pillage, le viol et le désespoir, les paysans de l'archiduché d'Autriche se révoltaient.

Maudite soit-elle, la nation qui lasse la patience du laboureur!

Le laboureur, père des fils du travail, qui ne demande à Dieu qu'un rayon de soleil pour mûrir ses blés !

Le laboureur, cœur simple et bon, qui travaille de l'aube au crépuscule pour donner du pain au soldat.

Les paysans se révoltaient, ils avaient abandonné le sillon commencé, jeté l'aiguillon, laissé le bœuf à l'étable, pour atteler leurs chevaux et leurs mulets aux caissons d'artillerie, et marcher sur Vienne.

Un matin, l'héritier de Charles-Quint, du haut des tours de son palais, vit poindre à l'horizon, comme un nuage obscurcissant le ciel, une foule compacte qui s'avançait lentement vers les murs de sa capitale. Cette foule menaçait de l'anéantir dans sa terrible étreinte.

C'était le peuple des campagnes, son propre peuple, ce peuple pour lequel lui et ses pères avaient eu une soif inextinguible de frontières nouvelles.

Et l'Empereur, qui ne tremblait plus devant la France depuis qu'elle était aux mains d'une étrangère, se prit à trembler devant ses sujets.

Mais les paysans, n'est-ce pas le peuple? et le peuple n'est-il pas ce lion plus doux qu'un agneau, qu'on trompe et qu'on séduit avec des promesses et des paroles dorées?

Le noble héritier des Barberousse, le Hapsbourg qui avait dédaigné les Suisses et traité les Hongrois de manants, le descendant de Charles-Quint eut peur du châtiment; il vint à la rencontre de cette foule demi-nue qui demandait du pain et brandissait des fers; il ôta son casque couronné, il s'avança l'épée au fourreau et les mains pleines d'or; il promit des réformes, il fit des concessions, il parla de liberté, tandis que, derrière lui, ses courtisans rivaient des chaînes nouvelles (1).

Et les paysans jetèrent leurs piques, et ils crièrent : « Vive l'Empereur ! »

Puis ils se retirèrent pour retourner à leurs travaux.

Alors, quand les bœufs eurent de nouveau placé leur tête sous le joug, quand le soldat fut redevenu laboureur, l'Empereur eut un rire sinistre :

— Pauvres gens, dit-il, je croyais avoir besoin d'une armée pour les réduire, et des bourreaux me suffiront !

Et les bourreaux commencèrent leur office ; les chefs naïfs qui, la paix conclue, avaient, comme Cincinnatus, déposé l'épée pour retourner à la charrue, furent arrêtés la nuit, sous le chaume de leur cabane, et moururent sous la tenaille des tortionnaires et sur le bûcher des exécuteurs !

XIII

O laboureurs de Germanie, paysans crédules et bons, ne savez-vous donc pas pourquoi le sergent recruteur à la veste blanche enrôle vos fils et vos frères?

____

(1) Les historiens du temps s'accordent sur ce fait que *les paysans se révoltèrent sous prétexte qu'ils étaient fortement vexés par leurs seigneurs.*

Vous qui penchez votre robuste taille sur la bêche du travailleur; vous qui fécondez la terre et coupez les moissons jaunies, n'avez-vous donc pas compris que le plus pur de votre sang fertilise l'éternel sillon du despotisme?.....

XIV

Un jour, un chant retentit au-delà des Alpes, — un chant national et sonore.

Le coq gaulois, qui s'était assoupi de lassitude et de tristesse au bruit de la guerre civile, jetait de nouveau sa note éclatante comme le son du clairon.

A Catherine de Médicis l'étrangère, aux derniers Valois, race apauvrie et dégénérée, succédait un roi national, le roi du peuple, celui dont il a gardé la mémoire à travers les âges, sous le toit des chaumières comme dans les ateliers du travail.

Henri IV!

Grand cœur, il savait ce que vaut une goutte de sang français inutilement versé;— il n'était point né, comme ses devanciers, sous les lambris dorés du Louvre, il avait vu le jour pour la première fois entre les murs délabrés d'un vieux manoir, et son aïeul avait humecté ses lèvres, le jour de sa naissance, d'un verre de vin des montagnes.

Il avait été pauvre et il savait les trésors de la pauvreté; il était l'enfant des campagnes arides et des vallées neigeuses, où l'amour de la patrie germe puissamment.

Il n'avait pas tiré l'épée, comme on a osé le dire, pour conquérir son royaume, mais bien pour chasser l'étranger.

Il avait fait le siége de Paris, mais Paris renfermait les Lorrains et les Espagnols, et, le soir, par-dessus les murs, ses soldats, et lui le premier, jetaient des vivres et du pain à ce peuple qui n'était plus assez fort pour lui ouvrir ses portes.

A l'heure où il apparut, deux camps étaient en présence représentant la tyrannie et la liberté, sous prétexte de religion.

Le premier avait appelé sous sa bannière les oppresseurs de tout pays.

Le second était le camp de la France.

Dans celui-là était le roi.

Aussi, le combat fut court et le sang français fut ménagé.

Quand ils eurent vu briller au soleil des batailles le cimier blanc du Béarnais, les ligueurs jetèrent leurs armes, Paris ouvrit ses portes, la France rendit son épée, et, demeurant catholique, elle tendit ses deux mains à ce roi huguenot.

Car ce roi c'était un soldat, c'était un paysan, c'était le fils de ses œuvres.

Il avait dormi cuirassé sur le sol durci, il avait mangé le pain du bivouac; il avait dit que dans son royaume, si Dieu lui accordait de longs jours, le plus pauvre aurait une poule au pot chaque dimanche; — il avait fait entrer au Louvre un Béarnais en sarrau bleu et en sabots, que ses gardes voulaient empêcher d'arriver jusques à lui. Ce Béarnais venait lui rappeler qu'il avait, dans sa jeunesse, partagé son frugal repas, assis entre sa fille à la jupe rouge et à l'œil noir et ses enfants, rudes montagnards aux bras nus.

XV

O bon sens populaire ! sagesse des nations, tradition de la chaumière et de l'atelier, l'histoire écrite en lettres d'or est moins vraie que ta légende transmise de génération en génération.

A deux siècles de distance, quand le peuple jetait au vent les cendres exhumées des vieux caveaux de Saint-Denis, on trouva le cadavre du Béarnais entre les ossements de Louis XIV et les restes putréfiés de Louis XV.

Le roi du peuple était entier encore et conservé comme au lendemain de sa mort.

Les hommes qui accomplissaient cette lugubre besogne, foulèrent du pied les os du grand roi et prirent le Béarnais avec respect pour l'appuyer contre un pilier.

On eût dit que le peuple voulait faire assister le chef respecté de cette race au châtiment qu'il infligeait à ses descendants.

Ce fut alors qu'un ouvrier osa prendre la barbe blanche de ce grand mort et l'arracher.

Sur-le-champ, l'impie reçut un soufflet, on le chassa de l'église et du village; on lui refusa l'entrée du cabaret où il prenait ses repas, et l'hôte qui le logeait lui ferma sa porte le soir.

Les révolutions se sont succédé ; on a renversé les statues, on a gratté les noms inscrits à l'entrée des rues et sur les places publiques: — mais Henri IV est demeuré debout sur son cheval de bronze !

Mais tandis que, sous la main paternelle de ce héros qui n'avait tiré l'épée que pour chasser à tout jamais le démon de la guerre civile, la France, revenant à la prospérité, semblait renaître de ses cendres, l'Autriche continuait à opprimer l'Europe.

Alors les victimes, qui depuis trois quarts de siècle n'avaient plus de vengeurs, tournèrent de nouveau leurs yeux vers la France, et comme elles avaient jadis appelé à leur aide le roi François Ier de vaillante mémoire, elles tendirent leurs mains suppliantes vers le Béarnais.

Pendant deux années Paris vit arriver dans ses murs des proscrits de tous les pays, des exilés de toutes les nations courbés jusque-là sous le fouet de l'Autriche.

Les uns avaient joué leur vie, percé des murailles profondes et scié des barreaux épais pour se soustraire à la prison, les autres s'étaient échappés des mains du bourreau; — d'autres encore venaient implorer l'épée de la France au nom de leurs femmes déshonorées, de leurs enfants massacrés, de leurs vieux pères traînés dans la boue, à la queue d'un cheval croate.

Et comme déjà la paix avait fait des miracles, que le chant du travail retentissait dans les ateliers, que les guérets se couvraient d'épis mûrs, que les arts, le commerce, l'industrie renaissaient; que, comme à l'heure où nous écrivons ces lignes, la France, redevenue puissante et forte, pouvait lutter contre l'Europe entière et la tenir en échec, le Béarnais reçut tous les martyrs de l'oppression et de l'exil, il leur tendit sa main loyale et puissante, il fléchit un genou et fit à Dieu cette prière :

« — Accordez-moi le temps, Seigneur, de réaliser mon rêve et de donner au monde la paix universelle!

« Permettez-moi de chausser l'éperon une dernière fois, et *Ventre-Saint-Gris!* avant deux années, j'aurai fait pousser sur la terre d'Europe un olivier dont les rameaux grandiront et s'épaissiront de siècle en siècle. »

Et le clairon des batailles se fit entendre une fois encore, le drapeau de la France déploya ses plis majestueux dans les airs ; puis, un matin, au soleil levant, le peuple de Savoie vit une armée innombrable qui gravissait lentement, mais sans jamais s'arrêter, le versant occidental des Alpes, et le peuple de Savoie, l'Italie tout entière, frémirent d'enthousiasme, et crièrent comme aujourd'hui :

« — Vive la France ! vive la libératrice des nations ! »

XVI

C'est qu'il avait fait un rêve gigantesque, ce roi qui n'avait eu, en commençant sa carrière de grand capitaine, qu'une poignée de soldats à commander.

Ce rêve, c'était l'indépendance de l'Europe, la nationalité de chaque peuple et l'anéantissement de ce vautour autrichien qui troublait l'Europe de ses félonies.

Allié à la maison de Savoie, la plus vieille maison souveraine du monde, protecteur de l'Italie, ami de la reine Élisabeth d'Angleterre, Henri IV avait endossé sa cuirasse et s'était dit :

« — Je marcherai, et les nations enchaînées se dresseront sur mon passage et briseront leurs fers !

« Je marcherai, et ce sol de l'esclavage qui se nomme la Germanie deviendra, sous mes pas, le sol de l'indépendance !

« Je marcherai sans m'arrêter, et, quand j'aurai anéanti Vienne, cette capitale du despotisme, je ferai passer la charrue sur ses décombres et j'y planterai mon drapeau, le drapeau de la France, après avoir écrit dessus, avec mon glaive trempé dans le sang des bourreaux et des oppresseurs :

« Ceci est la terre de la liberté ! »

XVII

Le vent prit sur son aile les paroles du Béarnais ; il les emporta au-delà des Alpes, accompagnées d'un cliquetis d'épées, d'un roulement de tambour, d'un murmure lointain et confus encore, qui était le premier frémissement des peuples s'éveillant de leur torpeur, d'un bruit de chaînes heurtées que ces peuples secouaient déjà en attendant leur vengeur.

Ce vent arriva jusqu'à Vienne, apportant le nom terrible et béni du libérateur futur.

Et l'Empereur, qui méditait de nouveaux envahissements, de nouvelles intrigues, l'Empereur que ses courtisans entouraient en l'appelant le maître du monde, se sentit frissonner et jeta un regard éperdu autour de lui.

Il regarda ses généraux; ses généraux baissèrent la tête.

Depuis si longtemps qu'ils remplissaient l'office de bourreaux, ils avaient oublié leur métier de soldats.

Il regarda ses courtisans : — ses courtisans enrichis par l'or des nations pressurées tremblaient pour leurs richesses et parlèrent de fuir devant le Béarnais.

Mais il y avait dans l'angle le plus obscur du palais de Vienne une divinité sombre et fatale, qui, plus d'une fois déjà, était apparue aux fils de Rodolphe de Hapsbourg.

Elle ne tenait point une épée, elle n'embouchait point la trompette aux notes éclatantes comme le chant du coq.

Elle marchait courbée, rampante, la lèvre crispée, l'œil tore, et sa main tenait un poignard.

XVIII

Le 14 mai 1610, Henri de Bourbon, roi de France et de Navarre, passant en carrosse rue de la Ferronnerie, fut arrêté par un encombrement de voitures et de chariots.

Tandis que le roi mettait la tête à la portière et cherchait à reconnaître la cause de cet encombrement, un homme s'approcha vivement, posa un pied sur la roue du carrosse, et le roi poussa un cri.

L'homme qui venait de s'approcher, avait levé le bras, frappé le roi de France et de Navarre, et se nommait *Ravaillac*.

Ravaillac mourut dans les supplices sans avoir fait aucun aveu, sans avoit dit quelle main mystérieuse avait armé son bras.

On accusa les jésuites, on accusa Marie de Médicis, on laissa croire longtemps que le fanatisme religieux avait guidé le bras du régicide.....

Mensonge !

Tandis que cette armée qui campait à la cime des Alpes, n'attendant plus, pour s'élancer dans les plaines de l'Italie, que le cimier blanc du Béarnais, jetait un immense cri de désespoir et battait en retraite, — l'Empereur voyait de nouveau cette divinité mystérieuse et sombre qu'il avait évoquée deux jours auparavant.

Comme alors, elle tenait un poignard dans sa main, et ce poignard était ensanglanté !

XIX

A Henri de Bourbon succédait Louis XIII, à l'homme vaillant et fort un enfant.

La mère de cet enfant se nommait Marie de Médicis.

C'était encore une étrangère, et les étrangers ne comprenaient pas la grande mission de la France.

Le roi mort, la reine régente fit taire les tambours qui battaient la charge ; elle renvoya l'oriflamme reprendre sa place et la fit suspendre immobile aux voûtes de Saint-Denis ; elle rappela cette armée enthousiaste prête à marcher sur Vienne ; elle abandonna le duc de Savoie et fit la paix avec l'Autriche.

L'Autriche, qui n'avait pu triompher l'épée à la main et n'était parvenue à son but qu'à l'aide du poignard, s'immisça alors dans les affaires de la France.

Elle présida à l'éducation du jeune roi, elle siégea dans les conseils de régence ; elle exerça, avec les Concini, une influence fatale.

En vain le duc de Savoie appelait-il la France à son aide.

Gouvernée par l'étranger, la France demeurait sourde.

Cependant, il y avait toujours au pied des monts une armée d'observation, dont le chef, l'œil tourné vers Paris, attendait avec impatience des ordres qui ne venaient point.

On le nommait le connétable de Lesdiguières.

Paris. — Impr. WALDER, 44, rue Bonaparte.

Le Maréchal Canrobert.

XX

Le lieutenant du Béarnais recevait chaque jour de la cour de Savoie un message plus pressant, et il s'indignait des lenteurs qu'apportait la cour de France à déclarer la guerre.

Le dernier message qui lui arriva lui apprenait que les armées impériales avaient franchi le Tessin, passé le Pô et s'avançaient à grands pas.

Alors, Lesdiguières n'hésita plus et fit sonner le boute-selle.

On était alors au cœur de l'hiver, et les Alpes avaient revêtu leur manteau de frimas.

Le ciel était gris et terne ; un froid intense régnait depuis plusieurs jours, et la neige avait durci et s'était transformée en glaçons.

Mais quels obstacles arrêteront jamais l'élan d'une armée française ?

Blanc ou tricolore, quand le drapeau national flotte dans les airs, les blessés retrouvent assez de force pour jeter un cri d'enthousiasme et les soldats courent au feu en chantant !

Ce fut merveille de voir, pendant deux jours, les légions françaises qui marchaient au pas de course à travers les défilés des montagnes, franchissant les glaciers, résistant à l'hiver, endurant la faim sans se plaindre et criant, comme aujourd'hui :

Italie ! Italie !

Lesdiguières franchit les Alpes, suivant cette route immortelle frayée par Annibal et suivie par François Ier ; il arriva à Chambéry, à Suze, à Culoz, il investit Aoste.

Partout où le duc de Savoie avait mis dix soldats, il jeta cent héros ; et quand les cohortes autrichiennes parurent, lorsqu'on vit poindre à l'horizon les uniformes blancs et les casaques des Croates, l'Italie avait un boulevard inexpugnable.

Alors, on vit de nouveau ce qu'on avait vu tant de fois et ce que nous verrons encore.

Les Autrichiens, ces éternels soldats de la défaite, prirent la fuite ; ils battirent en retraite, lentement d'abord, puis au galop.

Mais, fidèles à leur système, les dévastateurs laissèrent une fois de plus de sanglantes traces de leur passage.

Ils massacrèrent les paysans après les avoir dépouillés ; ils incendiè-rent les villes et les villages qu'ils abandonnaient ; ils ravagèrent les champs de maïs, détruisirent les canaux, inondèrent les plaines.....

Lesdiguières et les soldats de France les poursuivaient toujours.

Sans doute, le grand capitaine, formé à l'école du Béarnais, allait-il exécuter les plans de son maître : chasser les Allemands de l'Italie, les traquer jusqu'à Vienne comme des bêtes fauves, et les brûler dans leur repaire.....

La fatalité ne le voulut pas !

Un cavalier arriva de Paris à franc étrier, apportant au connétable les ordres de la reine-régente de France, Marie de Médicis.

Les ordres de l'étrangère étaient laconiques :

« Le connétable, disait-elle, remettra l'épée au fourreau et battra en retraite. La paix est conclue. »

Et le connétable exaspéré brisa la lame de son épée sur son genou ; mais il obéit.

L'Autriche était sauve !

XXI

Dix ans s'écoulèrent.

Pendant ces dix années, la France perdit peu à peu ce qu'elle avait acquis sous le Béarnais, et, comme à une époque voisine de nous en-core, l'héritage de Henri le Grand s'amoindrit, et le royaume vers le-quel le monde tournait naguère les yeux avec crainte et respect, faillit devenir, dans les mains d'une femme, — une puissance secondaire.

Derrière ce trône chancelant, derrière cette femme, reine jusque-là, derrière ce roi qui ne devait jamais régner, un homme sombre et gigantesque venait de surgir !

XXII

Cet homme austère se tenait debout, il appuyait une main sur le trône qui chancelait et sur lequel était assis un roi plein de faiblesse. On le nommait Richelieu ; le peuple l'appelait l'Éminence rouge.

Cet homme fut le vrai monarque; sa robe rouge éclipsa le manteau royal fleurdelysé, sa personnalité immense domina la personnalité du fils de Henri IV.

Pendant le règne de cet homme la France soutint des luttes héroïques au dehors, elle fit la guerre dite de Trente ans, elle battit les Espagnols, elle assista au dedans à une lutte intime mais sans trêve entre le roi de fait et le roi de nom.

Louis XIII tenait le sceptre, Richelieu gouvernait.

Le premier s'entourait de courtisans efféminés; il élevait à la dignité de grand écuyer Cinq-Mars qui le trahissait au profit de l'Espagne, il faisait la fortune de Puylaurens, il laissait conspirer autour de lui et s'amusait parfois des haines que le cardinal soulevait.

Le second tenait une hache de la main gauche, et de la main droite arrachait un à un au bras débile de son roi tous ces favoris vendus à l'étranger, tous ces gentilshommes hautains qui méditaient la ruine de l'État.

Puis il les forçait à s'agenouiller, à poser leur tête sur le billot, et cette tête tombait!

La hache de ce bourreau en robe rouge, la hache du grand Cardinal, comme on le nomma, ce fut la hache d'abordage qui renverse les mâts et sauve le navire au plus fort de la tourmente.

Cet homme régna vingt années.

Il avait trouvé la France au bord de l'abîme et il la refit telle que l'avait laissée le Béarnais.

Ce prêtre avait l'âme d'un soldat, il avait le cœur d'un Français.

Il aimait et haïssait profondément; — il abhorrait l'Espagne et l'Autriche, il adorait la France.

On le vit au siége de la Rochelle, à cheval comme un mousquetaire, l'épée au côté, le pistolet au poing, parcourir les lignes de bataille et juger les positions de l'ennemi avec le coup d'œil d'un vieux général.

Pendant vingt années il renversa, pièce à pièce, l'échafaudage d'intrigues et de trahisons élevé lentement par la cour d'Autriche, il tint les armées impériales en échec sur le Rhin, au pied des Alpes, aux frontières d'Espagne, partout! Il fut assez fort pour lutter contre deux reines, l'une, qui était la mère du roi, l'autre, qui se nommait Anne d'Autriche et que la maison de Hapsbourg était parvenue à marier au fils de Henri IV.

Le cardinal triompha; il neutralisa l'influence des étrangères.

Et quand ce roi de nom qu'on appelait Louis XIII, et qui, lui aussi, s'approchait de sa dernière heure, vint s'asseoir au chevet de ce grand cardinal, prêt à rendre le dernier soupir, et osa lui dire .

« Puissent vos ennemis vous pardonner comme je vous pardonne moi-même le trépas de mes amis, »

Le mourant se redressa, son œil jeta un éclair fulminant comme celui de la hache qu'il n'avait déposée que pour se coucher sur son lit d'agonie, et il répondit fièrement à son maître :

« Je n'ai jamais eu d'ennemis autres que ceux de l'État. »

L'État était alors un mot qui voulait dire la France.

XXIII

Après Henri IV, Louis XIII; après le héros, l'homme faible ; — après Richelieu, Mazarin.

Au grand cardinal, à l'homme terrible et fort, à ce prêtre botté et éperonné, succéda un autre homme d'Église.

Mais entre ces deux hommes, il n'y avait de commun que le titre d'Éminence et la robe rouge.

La politique française, cette politique hardie, audacieuse, vaillante, fit place aux ruses mesquines et entortillées d'un étranger.

Là où Richelieu faisait tomber une tête en plein jour, Mazarin se contentait de construire une prison et d'y enfermer ses ennemis.

Lorsque le grand cardinal entreprenait la guerre et manquait d'argent, il faisait juger et condamner à mort quelque gentilhomme félon, vendu à l'Autriche, et les biens du traître, confisqués au profit de l'État, servaient à payer la solde de nos armées.

Mazarin remplit sa caisse personnelle avec les impôts dont il accabla le peuple ; et, sous la domination de cet homme, domination qui dura quinze années, l'Autriche put respirer à l'aise et continuer sa politique d'envahissement.

XXIV

Un matin, Paris vit s'ouvrir une fenêtre du palais Cardinal. Une tête pâle s'y montra, — une tête énergique et belle qui rappelait la martiale figure du Béarnais.

C'était une tête d'adolescent, mais cet adolescent avait déjà le regard d'un homme.

Cet homme qui baignait son front brûlant dans l'air matinal, et qui, la veille encore, était prince sans pouvoir, venait de passer la nuit près d'un chevet d'agonie, et le dernier soupir d'un mourant l'avait fait roi.

Mazarin était mort; — Louis XIV allait régner!

Comme François Ier, comme le Béarnais, ce monarque de vingt ans jeta les yeux sur la carte d'Europe, et se dit que l'Autriche et l'Espagne, ces deux nations courbées sous le même sceptre, pesaient d'un poids trop lourd sur le monde.

Roi chevaleresque à l'égal de ses ancêtres, Louis XIV allait, pendant un règne de soixante années, combattre sans relâche l'ennemi de la paix universelle.

Sous ce règne fécond en héros, Turenne, Catinat, Luxembourg, firent trembler l'Allemagne, et le petit-fils de Henri IV rendit, lui aussi, la France si redoutable et si grande, il remplit si bien l'univers du bruit de son nom, il porta si haut la gloire de nos armes que le roi de Prusse, apprenant son trépas, ouvrit son conseil par ces paroles :

« — Messieurs, le *roi* est mort! »

Avec Louis XIV, la grande politique de la France, cette politique dont le but constant avait été d'amoindrir, au profit de l'Europe entière, la puissance déloyale de l'Autriche, disparut pendant près d'un siècle.

Louis XV, le roi sceptique, et qui sentait craquer sous lui l'antique édifice de la monarchie, — Louis XVI, prince honnête et faible, s'allièrent avec l'Autriche, et ce fut l'Autriche qui les précipita dans l'abîme d'où la France n'a pu sortir qu'à force d'énergie, de patriotisme et de foi dans ses grandes destinées.

XXV

Nous avons voulu résumer en quelques pages les luttes de la monarchie française avec la maison d'Autriche, cette ennemie qui, vaincue, se retirera de nouveau devant l'ardeur de nos soldats.

Maintenant, notre tâche sera facile, car sur cette terre d'Italie où nous allons suivre les armées du Directoire et le général Bonaparte, les noms immortels et les grandes ombres se dresseront à chaque pas devant nous!

Ponson du Terrail.

FIN DE L'INTRODUCTION.

HISTOIRE

DE L'ITALIE

SOUS LA DOMINATION

AUTRICHIENNE

PAR

MM. PONSON DU TERRAIL ET PAUL DE LASCAUX

LIVRE PREMIER.

> « Il est des instants, pour une nation, où la
> « meilleure musique est celle du tambour qui
> « bat la charge. »
>
> BÉRANGER.

Première guerre d'Italie. — Nomination du général Bonaparte au commandement de l'armée. — Défense de Montenotte par le colonel Rampon. — 1,200 Français battent 12,000 Autrichiens. — Combats de Millésimo. — Combat de Dégo. — Bataille de Mondovi. — Passage du Pô.

§ 1

On était en 1796.

La Révolution française, qui avait rompu avec le passé et surpris le monde par sa sanglante énergie, poursuivait sa marche intrépide vers l'avenir.

Si le Directoire, — gouvernement intermédiaire entre la Convention et le Consulat, — manquait d'élévation dans l'esprit, de spontanéité dans les décisions, de cœur dans la mission qu'il remplissait, Dieu le regardait agir; car Dieu, le souverain juge, laisse croire aux nations qu'elles se gouvernent ; mais il leur envoie toujours, à une certaine heure, l'homme qui doit les conduire dans la voie de leurs destinées !...

Depuis huit ans, le Piémont, la Sardaigne, le royaume Lombard-Vénitien, Naples, Modène, le Tyrol, les États de l'Église, toutes les contrées, tous les peuples pressurés, humiliés, tyrannisés, rêvaient à l'indépendance, — cette sœur de la liberté raisonnée et raisonnable, cette fille du courage et de la dignité.

Depuis huit ans, l'Autriche, toujours attentive, travaillait sournoisement pour opposer le rempart du despotisme aux soldats avancés du progrès et de la civilisation, mais elle oubliait que les Français comblent les fossés avec leurs cadavres, pour que la liberté puisse entrer dans les villes fortes des peuples opprimés !

Nos troupes avaient fait des miracles : — au nord, elles avaient battu et culbuté des armées, et cependant, l'Autriche espérait fondre sur les plaines verdoyantes de l'Italie, lorsque le général Bonaparte prit le commandement en chef.

Tout ce que la politique la plus ténébreuse pouvait suggérer à un gouvernement despotique et de mauvaise foi dans ses relations, tout ce que la duplicité et l'effronterie pouvaient inspirer à une nation ambitieuse, avait été mis en œuvre par l'Autriche, et les notes diplomatiques étaient aussi mensongères de la part de la cour de Vienne que les bulletins de ses prétendues victoires.

L'empereur François-Joseph avait cherché à entraîner dans ses projets ambitieux les peuples de Naples, de Parme, de Modène, de Gênes, de Venise ; le loup voulait bien dévorer le troupeau, — mais il se changeait en berger dans l'espoir de sauvegarder la toison qu'il tondait jusqu'à ce que le sang ruisselât sous le ciseau !

L'armée autrichienne était forte de cent cinquante mille hommes auxquels le Directoire en opposait trente-cinq mille, lorsque Bonaparte arriva sur le terrain, le 5 avril, dans les plaines que, depuis Louis XV, on appelait *le tombeau des Français !*

Paris. — Typ. Walder, rue Bonaparte, 44.

§ II

Soixante-trois années ont passé depuis l'arrivée du jeune général, et nos troupes vont trouver le souvenir de nos triomphes pour les encourager dans la victoire !

Ombres sacrées des combattants de *Dégo*, de *Cera*, du *Tessaro*, de *Montenotte*, de *Millésimo*, de *Mondovi*, de *Lodi*, de *Montebello*, de *Castiglione*, de *Rivoli*, de *Marengo* !

Héros couchés sur un lit de lauriers !

Fils du peuple, qui êtes morts pour la délivrance du peuple, levez-vous !...

Agitez vos ossements blanchis et que leur cliquetis se mêle aux roulements de nos tambours, au son de nos clairons, au tonnerre de notre artillerie !

Morts immortels, saluez vos fils qui passent et vont combattre, comme vous l'avez fait, contre les mêmes ennemis, sur les mêmes terrains, pour donner au monde la paix universelle !

§ III

La paix, qui change nos arsenaux en greniers, pour serrer les grains récoltés !

La paix, qui sème ses fleurs au chevet du pauvre et fait que les épis mûrissent dans les champs fécondés !

La paix, mère de l'industrie, fille de la liberté et du progrès !

C'est elle, la déesse bienfaisante et réparatrice, qui permet au vieillard de mourir heureux et calme au seuil de sa chaumière, le regard fixé vers le ciel, ce monde invisible !

Elle, — qui permet que la mère élève son enfant, suspendu à son sein comme un fruit à une branche, et le voit plus tard homme, époux et père !

Elle, — enfin, la compagne du travail, de la science, de la poésie, de tous les arts, qui fait germer à la limite de chaque État voisin l'arbre emblématique que la colombe vint apporter à Noé au pied du mont Ararat.

§ IV

Le général Bonaparte, — que l'histoire devait inscrire sur les tables de bronze sous le nom de Napoléon, avait vingt-six ans lorsque le Directoire effrayé le chargea d'une entreprise qui eût fait trembler Annibal et réfléchir le Béarnais.

Car l'armée française était sans vivres, sans vêtements, sans souliers, sans chevaux, sans subsistances, et le gouvernement entreprenait la campagne avec *deux mille louis!*

C'était pieds nus qu'il fallait marcher, c'était sans munitions qu'il fallait se battre pour donner aux malheureux courbés sous le joug un appui qui leur permît de chasser leurs oppresseurs!

Ah! qu'ils étaient héroïques ces guerriers qui mouraient de faim et cependant se battaient pour que l'Autriche ne moissonnât pas la récolte qu'elle avait fait semer dans les plaines de l'Italie, — par les paysans qu'elle ruinait et pillait selon son bon plaisir !

Qu'ils étaient grands dans l'accomplissement de leur tâche, ces soldats, car ils ne voulaient pas faire de conquêtes, ils voulaient le bonheur de toutes les nations!

Leur jeune général avait raison de dire aux Italiens, dans son langage oriental :

« Peuples d'Italie! l'armée française vient pour rompre vos chaînes;
« le peuple français est l'ami de tous les peuples; venez avec confiance
« au-devant de nous. Vos propriétés, vos religions, vos usages seront
« respectés ;..... nous n'en voulons qu'aux tyrans qui vous asservis-
« saient! »

Les troupes de la république n'allaient pas pour agrandir la carte de la France, — elles allaient combattre et s'exposer à mourir pour mieux diviser l'espace du globe et faire que chacun eût sa place au soleil du bon Dieu!

Et les Italiens leur répondaient dans la langue de Virgile :

— Vivent les Français qui amènent avec eux la liberté!...

§ V

Les Autrichiens avaient placé une division pour défendre le passage de la Bochetta et une division plus forte à Adorno et sur la rivière d'Orba. Leurs troupes bien habillées, bien nourries, munies d'engins de guerre, campées sur un sol fertile, semblaient devoir, par leur nombre et l'excellence de leur position, — sortir victorieuses du combat qu'elles allaient livrer contre des soldats dénués de tout, affamés, n'ayant pour soutien que leur énergie; mais l'ange qui préside aux batailles devait en décider autrement.

Un matin, — quand la diane fredonnait sa fanfare, un homme petit, voûté, aux longs cheveux, au front rêveur et penché; un général dont les yeux étaient brillants et remplis de regards profonds et voilés, vint se mettre à la tête des troupes françaises, et à sa vue les armées frissonnèrent. Il s'opéra en elles un changement subit, le découragement fut remplacé par l'enthousiasme.

Cet homme, ce chef qui apparaissait plus maigre que les soldats qu'il commandait, — c'était Bonaparte.

Doué d'un magnétisme puissant, il domptait les natures les plus rebelles. Sa parole entraînait à la victoire, son geste indiquait le vouloir raisonné et inébranlable. La terre qu'il foulait tressaillait au bruit de ses pas.

On comprenait qu'il tenait dans ses mains le sort des peuples et des rois!

Autour de lui se groupaient comme une phalange glorieuse les ombres des César, des Pompée, des Caton, des Camille, des Emile, des Charlemagne, des François Ier, des Henri de Béarn, des Bayard, des Turenne... et les volontaires venus de tous les points de la France saluaient dans l'envoyé du Directoire les héros du passé, — qu'il devait représenter dan l'avenir!

§ VI

Six jours après l'arrivée de ce chef, tout avait changé de face.

Les hommes étaient encore pieds nus; ils manquaient des choses le plus essentielles à la vie, mais ils comprenaient qu'avec un pareil guide ils gagneraient des batailles sans canons, passeraient des rivières sans ponts, bivouaqueraient sans pain, — et seraient vainqueurs : leur courage grandissait avec leurs privations.

Le 12 avril, le drapeau de la France, ce drapeau qui devait faire le tour du monde, se déployait majestueusement dans les plaines de Monte-Legino et sur les montagnes d'Altare, dans les gorges des montagnes, sur les bords des précipices, au milieu d'un pays sauvage et dévasté.

C'était le commencement de l'épopée que Bonaparte devait écrire avec son sabre.

Chaque combattant voulait mourir pour sauver la patrie!

§ VII

Ce fut alors que l'on vit un de ces spectacles sublimes où les acteurs entrent tous en scène, généraux et soldats, et jouent leur rôle avec fureur, avec intrépidité, avec gloire.

Le spectacle du carnage.

Sur les hauteurs de Montenotte, 12,000 Autrichiens apparurent tout à coup et fondirent comme une avalanche humaine sur la redoute occupée par 1,200 braves que commandait le général Rampon.

Rampon, nom presque ignoré aujourd'hui!

Rampon, que la nature semblait avoir coulé en bronze et qui n'avait de vulnérable que le cœur!

Le premier choc fut terrible.

Mais quand le colonel vit arriver les masses ennemies, il se tint debout pour recevoir dignement la mort, comme un Français, comme un guerrier.

12,000 hommes contre 1,200!

Ce n'était plus la guerre; — c'était l'extermination, c'était presque l'assassinat!

L'Autriche suivait toujours les traces de Rodolphe et d'Albert : — elle ne luttait pas, elle écrasait; elle ne se battait pas, elle égorgeait!

Mais les hommes qu'elle attaquait n'étaient plus des malheureux dégénérés par les tortures morales, mutilés par les fers, abrutis par les bourreaux.

C'étaient les défenseurs d'une cause sainte, les soldats qui luttaient contre quatorze armées; c'étaient la noblesse et le peuple. Rampon et La Tour d'Auvergne combattant côte à côte, habitués à mêler leur sang sur les champs de bataille, et luttant pour empêcher le sol natal d'être envahi et affranchir les peuples assez grands pour comprendre et réclamer leur indépendance ! Devant ces cohortes farouches qui s'avançaient fières et audacieuses — car elles comptaient sur leur nombre — le défenseur de la redoute rassembla ses soldats.

Il se fit un silence rempli de menaces.

Chaque Français regarda son frère d'armes, et bientôt ces douze cents victimes, qui semblaient préparées pour le sacrifice, n'eurent plus qu'une même pensée, celle de succomber en combattant.

Le chef parla :

— « Soldats, dit-il d'une voix tonnante et solennelle, l'ennemi nous attaque, il veut tenter l'escalade et nous enlever les positions dont le général nous a confié la défense; il faut, pour ne pas le laisser pénétrer jusqu'à nous, mourir à notre poste ! »

« Mourons donc ! crièrent les douze cents voix, et vive la France ! » (1)

Ce fut un combat impossible à décrire, impossible à comprendre ; on se battit avec acharnement. On usa toutes les munitions, et quand elles vinrent à manquer, le fer remplaça le feu, et les murs de la redoute furent hérissés de baïonnettes.

La mêlée fut terrible et sanglante.

Au fur et à mesure que le cercle s'amoindrissait par la mort d'un combattant, les rangs étaient resserrés et, l'éclair dans l'œil, les pieds dans le sang, la lèvre noircie par la poudre, chacun donnait la mort en l'attendant.

Combien en sont tombés de ces hommes à l'âme haute, de ces Césars en sabots! combien dorment aujourd'hui qui ont sauvé le drapeau de la France et donné leur vie en présent à la grande nation!

Vous seul en savez le compte, Seigneur! car vous les avez reçus dans votre sein et vous les avez fait asseoir à votre droite !

(1) Trophées des armées françaises.

§ VIII

Les Autrichiens tuaient, mais ne triomphaient pas! Rovica attaquait partout, en tous sens, par le front, par le flanc, en haut, en bas; il foudroyait, il écrasait, sous un feu nourri, les lutteurs invincibles qu'il voulait réduire; le sang ruisselait, l'air était opaque et chargé de fumée, la redoute était imprenable.

Alors, la honte d'être ainsi tenu en échec par une poignée de martyrs fit monter le rouge aux fronts des assaillants; ivres de colère, ils se jetèrent sur les remparts de baïonnettes; ce fut une lutte acharnée où la rage tint lieu de valeur d'un côté, où le courage égalisa les forces de l'autre. Les retranchements furent comblés par les cadavres, et quand, las de frapper, de détruire, d'égorger, les Autrichiens s'arrêtèrent, le colonel Rampon regarda le général Rovica qui se retirait effrayé des pertes qu'il avait faites, et croyant qu'un Dieu combattait avec ses ennemis!

La redoute n'était pas prise.

Et les débris des douze cents combattants étaient immobiles, la baïonnette croisée.

C'était le premier engagement de cette campagne, engagement qui se changeait en triomphe et que l'Europe désigna sous le nom de *Bataille de Montenotte!*

§ IX

Cela s'était passé le 12 avril.

Les Français avaient pris un grand avantage; mais cette victoire ne leur suffisait pas.

La nation qui devait plus tard planter son drapeau dans toutes les capitales, concevait de plus hautes ambitions et, fille de race, elle ne voulait pas manquer à la foi jurée!

L'armée partie pauvre et nue pour rendre à l'Italie, au Piémont, à la Sardaigne leur libre arbitre qu'elles réclamaient en vain depuis si longtemps, ne voulait pas revenir à Paris sans avoir accompli sa mission.

Si les soldats avaient des trous à leurs habits, ils voulaient les cacher avec des lauriers !

Tel s'était enrôlé fort, vigoureux et beau, qui se faisait gloire de revenir avec une cicatrice sur le visage, car il savait que « le coup d'épée embellit le front du soldat. »

Ceux qui devaient succomber savaient bien que leurs os germeraient !

Ceux qui devaient rentrer dans leur patrie n'ignoraient pas que leurs mères, qui avaient tant pleuré au départ, les recevraient encore avec des armes, des larmes de joie et d'orgueil !

Ils savaient que pour eux la jeune fille timide et rougissante aurait des regards d'admiration, de reconnaissance et d'amour, « car l'amour aime la vaillance. »

Et lorsque la nuit, au feu du bivouac, ces fils arrachés à leur famille par l'enthousiasme et le patriotisme, ces amants séparés des premières affections de leur cœur, se ressouvenaient de leurs soirées passées au coin du foyer domestique, ils étaient poëtes dans leurs rêveries et trouvaient une récompense dans l'espoir d'entendre dire à leurs pères et à leurs enfants :

« — Ils étaient de l'armée d'Italie ! »

Phrase concise et remplie de pensées que le général Bonaparte devait, dans une proclamation imitée de l'antique, élever à la hauteur d'un distique latin.

§ X

Le 14 avril, — c'est-à-dire deux jours après la défense héroïque de Montenotte, le général Beaulieu voulut rejoindre le corps des Piémontais, — alliés d'une nation qu'ils ne servaient que par la force.

Mais l'Autriche se trompait.

Bonaparte était là.

Bonaparte, — le Corse à cheveux plats, le *Buonabardi* de l'Égypte, — l'homme qui devait rester dans la mémoire du peuple, comme y était resté Henri IV.

Il fondit sur l'ennemi, — il tomba comme la foudre sur l'armée étrangère, surprise et démoralisée.

La campagne de Millésimo dura ce que dure un rêve que dissipent les clartés blanchissantes du matin.

Les phalanges auxquelles le général en chef, touché de leur dénûment et navré de leurs misères, avait dit :

« — Sachez vaincre, et la victoire vous fournira demain tout ce qui vous manque aujourd'hui (1), » tuèrent deux mille cinq cents coalisés, firent neuf mille prisonniers, prirent vingt-deux pièces de canon, quinze drapeaux et vinrent demander à l'Italie de l'eau et du pain qui leur manquaient et qu'elles avaient achetés avec leur sang.

Leur sang, rosée féconde !

Leur sang, — chair liquéfiée, qu'elles devaient répandre pour tracer un rouge sillon dans toutes les parties du monde !

De ce sillon, fécondé par les Français, sortirent les Augereau, les Serrurier, les Masséna, les Cervoni, les Ménard, les Joubert, — mort au champ d'honneur, — les Bonel, les Boyer, digne escorte de l'officier de Toulon, devenu général en chef par la seule puissance de son courage et de son génie, — pour lequel le Directoire, soupçonneux et sans grandeur, trouvait cependant de telles phrases à dire après le combat de Dégo, livré le 15 avril :

« Il est satisfaisant pour le Directoire de voir justifier, par les lauriers « que vous venez de cueillir, le choix qu'il a fait de vous pour conduire « l'armée d'Italie à la victoire.

« Recevez aujourd'hui, général, le tribut de la reconnaissance na-« tionale, méritez-la de plus en plus.... » (2).

§ XI

Livrés par l'Autriche aux hasards d'une guerre qu'ils n'avaient pas entreprise, les Piémontais luttaient avec courage et prouvaient qu'ils eussent fait de grandes choses si leur nationalité eût été reconnue, puisqu'ils se battaient vaillamment pour une cause qui n'était pas la leur.

(1) Proclamation du général Bonaparte en Italie.— (2) Adresse du Directoire. Germinal an IV.

Paris. — Impr. WALDER, 44, rue Bonaparte.

§ XII

Le 22 avril, les Français prirent vingt et un drapeaux, firent treize cents prisonniers, capturèrent huit pièces de canon et quinze caissons, et se firent ouvrir les portes de Mondovi, de Toscano, de Besne, de la Trinita, Cherasco, Carignano, Alba, — en attendant qu'ils entrassent à Turin où ils trouveraient des frères, — quand les habitants auraient cessé d'être les esclaves de l'Autriche.

La position de Colli fut désespérée.

Bonaparte, fier de la conduite de ses armées, leur adressa la proclamation dont nous citons des fragments, car on ne saurait trop rappeler au souvenir du peuple français les grandes choses que nos aînés ont accomplies et les paroles énergiques du jeune général :

« Soldats,

« Vous avez, en quinze jours, remporté six victoires, pris vingt-un
« drapeaux, cinquante pièces de canon, plusieurs places fortes, con-
« quis la partie la plus riche du Piémont ; vous avez fait quinze mille
« prisonniers, tué ou blessé plus de dix mille hommes.

« Vous vous étiez, jusqu'ici, battus pour des rochers stériles, illustrés
« par votre courage, mais inutiles à la patrie ; vous égalez aujourd'hui
« par vos services l'armée conquérante de Hollande et du Rhin ; dé-
« nués de tout, vous avez suppléé à tout ; vous avez *gagné des batailles*
« *sans canons, passé des rivières sans ponts, fait des marches forcées*
« *sans souliers*, bivouaqué sans eau-de-vie et quelquefois sans pain.

. . . .

« Grâces vous en soient rendues, soldats ! la patrie reconnaissante
« vous devra en partie sa prospérité, et si, vainqueurs de Toulon, vous
« présageâtes l'immortelle campagne de l'an III, vos victoires actuelles
« en présagent une plus belle encore.

« Les deux armées qui naguère vous attaquaient avec audace, fuient
« épouvantées devant vous. Les hommes pervers qui riaient des pri-
« vations auxquelles vous étiez condamnés, et se réjouissaient dans leur
« pensée du triomphe de vos ennemis, sont confondus et tremblants.

« Mais, soldats, il ne faut pas le dissimuler, vous n'avez rien fait
« puisqu'il vous reste encore à faire; ni Turin ni Milan ne sont encore
« à vous; les cendres des vainqueurs de Tarquin sont encore foulées
« par vos ennemis.

« Vous étiez dénués de tout au commencement de la campagne,
« vous êtes aujourd'hui abondamment pourvus; les magasins pris à vos
« ennemis sont nombreux; l'artillerie est arrivée; la patrie a droit
« d'attendre de vous de grandes choses.

« Justifierez-vous son attente?

« Les plus grands obtacles sont franchis, sans doute, mais vous avez
« encore des combats à livrer, des villes à prendre, des rivières à
« passer.

« En est-il d'entre vous dont le courage s'amollisse?

« En est-il qui préféreraient de retourner sur les sommets de
« l'Apennin et des Alpes, essuyer patiemment les injures d'une solda-
« tesque esclave?

« Non, il n'en est point parmi les vainqueurs de Montenotte, de
« Millésimo, de Dégo, de Mondovi! »

. . . .

De pareilles phrases entraînèrent les bataillons, et la gloire, fidèle à
nos drapeaux, les guida vers l'immortalité.

Aussi les victoires se succédèrent-elles rapidement.

Partout où nous allions avec l'étendard tricolore, les peuples venaient
à nous et nous acclamaient comme des libérateurs.

L'Autriche sentait que le sol manquait sous ses pas appesantis.

C'est qu'alors, comme aujourd'hui, ce n'était pas l'esprit d'envahissement qui nous guidait, et si des détracteurs ont prétendu que le
général Bonaparte voulait dominer le monde, ils se sont trompés.

Il voulait, ce descendant des grands capitaines, que chaque nation
fût maîtresse chez elle;

Il voulait qu'aucun peuple ne fût esclave, et sa gigantesque pensée
était de refaire un nouveau monde avec les débris d'un monde trop
vieux!

Dans ce livre, nous sommes forcés de grouper les faits, sans les
détailler, pour arriver plus promptement à établir le parallèle entre la

situation de l'Europe en 1796 et sa situation en 1859, et faire voir qu'à notre époque, c'est encore l'Autriche qui a jeté le gant.

Ce gant est relevé.

La cour de Vienne retrouvera sur les champs de bataille les enfants des soldats qui l'ont battue déjà et, le ciel aidant, nous aurons aussi notre bataille de Lodi, comme nous venons d'avoir notre victoire de Montebello!

§ XIII

Le roi de Sardaigne, que toutes ses sympathies entraînaient vers la France, comprit qu'il fallait traiter avec Bonaparte et lui fit demander une suspension d'armes.

— « Le Directoire ayant seul le droit de traiter de la paix, l'armée « d'Italie ne peut consentir à suspendre le cours de ses triomphes « qu'autant que le roi de Sardaigne lui remettra, pour gage de sa foi, « les principales forteresses qui défendent ses frontières. »

Telle fut la réponse du général français.

Et le traité de paix fut conclu.

Le 28 avril, la cour de Turin remit les places fortes de Coni, de Tortone; elle licencia ses milices et nous prîmes possession d'Alexandrie et de Coni.

Ce fut alors que, du haut des monts de Cera, le général en chef tourna ses regards vers les plaines fertiles du Piémont.

Un tableau pittoresque se déroula à ses yeux, et quand, plus tard, trahi, livré, vendu, ce grand homme mourait à Sainte-Hélène, « cette cage inféconde, » il écrivait :

« Le Pô, le Tanaro, une foule d'autres rivières serpentaient au loin; « une ceinture blanche de neige et de glace, d'une prodigieuse éléva- « tion, cernait, à l'horizon, ce riche bassin de la terre promise.

« Ces pics gigantesques, qui paraissaient les limites d'un autre « monde, ces barrières que la nature s'était plu à rendre formidables « et auxquelles l'art n'avait rien épargné, venaient de tomber comme « par enchantement (1). »

(1) Mémoires pour servir à l'histoire de France sous le règne de Napoléon, écrits à Sainte-Hélène sous sa dictée.

Annibal avait franchi les Alpes, et, selon sa superbe expression, Bonaparte les avait tournées !

§ XIV

Mais il avait eu raison, l'habile stratégiste, en disant « que l'on n'avait rien fait puisqu'il restait encore à faire. »

La Sardaigne était devenue notre alliée, mais Beaulieu s'était retiré pour défendre le Milanais et avait franchi le Pô.

Faible obstacle pour les troupes qui lui étaient opposées.

Barrière fragile pour les soldats qui ne reculaient devant rien et qui marchaient sur les canons et tuaient à bout portant les artilleurs sur leurs pièces !

Le 18 mai, à neuf heures, par une de ces matinées de printemps où l'air est chargé des mille parfums de la nature renouvelée, 500 grenadiers et 1,500 chevaux vinrent se ranger sous les murs de Plaisance, ville gracieuse et coquette, véritable perle du duché de Parme.

Plaisance, cette voisine de Pavie, — où tout avait été perdu au xvi° siècle, — tout, fors l'honneur !

Les soldats de l'armée d'Italie étaient transformés.

Aux visages hâves, aux yeux caves, aux joues pâlies, avaient succédé l'embonpoint, la fraîcheur, l'éclat du regard.

La gaieté gauloise avait redit son refrain joyeux, et c'était en souriant que les combattants volaient au trépas.

Des nacelles vinrent prendre la petite troupe, qui s'embarqua en chantant.

Comme jadis César s'était confié avec ses destinées aux hasards capricieux des flots, les grenadiers partirent sans préoccupation, sans alarmes, décidés à mourir, mais à préparer le débarquement de l'armée dont ils étaient les éclaireurs.

Quand ils arrivèrent sur la rive ennemie, deux régiments de hussards autrichiens voulurent s'opposer à ce qu'ils y touchassent terre. Les deux régiments furent écrasés et les grenadiers débarquèrent.

Toute l'armée française passa le Pô le lendemain.

Ce passage effectué devait préparer nos nouveaux triomphes à Lodi.

En vain le général ennemi voulut-il nous attaquer pour nous empêcher de prendre position sur l'Adda, en vain huit mille Autrichiens vinrent-ils avec vingt pièces de canon nous livrer bataille; leurs efforts furent impuissants.

Dans un pauvre village, à Fombio, des prodiges de valeur furent accomplis. Les Autrichiens, qui s'y étaient campés, furent délogés, taillés en pièces et précipités dans l'Adda, qui vit ce jour-là ses eaux bleues et limpides se rougir et charrier des cadavres.

Ah! qu'ils soient à jamais exécrés les gouvernements qui, pour agrandir leur territoire et assurer leur domination sur des nations plus faibles qu'ils oppriment, portent la dévastation, l'incendie et le carnage dans des contrées fertiles et florissantes!

Qu'ils soient signalés à l'unanime aversion des peuples que Dieu a faits frères et que les ambitieux et les tyrans font passer d'un joug honteux sous un joug inhumain!

Malheur à celui par qui le scandale arrive! a dit l'Écriture.

Malheur, surtout, à celui qui ne craint pas de faire injustement la guerre!

La guerre, fléau qui pèse comme une colère divine sur la nation qu'elle décime!

La guerre, jeu cruel où les plus habiles joueurs sont toujours forcés de mêler le cyprès au chêne!

Les champs qui recouvrent des cadavres sont moins propres à la récolte et aux moissons que les champs où le bœuf paisible a promené à pas lents la charrue, et le laurier que l'on cueille dans le sang ne vaut pas un épi de blé.

Mais il est des guerres saintes, comme il est des nécessités fatales.....

La guerre de l'Italie était loyale, en 1796, comme elle l'est en ce moment, et les princes que l'Autriche avait entraînés dans sa route par la menace et le mensonge, le comprirent aussitôt que nos armées eurent franchi le Pô.

Le grand-duc de Toscane et l'infant, duc de Parme, entrèrent en arrangement, et un traité de paix fut conclu avec ce dernier.

C'était la première étape de cette course à travers l'Europe qui ne devait s'arrêter qu'en 1814!

§ XV

Mil huit cent quatorze! admirable campagne de France, dirigée par l'Empereur Napoléon que ses anciens triomphes en Italie et en Egypte inspiraient dans les combats glorieux de Brienne, de Champ-Aubert, de Montmirail!

Étrange époque, où le plus grand génie des temps modernes vit des hommes qu'il avait gorgés de gloire, d'honneurs et de richesses, l'abandonner, et, comme l'a dit Béranger :

> Tous, dégalonnant leur costume,
> Vont, au nouveau chef de l'État,
> De l'aigle mort vendre la plume!

Mil huit cent quatorze! date fatale pour notre histoire; souvenir profond et douloureux!

Elle restera dans nos mémoires, non comme un désastre, non comme une tache pour notre étendard glorieux, mais comme une preuve établie et convaincante que le génie, le courage, la volonté ne peuvent rien contre le mauvais vouloir d'une nation abusée et qui est lasse de vaincre et de conquérir!

LIVRE DEUXIÈME

---

§ I

Échappé au désastre de Fombio, le général Beaulieu s'était retiré derrière l'Adda.

L'Adda, rivière aux eaux limpides, qui, si elle devait être franchie, coûterait des torrents de sang à l'armée française.

Beaulieu, une fois encore, avait compté sans cet élan sublime qu'on a surnommé la furie française ; il avait compté surtout sans cet homme prodigieux, dont la parole seule, au matin d'un combat, électrisait les bataillons.

Tandis que l'ennemi se concentrait dans Lodi, le général Bonaparte rêvait et méditait déjà le passage du Pô.

Franchir le Pô, c'était l'opération la plus audacieuse de la campagne, comme il le dit lui-même, une action non moins éclatante et certainement plus fructueuse que la terrible bataille de Millésimo.

On était alors au mois de mai, et les jours étaient si longs que le ciel bleu de l'Italie avait à peine le temps de montrer ses étoiles d'or.

A trois heures du matin, tandis que la nuit s'effaçait aux premiers rayons de l'aube, les plaines de Casal se couvrirent des légions silencieuses du moderne Jules César.

Le général de vingt-six ans, enveloppé dans son manteau gris, à cheval, marchait à la tête de la première colonne.

Les cavaliers avançaient au petit trot,—l'infanterie au pas de course; les ordres se donnaient à mi-voix.

Ces milliers d'hommes qui couraient au combat ressemblaient à des cohortes de fantômes.

On eût dit les soldats de Pavie sortant de leurs tombes pour aller combattre, une fois encore, les ennemis acharnés de la France.

Quand le soleil se leva, on vit Bonaparte gravir une petite éminence qui dominait la ville de Lodi à deux portées de canon.

Arrivé au point culminant, le général mit pied à terre, appuya son bras gauche sur la croupe de son cheval, prit sa lunette de sa main droite, et, comme l'aigle, regarda autour de lui pendant quelques instants.

A ses côtés, ses officiers d'état-major, rangés, immobiles, attendaient un ordre, un mot, un signe, pour s'élancer dans toutes les directions.

Bonaparte regarda longtemps, braquant sa longue-vue sur tous les points importants.

Il avait sous les yeux un spectacle sublime, cet homme qui devait refaire la carte d'Europe et qui préparait une victoire en dix minutes, par la seule inspection du terrain où il allait manœuvrer.

Au nord, dans le lointain, à demi confondues dans la brume matinale, s'avançaient les brigades de la division Masséna.

Au couchant, Augereau déployait et arrondissait sa division en demi-cercle.

Au bas de l'éminence, deux batteries d'artillerie s'installaient, protégées par un régiment d'infanterie et deux escadrons de hussards.

Au levant, à un quart de lieue, se développait l'avant-garde.

Au levant encore, à deux portées de canon et de l'autre côté de la rivière, on voyait Lodi.

Lodi, le boulevard avancé du Milanais, — Lodi, défendu par son pont sur lequel l'ennemi avait établi son artillerie.

Quand le général eut examiné la position, il donna ses ordres.

Les aides de camp remontèrent à cheval;—les uns s'élancèrent vers le nord, d'autres vers le couchant, d'autres coururent en avant.

Les méditations du grand capitaine avaient été courtes; — l'attaque eut la durée d'un éclair.

Paris. — Impr. WALDER, 44, rue Bonaparte.

S. A. I. le prince Napoléon.

§ II

L'artillerie de campagne s'ébranla au galop, précédée par les hussards; elle arriva presque à trois cents mètres du pont et prit position.

Alors, protégée par son feu, l'infanterie s'avança au pas de course, la baïonnette croisée, appuyée sur ses ailes par les corps de cavalerie qui formaient l'avant-garde.

En même temps, l'artillerie autrichienne donna, et les troupes du général Beaulieu se massèrent à l'entrée du pont et sur la rive gauche de la rivière.

Pendant ce temps, les divisions Augereau et Masséna accouraient, finissaient par se réunir et, décrivant la demi-lune, marchaient vers le pont.

Les premiers bataillons qui arrivèrent furent décimés par le feu de l'ennemi, que l'artillerie française essaya pendant deux heures de faire taire, sans y parvenir.

Mais, à mesure que les hommes tombaient, on serrait les rangs, et ceux qui survivaient marchaient, — marchaient sans relâche.

Lorsqu'il vit l'action ainsi engagée, le jeune général abandonna son poste d'observation, remonta à cheval et, ventre à terre, l'épée à la main, il vint se remettre à la tête de ses soldats.

Une heure s'écoula pendant laquelle le pont de Lodi trembla et faillit s'écrouler sous le poids des combattants.

On se battit à l'arme blanche et corps à corps, tandis que les batteries autrichiennes continuaient à nourrir un feu meurtrier.

Mais, en dépit de la mitraille qui faisait de terribles trouées dans leurs rangs, les grenadiers marchaient toujours. Les avant-postes furent culbutés, la première batterie atteinte, les artilleurs sabrés sur leurs pièces et le premier canon encloué.

A partir de ce moment, la victoire ne fut plus douteuse.

L'infanterie française tout entière passa sur le pont, tandis que la cavalerie franchissait l'Adda à la nage.

Les Autrichiens se replièrent, rentrèrent dans la ville, y furent poursuivis, traqués le sabre au poing, la baïonnette en avant.

Le combat avait duré trois heures; la déroute fut l'affaire de quelques instants.

La cavalerie donna, se répandit comme un torrent de fer et de feu à travers les rues et les places, sabrant, renversant, et le dernier Autrichien eut abandonné la ville et se trouva en pleine déroute avant que l'arrière-garde eût passé la rivière.

§ III

Page sublime de cette grande époque, bataille de Lodi, quels noms fameux tu fis surgir!

N'est-ce pas dans cette journée à jamais mémorable que Masséna se battit comme un simple cavalier? que l'on vit Cervoni, Dallemagne, Dupat lutter, pour ainsi dire, corps à corps avec les Autrichiens, — et Berthier pointer lui-même un canon?

Et Lui, le général en chef, l'homme silencieux et calme autour de qui pleuvaient les balles et s'enterraient les boulets, — ne le vit-on pas sur tous les points et presque en même temps?

Un des premiers il passa sur le pont, — le premier il entra dans Lodi; — et quand ce fut fini, quand la nuit fut venue, lorsque les Autrichiens eurent pris la fuite, abandonnant leurs blessés et leurs morts, le héros descendit de cheval et dit simplement :

« — A présent, nous pouvons marcher sur Milan ; — Milan ouvrira ses portes au drapeau tricolore ! »

§ IV

Trois jours après la bataille du pont de Lodi, les habitants de la ville de Marignan, située entre Milan et l'Adda, purent assister à un spectacle non moins imposant qu'étrange.

Par la porte de l'Est, — la porte qui s'ouvrait sur la route du Milanais, — un nombreux cortége s'avança.

Les hommes qui le composaient étaient des vieillards courbés par l'âge, mais dont l'espoir de la liberté avait rajeuni le regard.

A leurs habits de fête, aux chants patriotiques de la foule qui les accompagnait, on devinait qu'ils venaient accomplir une grave et sainte mission, — une mission de reconnaissance et de paix.

Le plus vieux marchait à leur tête, portant sur un coussin de velours les clefs d'une ville, —

Milan !

Milan avait fermé ses portes aux Autrichiens en déroute; Milan avait chassé son gouverneur, l'archiduc Ferdinand; Milan avait entendu le canon de Millésimo et de Lodi.

Et les jeunes gens avaient couru aux armes, tandis que les vieillards levaient les mains au ciel et priaient pour ceux qui combattaient au nom de la liberté.

Dès la veille, la garnison impériale avait été assiégée, culbutée, jetée du haut des remparts, et le général Masséna était entré dans la ville en disant :

« — Je ne précède que de quelques heures le *libérateur de l'Italie.* »

Certes, le temps n'était plus où les phalanges gauloises, conduites par Brennus, trouvèrent les vieux Romains assis dans leur chaise d'ivoire, opposant à la colère des envahisseurs la majesté de leur barbe blanchie.

Cette fois, l'homme qui commandait les légions de la Gaule moderne tenait dans ses mains le drapeau de l'indépendance, et les descendants des patriciens de l'Italie se levèrent pour aller au-devant de ce jeune héros qui leur apportait non plus l'esclavage, comme Brennus, mais bien l'affranchissement.

Ce fut jusques à Marignan que la députation milanaise vint à la rencontre de Bonaparte.

Et tandis qu'elle y entrait par la porte de l'Est, Lui, encore au dehors, attendait les députés milanais au milieu de cette plaine où François Ier, le vaillant et le chevaleresque, avait écrasé les Suisses deux cents années auparavant.

Il attendait, calme et rêveur, se disant sans doute que, république ou monarchie, la France avait toujours été cette reine de la civilisation dont l'épée faisait trembler les oppresseurs et dont le drapeau flottait sur le monde comme l'emblème de la justice.

L'entrée du jeune général dans Milan rappela le retour dans Rome des Marius, des Scipion et des Camille ramenant leurs légions couvertes de lauriers et chargées de dépouilles opimes.

Seulement, le triomphateur n'avait point enchaîné les rois vaincus à son char.

Un peuple immense dont il avait brisé les fers se pressait autour de son cheval, jetant ce cri de reconnaissance :

— Vivent les armées françaises! vive le sauveur de l'Italie!

§ V

Le lendemain de son entrée dans Milan, le général en chef de l'armée française adressait à ses troupes l'ordre du jour suivant :

« Soldats!

«Vous vous êtes précipités comme un torrent du haut de l'Apennin; vous avez culbuté, dispersé tout ce qui s'opposait à votre passage.

« Le Piémont, délivré de la tyrannie autrichienne, s'est livré aux sentiments naturels de paix et d'amitié qui l'attachent à la France; Milan est à nous; le pavillon républicain flotte dans toute la Lombardie. Les ducs de Parme et de Modène ne doivent leur existence qu'à votre générosité.

« L'armée qui vous menaçait avec tant d'orgueil ne trouve plus de barrière qui la rassure contre votre courage : le Pô, le Tessin, l'Adda n'ont pu vous arrêter un seul jour; vous avez franchi ces boulevards vantés de l'Italie aussi rapidement que l'Apennin.

«Tant de succès ont porté la joie dans le sein de votre patrie: vos représentants ont ordonné une fête dédiée à vos victoires, célébrées dans toutes les communes de la république. Là, vos pères, vos mères, vos épouses, vos sœurs, vos amantes. se réjouissent de vos succès et se vantent avec orgueil de vous appartenir.

«Oui, soldats, vous avez beaucoup fait, mais il vous reste encore beaucoup à faire : dirait-on de nous que nous avons su vaincre, mais que nous n'avons pas su profiter de la victoire? La postérité nous reprocherait-elle d'avoir trouvé Capoue dans la Lombardie?... Non; je vous vois déjà courir aux armes; un lâche repos vous fatigue; les journées perdues pour la gloire le sont pour votre bonheur. Eh bien, partons!

Nous avons des marches forcées à faire, des ennemis à soumettre, des lauriers à cueillir, des injures à venger. Que ceux qui ont aiguisé les poignards de la guerre civile en France, qui ont lâchement assassiné nos ministres, incendié nos vaisseaux à Toulon, tremblent...

« L'heure de la vengeance a sonné ; mais que les peuples soient sans inquiétude ; nous sommes amis de tous les peuples, et plus particulière- ment des descendants des Brutus, des Scipion et des grands hommes que nous avons pris pour modèles.

« Rétablir le Capitole, y placer avec honneur les statues des héros qui le rendirent célèbre, réveiller le peuple romain engourdi par plusieurs siècles d'esclavage, tel sera le fruit de vos victoires ; elles feront époque dans la postérité ; vous aurez la gloire immortelle de changer la face de la plus belle partie de l'Europe.

« Le peuple français, libre, respecté du monde entier, donnera à l'Europe une paix glorieuse qui l'indemnisera des sacrifices de toute espèce qu'il fait depuis six ans : vous rentrerez alors dans vos foyers, et vos concitoyens diront, en vous montrant : « Il était de l'armée d'Italie ! »

§ VI

Il avait suffi que le drapeau tricolore apparût dans Milan, pour que les factions qui divisaient cette ville rentrassent momentanément dans l'ombre.

Magnanime comme le lion dont il avait le regard plein d'éclairs, la force et l'indomptable courage, Bonaparte, satisfait d'avoir chassé les Autrichiens, ne s'était point préoccupé de savoir si les dominateurs avaient conservé des intelligences et des partisans dans la place.

Pendant plusieurs jours le peuple affranchi fêta les vainqueurs et chanta leur victoire.

Mais l'Autriche n'avait point abandonné le sol du Milanais sans y laisser de nombreux ferments de discorde.

Chez les nations les plus enthousiastes de liberté, il existe cependant encore des amis de l'esclavage.

Il s'en trouva dans Milan.

Les uns, membres du clergé, regrettaient la domination autrichienne; d'autres, appartenant à la noblesse, virent dans l'occupation française l'anéantissement de leurs priviléges.

Un matin, une révolte éclata dans la population, et cette révolte a été si simplement et si éloquemment décrite par Bonaparte dans son rapport au Directoire, que nous transcrivons textuellement ce rapport:

« Le peuple de Pavie, renforcé de cinq à six mille paysans, investit
« les trois cents hommes que j'avais laissés dans le château. A Milan,
« l'on essaye d'abattre l'arbre de la liberté; l'on déchire et foule aux
« pieds la cocarde tricolore. Le général Despinois, commandant la
« place, monte à cheval; quelques patrouilles mettent en fuite cette
« populace, aussi lâche qu'effrénée. Cependant, la porte qui conduit à
« Pavie est encore défendue par les rebelles, qui attendent à chaque
« instant les paysans pour les y introduire; il fallut, pour les soumet-
« tre, battre le terrible pas de charge; mais, à la vue de la mort, tout
« rentra dans l'ordre.

« A peine instruit de ce mouvement, je rebroussai chemin avec trois
« cents chevaux et un bataillon de grenadiers; je fis arrêter, à Milan,
« une grande quantité d'otages; j'ordonnai que l'on fusillât ceux qui
« avaient été pris les armes à la main; je déclarai à l'archevêque, aux
« chapitres, aux moines et aux nobles, que je les rendais responsables
« de la liberté publique.

« La municipalité taxa les habitants à trois francs d'amende par
« domestique qui avait été renvoyé. La tranquillité consolidée à Milan,
« je continuai mon chemin sur Pavie. Le chef de brigade Lannes,
« commandant la colonne mobile, attaqua Binasco, où sept à huit cents
« paysans armés paraissaient vouloir se défendre; il les chargea, en tua
« une centaine et éparpilla le reste. Je fis, sur-le-champ, mettre le feu
« au village. Quoique nécessaire, ce spectacle n'en était pas moins hor-
« rible. J'en fus douloureusement affecté; mais je prévoyais que des
« malheurs plus grands menaçaient encore la ville de Pavie. Je fis
« appeler l'archevêque de Milan, et l'envoyai, de ma part, porter au
« peuple insensé de Pavie la proclamation ci-jointe, mais en vain.

« Je me portai, à la pointe du jour, sur Pavie; les avant-postes des
« rebelles furent culbutés. La ville paraissait garnie de beaucoup de
« monde et en état de défense. Le château avait été pris et nos troupes

« faites prisonnières. Je fis avancer l'artillerie, et, après quelques coups
« de canon, je sommai ces misérables de mettre bas les armes, et d'avoir
« recours à la générosité française. Ils répondirent que, tant que Pavie
« aurait des murailles, ils ne se rendraient pas. Le général Dammartin
« fit placer de suite le sixième bataillon de grenadiers en colonne ser-
« rée, la hache à la main, avec deux pièces de huit en tête. Les portes
« furent enfoncées; cette foule immense se dispersa, se réfugia dans les
« caves et sur les toits, essayant en vain, en jetant des tuiles, de nous
« disputer l'entrée des rues. Trois fois l'ordre de mettre le feu à Pavie
« expira sur mes lèvres, lorsque je vis arriver la garnison du château
« qui avait brisé ses fers, et venait, avec des cris d'allégresse, embrasser
« ses libérateurs.»

. . . .

§ VII

Les Milanais rentrèrent bientôt dans l'ordre.

Ce peuple égaré ne tarda point à comprendre que les Français
étaient venus comme des amis et des libérateurs, non comme des
maîtres.

Une proclamation du général Bonaparte, qui leur fut portée par leur
archevêque, les désarma.

Voici cette proclamation :

« Peuples du Milanais!

« Une multitude égarée, sans moyens réels de résistance, se porte
aux derniers excès dans plusieurs communes, méconnaît la république
et brave l'armée triomphante de plusieurs rois. Ce délire inconcevable
est digne de pitié; l'on égare ce pauvre peuple pour le conduire à sa
perte.

« Le général en chef, fidèle aux principes qu'a adoptés la nation
française, qui ne fait point la guerre aux peuples, veut bien laisser une
porte ouverte au repentir; mais ceux qui, sous vingt-quatre heures,
n'auront pas posé les armes, n'auront prêté de nouveau serment
à la république, seront traités comme rebelles; leurs villages seront
brûlés.

. . . .

§ VIII ·

Bonaparte ne comptait point s'arrêter à Milan, et, comme Annibal à Capoue, s'y reposer et oublier, au milieu des fêtes qu'on lui donnait, la mission qu'il s'était imposée, de chasser le dernier Autrichien du sol de l'Italie.

Un matin, le tambour battit le rappel, les clairons sonnèrent la diane, le jeune général s'élança en selle et fit déployer devant lui le drapeau tricolore.

Le général autrichien, Beaulieu, occupait Borgheso, sur le Mincio, et son armée se développait sur une superficie de près de sept lieues.

— Il faut culbuter cette armée et passer le Mincio! dit Bonaparte à ses soldats.

Une fois de plus, le libérateur de l'Italie devait accomplir, avec sa merveilleuse activité et son audace qui semblait maîtriser la destinée, le programme qu'il s'était tracé.

Par une nuit sombre de la fin de mai, les divisions françaises, qui s'étaient mises en marche au coucher du soleil, arrivèrent silencieuses et fidèles à leur système de marche nocturne à quelques centaines de mètres du Mincio, en face de Borgheso et prirent leurs positions.

Au point du jour, les avant-postes autrichiens furent attaqués et lâchèrent pied devant la cavalerie française.

Alors, les Autrichiens, repassant le Mincio, essayèrent d'assurer leur retraite en coupant une des arches du pont.

Bonaparte donna ses ordres et, sous le feu de l'ennemi, le pont fut reconstruit en moins de trois heures par les soldats du génie.

Tandis que le gros de l'armée passe sur le pont, les grenadiers, en tête desquels marche le général Gardanne, se jettent bravement à l'eau; le Mincio est franchi, et le général Beaulieu, après deux heures de résistance, se retire, abandonnant des monceaux de cadavres sur le champ de bataille.

L'Autriche a-t-elle donc oublié ces faits d'armes, ou nous croit-elle dégénérés?

Nos armées vont lui rendre la mémoire et lui prouver que nous sommes toujours les enfants de la grande nation.

Paris. — Impr. Walder, rue Bonaparte, 44.

LIVRE TROISIÈME

§ I

Il nous faut interrompre le récit des victoires successives du jeune général, pour donner la configuration de l'Italie, et rendre plus clairs aux lecteurs les faits dont nous sommes les historiens.

En 1796, quand nous entrions en vainqueurs à Milan, la Péninsule, île étroite et longue, souffrait, comme elle a toujours souffert, de sa topographie, c'est-à-dire que ses habitants nombreux, mais disséminés, ne pouvaient retirer aucun profit de l'unité politique qui fait la force des nations.

La différence qui existait et qui existe encore entre les mœurs, les besoins, les idées, les aptitudes de ses habitants, les empêchait de former un tout homogène.

Terre productrice, sol fertile, climat doux et béni par les dieux, l'Italie avait courbé son front sous le joug des Lombards.

Nous empruntons à un conteur du plus grand talent, M. B. Saintine, les pages suivantes; nous ne saurions aussi bien dire, et cette citation prouve que dans le romancier il y a toujours l'historien :

§ II

« On peut diviser en trois portions distinctes la Péninsule italienne.

« La partie septentrionale présente d'abord les possessions du roi de

7

Sardaigne (le Piémont, le Montferrat, les fiefs impériaux, quelques portions du territoire autrefois enclavé dans le duché de Milan ; enfin l'île de Sardaigne). A l'époque que nous signalons, la Savoie qui, géographiquement, semble appartenir à la France, comme la Corse à l'Italie, était déjà devenue, par la conquête, le département du Mont-Blanc. Les États sardes s'appuyaient alors : au nord, sur le Valais ; à l'est, sur le duché de Milan ; à l'ouest, sur le Dauphiné et la Savoie ; ils étaient bornés au sud par le département des Alpes-Maritimes (comté de Nice) et le territoire de Gênes.

« Turin, capitale du Piémont, est situé au pied des montagnes, dans une plaine fertile, à trente-cinq lieues nord-ouest de Gênes.

« La vallée d'Aoste, tout à fait au nord, est formée par les versants concentriques des deux Saint-Bernard et du Mont-Blanc, ainsi que par ceux des montagnes opposées, au milieu desquelles coule la Dovia-Bastia.

« Une autre vallée, commençant au Mont-Cenis et se prolongeant jusqu'au district de Turin, renferme Noralaise, village jeté sur la pente rapide de la montagne, et la ville de Suse, ancienne capitale du Piémont, dont l'accès est défendu par le fort de la Beunette. A l'ouest de Suse se présentent encore plusieurs autres vallées dominées entièrement par les Alpes.

. . . .

« Vers la source de ce dernier fleuve (le Tanaro), apparaissent, dans les Apennins, Ceva, Garessio, Orméa, au-delà des monts, l'ancien comté de Nice, avec ses villes de Tende, de Bregho, de Sospello, de Villefranche, d'Onielle et tant d'autres noms chers à notre nouvelle gloire.

« Le Montferrat, les fiefs impériaux et les autres possessions du Piémont ne présentent plus d'important à citer que les villes de Casal, d'Acqui, de Spino, de Tortone, d'Alexandrie.

. . . .

. . . .

« S'étendant le long de la Méditerranée, sur une côte circulaire de près de cent lieues, environnée de hautes montagnes, est Gênes *la Superbe*...

« La capitale, entourée de fortifications, s'élève en amphithéâtre sur le bord du golfe...

« Les États de Parme et de Modène, les duchés de Milan et de Mantoue, les principautés de Monaco et de Massérano, de Castiglione, de Venise, complètent la partie septentrionale et continentale de l'Italie.

§ III

« La partie centrale de l'Italie comprend la Toscane, les Etats ecclésiastiques, la république de Lucques et celle de Saint-Marin.. . . .

« Ferrare, Bologne, Ravenne, Ancône, Spolette, Péruse, Orviette, Castro, Viterbe, Magliano et d'autres capitales de comtés, de duchés, de vicariats, forment le cortége de l'ancienne reine du monde, de Rome, enfin, échue en patrimoine à saint Pierre.

. . . .

« L'île de Sicile et le royaume de Naples, appartenant au même souverain, terminent la péninsule italique dont ils représentent la partie méridionale. L'Abruzze, la Terre de Labour, la Pouille, la Calabre, forment les quatre grandes divisions de l'État napolitain. Aquila, Naples, Bénévent, Salerne, Lecce, en sont les cités les plus opulentes, comme le Tronto, l'Alterno, le Garigliano, le Volturno, le Silaro, le Fortore, le Bradano, l'Agri en sont les fleuves les plus considérables.

. . . .

§ IV

« Les Alpes séparent l'Italie de la France et de l'Allemagne. Cette longue chaîne de montagnes, la plus haute de l'Europe, prend depuis le golfe de Gênes, près de Monaco, jusqu'à la mer Adriatique, où elle va se rattacher aux monts de la Hongrie et de l'Autriche.

« S'élevant en amphithéâtre demi-circulaire du côté de l'Italie, elle laisse s'épancher dans les plaines ces fleuves nombreux qui se rendent dans le Pô ou dans le golfe de Venise.

« On divise cette longue étendue de montagnes en Alpes maritimes, cottiennes, grecques, pennines, rhétiennes, cadoriennes, juliennes et noriques. . . . .

« .... De ces indestructibles frontières de l'Italie où dorment des glaciers éternels, d'où jaillissent de gigantesques rochers noircis par le temps qui n'a pu les déraciner, le mont de Tende, le mont Viso, le mont Genèvre, le pic de Gletscherberg, le mont Brenner, comme autant de gardiens redoutables, chargés de protéger ces belles contrées. De larges torrents bouillonnent à leur base, leurs flancs sont hérissés de précipices, et de leurs fronts immobiles descendent les avalanches. Si quelques défilés sont ouverts pendant la paix pour faciliter les communications entre les Français, les Suisses, les Allemands et les peuples de la Péninsule, au premier signal des combats, les secours que l'art a donnés à cette nature déjà si forte se montrent de tous les côtés pour préserver l'Italie d'une invasion.

« De nouvelles fortifications s'élèvent auprès de ces fortifications alpestres si redoutables; des batteries meurtrières protégent les précipices; et ces chemins escarpés et périlleux élevés dans les nuages, serpentant sur la croupe des monts, sur le bord des abîmes; ces gorges étroites et profondes semées d'horribles fondrières crevassées par le passage des torrents, ébranlées par les débris des rocs qui s'élèvent au-dessus d'elles comme une menace éternelle, et que des travaux immenses ont pu rendre à peine praticables aux voyageurs, ne semblent offrir aux armées envahissantes qu'une destruction certaine, des périls sans espoir de succès. Chaque angle de rocher est un rempart, chaque monticule une redoute. L'agresseur, forcé de disputer pied à pied un terrain où tout favorise la défense, où rien ne seconde l'attaque, presque toujours contraint d'abandonner l'artillerie dans des chemin impraticables, d'assaillir à découvert un ennemi retranché, de n'opposer aux boulets et à la mitraille que le feu de sa mousqueterie ou la pointe de sa baïonnette, combattant sur un sol qui s'effondre, sous un ciel qui l'accable, trouve encore devant lui, derrière lui, partout, les accidents d'une nature marâtre et les embûches de la guerre; et lorsque au prix du sang versé, des privations souffertes, d'un courage surhumain, il a triomphé de l'ennemi de roc en roc, de montagne en montagne, il lui faut alors entreprendre le siége long et douteux d'une place forte; car chacun de ces passages périlleux est fermé par une forteresse ; la plus grande partie de ces obstacles *l'ont déjà surmonté* (1).

« Beaucoup moins élevés que les Alpes, les Apennins traversent l'Italie dans toute sa longueur et séparent les eaux de l'Adriatique de celles de la Méditerranée. Leur chaîne commence là où se termine celle des Alpes, au mont Ariol, et va toujours en s'élevant jusqu'au mont Velino, situé au centre de la presqu'île, à sept mille huit cents pieds au-dessus du niveau de la mer. Elle s'abaisse alors progressivement jusqu'aux derniers confins du royaume de Naples . .   .   .   .   .

« Les Apennins sont loin d'offrir le spectacle imposant et terrible que présentent les Alpes ; ce ne sont plus ces hauts sommets couronnés de glaces, ces pics neigeux parés encore de la mâle verdure des sapins et des mélèzes. Le mont Velino presque seul conserve sur son front la trace des hivers qu'il a vus s'écouler.

« Les mousses parasites et quelques châtaigniers débiles varient à peine la triste uniformité des autres montagnes, dont le sol grisâtre et brûlant, inculte dans beaucoup d'endroits, couvert de laves refroidies, atteste le passage des feux souterrains, qui, dans des siècles reculés, ont tourmenté toutes ces régions. Ainsi, la puissance malfaisante de la nature, comme la puissance usurpatrice des hommes, tout n'a qu'un temps, qu'une durée éphémère (2) ! »

§ V

Oui, tout n'a qu'un temps, et, comme l'a dit, avec une si parfaite logique et une si grande sincérité, Napoléon Ier, à Sainte-Hélène :

— Rien ne se vole ici-bas, tout se paye !...

Que l'on descende de Hapsbourg, ce premier envahisseur de l'Italie, — que l'on domine par la ruse, l'intrigue et la trahison, sur une nation qui n'a point été asservie, — mais bien opprimée par la force et écrasée par le nombre, — que l'on fasse peser le joug sur des âmes que Dieu seul a le droit de compter, — cela peut durer des années, des

(1) L'auteur parle des premières campagnes de Bonaparte.

(2) B. Saintine. — *Histoire des guerres d'Italie.* — 1827.

quarts de siècles des demi-siècles même... mais, tout à coup, quand les tortureurs et les bourreaux sont, calmes et tranquilles, occupés à faire régner l'ordre comme naguère à Varsovie; quand la nationalité d'un peuple semble disparaître et se confondre dans une nationalité dominatrice et ennemie, l'ange de la justice lève son bras et frappe avec son glaive l'imprudent qui a poussé trop loin l'orgueil humain et tenté de se faire un marche-pied des cadavres des populations qu'il étrangle sans pitié ni merci !

Des bruits terribles semblent sortir du sein de la terre foulée par la soldatesque effrénée des oppresseurs; — ces bruits, vagues d'abord, deviennent plus forts, plus distincts, plus élevés! ils traversent les monts, parcourent les vallées, étouffent les chants sauvages des torrents; — et, avant d'être arrivés jusqu'aux présomptueux dont les oreilles sont fermées à la clémence, à la raison, à la prière, les bruits deviennent des voix éclatantes, ces voix sont des clameurs, des aspirations, des appels aux peuples assez grands et assez généreux pour y répondre et les appuyer par leurs armes...

§ VI

C'est ce qui se passe aujourd'hui en Europe.

N'allons-nous pas défendre, soutenir et venger les victimes de l'Autriche, en venant au secours du Piémont?

Le roi Victor-Emmanuel n'est-il pas mille fois plus grand en combattant à la tête de son peuple pour l'indépendance de ce peuple, que l'empereur d'Autriche voulant abuser de sa force numérique et de la haute position qu'il occupe dans la hiérarchie des trônes, pour anéantir et absorber une population dont le chef est issu de la vieille maison de Saxe?

C'est une grande et sublime page, dans la vie du roi de Sardaigne, que cette campagne contre l'Autriche, et le temps gravera cette page sur son livre d'airain!

Victor-Emmanuel est bien le fils de ses pères, le descendant de la grande et noble race des princes de Savoie, l'une des plus anciennes maisons régnantes de l'Europe.

§ VII

Nous citerons de nouveau l'auteur de *Picciola*; quand la source à laquelle on puise est bonne, on ne saurait trop y puiser; en outre, les réflexions que contiennent ces *fragments*, écrits il y a plus de quarante ans, les rendent encore plus intéressants; on croirait, en les lisant, à une prophétie. C'est que les consciences et l'équité tiennent souvent lieu de l'esprit de révélation.

« Resserrés entre les frontières de France et d'Allemagne, contenus même par les Espagnols, alors que la Lombardie leur appartenait, ainsi que les royaumes de Naples et de Sicile, les ducs de Savoie et de Piémont semblaient devoir être écrasés par un si rude voisinage, et ce fut cependant cette position qui maintint presque constamment leur puissance pendant huit siècles. Il était dans l'intérêt des grands potentats de ne point laisser les Alpes, ces terribles citadelles de l'Italie, ainsi que les appelle Polybe, au pouvoir d'une nation rivale. Chacun d'eux aimait mieux y renoncer en faveur d'un État secondaire, que de risquer de les voir tomber aux mains d'un ennemi redoutable. C'était une ligne neutre, jetée entre des rivaux qui, naturellement, devaient appréhender de se toucher de trop près. Cette protection dut même s'étendre jusque sur le gouvernement intérieur de la contrée, et ce fut encore là une des causes qui servirent à y maintenir si constamment la tranquillité. Tous les pays de montagnes semblent être promis par la nature à la liberté. Le Piémont resta monarchique parce que la France et l'Empire se montrèrent sans cesse les alliés de ses princes contre les mouvements hostiles du peuple, et qu'ensuite, retenus eux-mêmes dans des bornes de modération par la crainte d'alarmer l'esprit inquiet et turbulent de leurs sujets, ces princes ne firent presque toujours, à l'exception des Vaudois, peser sur eux qu'un joug paternel et modéré. Conquis par l'étranger, le Piémont eût bientôt imité la Suisse.

« Une des conditions de son existence dut être encore une guerre perpétuelle; quelque grande querelle ne s'élevait point entre les autres États de l'Europe sans qu'il se trouvât forcé d'y prendre part. Portier des Alpes, comme on l'a surnommé, le souverain piémontais se voyait contraint, par sa situation, de livrer ou de défendre le passage d'Italie en France, ou de France en Italie. Si le parti qu'il avait adopté triomphait, il était payé de son zèle par une extension de territoire. — Parfois même, après des revers, il était encore le moins maltraité des vaincus, car il était souvent le moins redoutable, et il entrait dans la politique des hautes puissances, en s'agrandissant à ses dépens, de l'en dédommager aux dépens des autres : c'était à la fois affaiblir un ennemi futur et se préparer un allié nécessaire; aussi, jamais État ne changea plus souvent de limites. Sans cesse envahi, secouru, conquis, délivré, il s'allongeait tantôt vers le Dauphiné, tantôt vers les possessions de Parme et de Milan. L'habitude des armes aguerrissait ses peuples, qui devinrent en effet les plus actifs et les plus belliqueux de la Péninsule. L'importance de tels auxiliaires s'en augmentait, et les ducs souverains du Piémont et de la Savoie, par leur sagesse et l'habileté qu'ils montrèrent dans le choix de leurs alliances, surent bientôt, mettant à profit tant d'avantages, rehausser et consolider tout à fait leur puissance.

§ VIII

« Jusqu'à la fin du dixième siècle, le Piémont avait été occupé par une multitude de petites républiques sans lien fédératif entre elles, lorsque Bérold, avec les titres de margrave de l'Empire et de marquis d'Italie, vint, sous la protection de la puissante maison de Saxe, s'établir en Savoie et en Maurienne, dont Rodolphe, roi de Bourgogne, lui avait donné la souveraineté avec le titre de comte.

« Mais, le temps augmenta le pouvoir de ces comtes de Savoie. Soit par alliance, soit par conquête ou par concession, les descendants de Bérold occupèrent les petits États du marquis de Suze et d'Yvrée, des comtes de Genève et de Vintimille, des évêques de Turin, de Verceil, de Nice et d'Aoste, des archevêques de Tarentaise, et parvinrent à détruire en partie les priviléges de quelques villes restées libres. Enfin, vers le commencement du quinzième siècle, le Piémont, composé de tous ces territoires réunis, par lettres patentes de l'empereur Sigismond, fut incorporé à la Savoie, dès lors érigée en duché (1).

(1) 19 février 1416.

LIVRE QUATRIÈME

§ 1

« Différentes acquisitions, bien que fictives, telles que le royaume d'Achaïe et de Morée, dont la maison de Savoie ne posséda jamais que le vain titre, augmentèrent momentanément la splendeur de cette nouvelle couronne ducale. Plus tard, Charles-Quint l'enrichit encore de la souveraineté du comté d'Asti et du marquisat de Céva.

« Des revers et des succès alternatifs élevèrent le Piémont à son plus haut degré de puissance, pour le mettre ensuite à deux doigts de sa perte. La ville de Turin, occupée par les Français sous François Ier, resta vingt-six ans en leur pouvoir. Sous les règnes d'Emmanuel-Philibert, de Charles-Emmanuel Ier, de Victor-Amédée Ier, les Piémontais éprouvèrent encore les mille chances, tantôt favorables, tantôt adverses, d'une fortune bizarre et changeante. Le dernier de ces princes succéda à son père n'ayant pour souveraineté qu'une forteresse, le château de Montmélian, et pour peuple qu'une armée. Mais, l'éternelle égide des ducs de Savoie vint encore garantir celui-ci de sa destruction totale : chacune des puissances, même en agissant en ennemi avec lui, le voulait garder pour allié. Trois traités successifs furent conclus à Chérasco et réglèrent les intérêts de tous. Victor-Amédée mourut presque subitement (1), après avoir remporté la bataille de Mont-Baldon sur les Espagnols.

« Catherine, sa veuve et la sœur du roi de France, Louis XIII, gouverna le Piémont, pendant la minorité de Charles-Emmanuel II, avec une sagesse et une fermeté dignes d'une fille de Henri IV. Elle sut résister aux armes des Espagnols, aux ordres de Richelieu, aux piéges de Mazarin.

« Guidé par elle, le jeune duc se revit maître des anciens États de ses pères; une partie du Montferrat y était ajoutée; et son ambition l'aveuglant sur le passé, il convoitait déjà la possession de Gênes. Après s'être entièrement dévoué aux intérêts de la France, il en fut récompensé par un agrandissement de territoire. Charles-Emmanuel, comme ses précesseurs, fut ardent persécuteur des Vaudois. Son fils, Victor-Amédée, deuxième de nom, lui succéda.

« La plupart des puissances européennes s'étaient soulevées contre Louis XIV. Le duc entra dans la ligue d'Augsbourg : Catinat l'en punit par les victoires de Staffarde et de Marsaille. Le célèbre prince Eugène vint au secours de Victor-Amédée, son parent, qui bientôt rentra dans l'alliance du monarque français.

« La guerre de la succession (2) fut une nouvelle épreuve pour la fidélité d'Amédée; elle y succomba encore : pour la seconde fois, ses États furent envahis par les Français qui le bloquèrent dans Turin. Pour la seconde fois aussi, Eugène lui prêta l'aide de son bras et de son génie, et le délivra. Le traité d'Utrecht vint ensuite combler toutes les espérances de la maison de Savoie. L'objet constant de ses désirs et de son ambition, le titre de roi enfin, fut concédé à Victor-Amédée, par l'abandon que lui fit l'Espagne de l'île de Sicile, quoique, peu de temps après, des raisons politiques le contraignirent d'échanger la Sicile contre l'île de Sardaigne. Un trône était placé aussi sur le sol marécageux de cette dernière : l'échange fut ratifié (3).

. . . .

« Victor-Amédée fit entreprendre des travaux pour dessécher les marais et pour établir des communications entre les différentes parties de l'île. L'ancien code fut réformé presque entièrement, et des lois, plus

______

(1) En 1663. — (2) En 1701. — (3) En 1718.

justes et plus modérées, établies. Quoique cette nouvelle jurisprudence ait valu à Victor-Amédée la réputation de l'un des grands législateurs de son siècle, l'humanité lui reprochera cependant de n'avoir point osé détruire entièrement jusqu'aux traces de ces lois barbares, d'avoir laissé subsister l'horrible supplice de la torture, et maintenu, contre les blas-phémateurs et d'autres criminels de même ordre, la peine de mort, qui ne doit frapper que ceux dont l'existence menace la sûreté de la société, s'il est vrai, toutefois, qu'il puisse entrer dans les droits du législateur de disposer de la vie des hommes.

« Sur la fin de ses jours, Victor-Amédée II renonça volontairement à cette couronne qu'il avait tant enviée.

« Charles-Emmanuel III soutint d'une main ferme le sceptre aban-donné par son père.

« Le traité d'Aix-la-Chapelle le mit en possession d'une partie de la contrée située entre le Pô et le Tessin.

« Glorieux, triomphant, regardé avec raison comme l'un des plus habiles capitaines de son siècle, il ne songea plus qu'à consolider son trône en rendant ses sujets heureux. De sages règlements maintinrent parmi eux le repos et l'aisance : sous son règne, les jésuites furent écar-tés de l'instruction publique, le clergé fut forcé de prendre sa part des charges de l'État; les impôts du peuple furent diminués, les arts encou-ragés.

« D'adroites concessions calmèrent chez ses sujets cette fièvre de liberté qui déjà tourmentait l'Europe, et que les autres souverains ne songeaient même point à prévenir.

« Enfin, la plus irrévocable preuve du degré de force auquel il avait élevé sa puissance, c'est qu'il se dispensa de prendre parti dans la guerre générale qui se déclara alors, et pour laquelle il se réserva le noble rôle de médiateur.

« Il mourut en 1773.

« Nous voici au règne de Victor-Amédée III...

« A l'époque de son avènement au trône, ses États comprenaient la Sardaigne, la Savoie, le Piémont, le comté de Nice, le duché d'Aoste, le Montferrat, la principauté d'Oneille, le marquisat de Saluces et le fief de Langhes.

.   .   .   .

« Les améliorations apportées par Charles-Emmanuel et les encouragements accordés à l'agriculture produisaient alors les plus heureux effets; la diminution des impôts y avait fait renaître l'aisance, le goût du travail et l'amour de la propriété, le premier principe de l'amour de la patrie et l'indice certain de la félicité des peuples.

. . . .

« Pour développer entièrement l'active industrie de leurs sujets et les pousser avec ardeur vers le commerce, aujourd'hui le grand régulateur de la puissance des souverains, il manquait aux maîtres du Piémont des moyens étendus et multipliés de communications : il leur manquait... le port de Gênes enfin.

« A la tête de son armée oisive, c'était sans doute de ce côté que se tournaient les regards de Victor-Amédée III, lorsque, surpris tout à coup par la révolution française, il courut aux armes. . . . . »

. . . .

§ II

Ce coup d'œil rapide jeté sur la maison de Savoie et sur la position topographique de l'Italie, établit d'une façon dégagée de toute obscurité, la conduite du général Bonaparte quand il vint, lors de sa première campagne, chasser les Autrichiens des territoires qu'ils avaient envahis, et placer ses avant-postes sur les montagnes de l'Allemagne.

En avançant dans cet ouvrage qui sera, comme l'indique son titre, l'histoire de l'Italie sous la dominattion autrichienne, nous aurons à raconter de grands combats, à signaler cent victoires contre un revers; mais, partout et toujours, nous verrons les peuples, qu'ils appartiennent au Tyrol, à la Sardaigne, au Piémont ou à l'Italie proprement dite, déployer la plus grande énergie pour reconquérier leur indépendance et acclamer avec enthousiasme le drapeau tricolore.

§ III

Le jeune général de l'armée d'Italie fatiguait la victoire à le suivre.

Après le combat de Borghetto et le passage du Mincio, l'occupation de Vérone ; après Vérone, le blocus de Mantoue.

Alors, Bonaparte comprit que sa présence était nécessaire dans le Tyrol et dans les gorges des Apennins, et son arrivée fut précédée par la proclamation suivante que nous citons parce qu'elle est une des plus belle pages de la littérature politique :

« Je vais passer sur votre territoire, braves Tyroliens, pour obliger la cour de Vienne à faire une paix nécessaire à l'Europe entière comme à ses sujets. C'est votre propre cause que je viens défendre. Depuis assez longtemps vous êtes fatigués des horreurs d'une guerre entreprise, non pour l'intérêt du peuple allemand, mais pour les passions d'une seule famille.

« L'armée française respecte tous les peuples, et plus particulièrement les habitants simples et vertueux des montagnes. Votre religion, vos usages seront partout respectés, nos troupes observeront une discipline sévère, et rien ne sera pris dans le pays sans qu'il soit payé en argent. Vous nous recevrez avec hospitalité, et nous vous traiterons avec fraternité et amitié.

.   .   .   .

« Ne vous laissez pas induire en erreur par les agents de l'Autriche ; garantissez votre patrie, déjà vexée par cinq ans de guerre, des malheurs qui l'affligeraient.

« Sous peu, la cour de Vienne, obligée à signer la paix, rendra aux peuples leurs privilèges usurpés et à l'Europe la tranquillité qu'elle trouble. »

Étrange rapprochement !

Cette proclamation, datée du mois de juin 1796, ne pourrait-elle pas servir à notre époque, c'est-à-dire en juin 1859.

L'Autriche n'exerce-t-elle pas la même influence ?

N'a-t-elle pas toujours des agents pour induire les peuples en erreur ?

N'avons-nous pas lu hier, ne lisons-nous pas tous les jours des articles rédigés dans les gazettes autrichiennes qui représentent la France comme une révolutionnaire, une démagogue folle de gloire et amoureuse de conquêtes ?

N'est-ce pas la cour de Vienne qui trouble encore, à soixante années d'intervalles, la tranquillité de l'Europe?

§ IV

Après le blocus de Mantoue, Bonaparte marcha sur Rome et prit Bologne, Ferrare, Faenza, le fort d'Urbin, leurs garnisons, leur canons, leurs arsenaux, leurs approvisionnements,

Le 29 juin, il prit Livourne; de Livourne, il vint à Milan et trouva, dans le château, cent cinquante bouches à feu, deux cents milliers de poudre et cinq mille fusils.

Deux combats devaient précéder la bataille de Castiglione, et le général en chef Bonaparte eut la modestie de passer presque sous silence ces deux rencontres qui devaient avoir des suites si importantes, dans le rapport qu'il adressa au Directoire.

C'étaient les combats de Salo et de Lonado en août 1796.

Le jeune héros qui attirait alors tous les regards de l'Europe effrayée et attentive venait d'arriver à Lonado, lorsqu'on lui annonça qu'un officier de l'armée autrichienne, envoyé comme parlementaire, désirait lui parler.

Cet officier venait faire sommation aux Français de se rendre.

Une prétention aussi outrecuidante surprit tellement Bonaparte qu'il n'y voulut pas croire et fit venir l'officier parlementaire.

Quelles pouvaient être les raisons qui faisaient agir le général autrichien?

Avec cette logique et cette précision de jugement qui distinguaient le général français, il comprit que les troupes qui venaient le sommer de se rendre ne pouvaient être que les débris des armées battues les jours précédents à Dezenzano et sur le lac de Guarda.

Aussi reçut-il l'officier ennemi impérieusement.

— Allez dire à celui qui vous envoie que, s'il a prétendu insulter l'armée française, je suis ici pour la venger : qu'en un mot, votre général est mon prisonnier. Je sais que sa troupe n'est qu'une des colonnes coupées par la division de mon armée qui occupent Salo et Trente.

Dites-lui que si, dans huit minutes, il n'a pas mis bas les armes, je le fais fusiller lui et ses gens.

Puis, se retournant vers les jeunes officiers qui comprenaient son état-major :

— Qu'on enlève le bandeau qui couvre les yeux de monsieur, dit-il, qu'il voit le général Bonaparte entouré de son état-major et de l'armée et qu'il réponde à son général que la fortune lui sourit et qu'il peut venir nous prendre tous.

§ V

Audace sublime!

Courage éloquent!

Vous êtes donc inhérents au caractère français!

Que ce soit à Lonado ou à Palestro, — en mil sept cent quatre-vingt-treize ou mil huit cent cinquante-neuf, notre armée se conduit avec le même enthousiasme et la même énergie, et chaque rencontre avec les armées autrichiennes est également une victoire!

Un grand peuple ne faillit jamais!

§ VI

Le chef de la colonne, ce commandant qui avait rêvé de faire captif le général en chef de l'armée d'Italie, fut effrayé par le rapport que lui fit son parlementaire et, guidé par la crainte, — une mauvaise conseillère, il demanda à capituler :

— Non!

Telle fut la laconique et superbe réponse de Bonaparte.

— Je ne capitule pas avec mes prisonniers!

Berthier partit avec ses grenadiers et l'artillerie légère et ramena quatre mille Autrichiens, quatre pièces de canon et trois drapeaux ennemis.

A quoi tiennent les destinées qui fondent les empires?

Bonaparte fait prisonnier à Lonado, la situation politique du monde se trouvait changée.

Les grandes capitales de l'Europe n'auraient peut-être pas vu flotter notre étendard aux trois couleurs.

Le Directoire était envahi, renversé, et la démagogie arrivait au gouvernement des affaires.

Ah ! si le capitaine qui ceignit son vaste front du bandeau sacré eût succombé, croit-on que moins de sang généreux aurait été versé pour cela ?

Si les champs de bataille avaient bu moins de ce sang français qui fait germer et progresser des idées indépendantes, qui sait quels flots auraient coulé sous le couteau de la guillotine rétablie ?

Les noms des morts du 9 thermidor, morts dont le supplice avait rendu à la France la foi éteinte, le repos et la tranquillité, auraient été inscrits au calendrier des martyrs, et les éternels ennemis de la justice, du droit et de l'équité auraient essayé de refaire la carte et d'absorber la nation française qui, depuis Jules César, domine le monde par son génie, son intrépidité et sa puissance !...

§ VII

Que, dans son fol orgueil, l'Autriche soutienne une guerre impie, qu'elle conserve l'espoir d'opprimer l'Italie parce que la coalition contre le colosse est arrivée à faire signer par la trahison les traités de 1815, — on ne peut le comprendre, ni l'admettre.

La maison d'Hapsbourg effacera-t-elle jamais ses défaites ?

On ne raye pas, même avec l'épée, les faits accomplis que l'histoire a écrits sur son livre, cet almanach des peuples !

On n'efface pas, même avec de la mitraille, les dates qui prennent un nom comme Montenotte, Millésimo, Lodi, Milan, Castiglione, Bassano, Arcole, Rivoli, Marengo !

Ce serait folie de tenter une pareille entreprise...

Et cependant, cette folie l'Autriche l'accomplit en ce moment.

Veut-elle donc revoir Marengo ?

Paris. — Impr. WALDER, 44, rue Bonaparte.

BATAILLE DE MAGENTA.

LIVRE CINQUIÈME

§ 1

Si les vaincus oublient le passé, ils ne peuvent pas nier le présent, et le combat de Montebello, livré le 20 mai 1859, doit être pour eux la preuve palpable et certaine de leurs défaites à venir.

Le rapport suivant, que le général Forey a transmis officiellement à Son Excellence le maréchal Baraguey-d'Hilliers. pour qu'il soit mis sous les yeux de Sa Majesté l'Empereur Napoléon III, parle plus haut à l'Europe que les proclamations mensongères du général autrichien Giulay.

« Voghera, 20 mai 1859, minuit.

« Monsieur le Maréchal,

« J'ai l'honneur de vous rendre compte du combat que ma division a livré aujourd'hui.

« Averti à midi et demi qu'une forte colonne autrichienne, avec du canon, avait occupé Casteggio et avait repoussé de Montebello les grand'gardes de cavalerie piémontaise, je me suis porté immédiatement aux avant-postes, sur la route de Montebello, avec deux bataillons du 74ᵉ, destinés à relever deux bataillons du 84ᵉ, cantonnés sur cette route, en avant de Voghera, à la hauteur de la Madura.

« Pendant ce temps, le reste de ma division prenait les armes ; une batterie d'artillerie, 6ᵉ du 8ᵉ régiment, marchait en tête.

« Arrivé au pont jeté sur le ruisseau dit Fossagazzo, extrême limite de nos avant-postes, je fis mettre en batterie une section d'artillerie, appuyée à droite et à gauche par deux bataillons du 84ᵉ, bordant le ruisseau avec leurs tirailleurs.

« Pendant ce temps, l'ennemi avait poussé de Montebello sur Ginestrello, et ayant été informé qu'il se dirigeait sur moi en deux colonnes, l'une par la grande route, l'autre par la chaussée du chemin de fer, j'ordonnai au bataillon gauche du 74ᵉ de couvrir la chaussée à Cascina-Nuova, et à l'autre bataillon de se porter à droite de la route, en arrière du 84ᵉ.

« Ce mouvement était à peine terminé, qu'une vive fusillade s'engageait sur toute la ligne entre nos tirailleurs et ceux de l'ennemi qui marchaient sur nous, soutenant ses tirailleurs par des têtes de colonne débouchant de Ginestrello. L'artillerie ouvrit son feu sur elles avec succès; l'ennemi y riposta.

« J'ordonnai alors à ma droite de se porter en avant. L'ennemi se retira devant l'élan de nos troupes; mais, s'apercevant que je n'avais qu'un bataillon à la gauche de la route, il dirigea contre lui une forte colonne. Grâce à la vigueur et à la fermeté de ce bataillon, commandé par le colonel Cambriels, et à des charges heureuses de la cavalerie piémontaise, admirablement conduite par le général de Sonnaz, les Autrichiens durent se retirer.

« A ce moment, le général Blanchard, suivi du 98ᵉ et d'un bataillon du 91ᵉ (les deux autres étaient restés à Oriolo, où ils ont eu un engagement), me rejoignait et recevait l'ordre d'aller relever le bataillon du 74ᵉ, chargé de défendre la chaussée du chemin de fer et de s'établir fortement à Cascina-Nuova.

« Rassuré de ce côté, je poussai de nouveau ma droite en avant, et m'emparai, non sans une résistance sérieuse, de la position de Ginestrello. Jugeant alors qu'en suivant avec le gros de l'infanterie la ligne des crêtes, et la route avec mon artillerie protégée par la cavalerie piémontaise, je m'emparerais plus facilement de Montebello, j'organisai ainsi mes colonnes d'attaque sous les ordres du général Beuret :

« Le 17ᵉ bataillon de chasseurs, soutenu par le 84ᵉ et le 74ᵉ disposés en échelons, s'élança sur la partie sud de Montebello, où l'ennemi s'était fortifié.

« Il s'engagea alors un combat corps à corps dans les rues du village, qu'il fallut enlever maison par maison. C'est pendant ce combat que le général Beuret a été blessé mortellement à mes côtés.

« Après une résistance opiniâtre, les Autrichiens durent céder devant l'élan de nos troupes, et, bien que vigoureusement retranchés dans le cimetière, ils se virent encore arracher à la baïonnette cette dernière position, aux cris mille fois répétés de : Vive l'Empereur !

« Il était alors six heures et demie. Je jugeai qu'il était prudent de ne pas pousser plus loin le succès de la journée, et j'arrêtai mes troupes derrière le mouvement de terrain sur lequel est situé le cimetière, garnissant la crête avec quatre pièces de canon et de nombreux tirailleurs qui refoulèrent les dernières colonnes autrichiennes dans Casteggio.

« Peu de temps après, je vis les colonnes autrichiennes évacuer Casteggio, en y laissant une arrière-garde, et se retirer par la route de Casalisma.

« Je ne saurais trop me louer, monsieur le Maréchal, de l'entrain de nos troupes dans cette journée; tous, officiers, sous-officiers et soldats, ont rivalisé d'ardeur. Je n'oublierai pas non plus les officiers de mon état-major, qui m'ont parfaitement secondé.

. . . .

« Nous avons fait environ 200 prisonniers, parmi lesquels se trouvent un colonel et plusieurs officiers.

« Plusieurs caissons d'artillerie sont également tombés en notre pouvoir.

« Pour moi, monsieur le Maréchal, je suis heureux que ma division ait été la première engagée avec l'ennemi. Ce glorieux baptême, qui réveille un des beaux noms de l'Empire, marquera, je l'espère, une de ces étapes signalées dans l'ordre du jour de l'Empereur.

« Je suis avec respect, monsieur le Maréchal, votre très-humble et très-obéissant serviteur.

« Le général commandant la 1re *division du* 1er *corps,*

« FOREY.

« *P. S.* D'après les renseignements qui me viennent de tous côtés, les forces de l'ennemi ne sauraient être au-dessous de 15 à 18,000

hommes; et, si j'en croyais les rapports des prisonniers, elles dépasse-
raient de beaucoup ce chiffre. » .

§ II

Ainsi, quelques bataillons ont battu quinze mille hommes et plus.

Ce rapport est la première page du nouveau livre que nos soldats
écrivent avec leurs baïonnettes et leur sang.

Qu'y a-t-il de changé depuis soixante ans?

Quelles folles espérances peuvent dont entraîner le jeune empereur
d'Autriche dans une lutte condamnée par le bon sens, la justice et la
vérité?

En poursuivant le travail historique que nous avons entrepris, nous
mettrons les exploits des armées d'Italie commandées par le général
Bonaparte en regard des triomphes de nos troupes sous le commandement de l'Empereur Napoléon III; et les pessimistes pourront se convaincre qu'avec la même bravoure et le même sang-froid
que leurs pères, nos soldats ont aussi une victoire par étape!

— En avant! et pas de retraite!

Tel était le cri poussé par les vainqueurs de Montenotte et de Lodi.

Tel est encore le cri des Français à Milan et à Pavie!

§ III

Le général en chef ne ralentissait pas sa marche; l'ardeur de ses soldats lui donnait une nouvelle force dans son génie.

Tous ces succès partiels lui faisaient rêver une grande victoire, et ce
que rêvait ce grand capitaine devait se réaliser.

Si, à une autre époque, lorsqu'il commandait à Paris, une foule
haletante et découragée était venue pour lui demander du pain, et le
cerner, presqu'en le menaçant, les temps étaient bien changés!

Bonaparte était bien encore entouré par une foule bruyante, et voici
comment un contemporain raconte les faits qui précédèrent la bataille
de Castiglione :

« ..... Ranimé par ses nobles protestations, le général en chef se rend au camp, où les soldats, d'après les ordres d'Augereau, sont déjà rangés en bataille pour être passés en revue. A peine Bonaparte paraît devant eux que l'étincelle électrique s'est communiquée de rang en rang, aussi rapide que la pensée. Nul ne peut garder cette froide attitude que la discipline exige du soldat dans de semblables occasions.

« Mais Bonaparte n'est point venu pour inspecter leurs uniformes et leurs armes; c'est sur leurs physionomies expressives qu'il veut lire l'état de l'armée et les chances de l'avenir.

« Il y voit les marques du désespoir et de l'indignation; il y recueille avidement toutes les garanties du succès. Ce sont ces hommes enivrés dont il a besoin pour mettre fin à des plans dictés autant par l'audace que par le génie, ce sont ces instruments terribles que Dieu devait un jour confier à ses mains puissantes, pour briser et reconstruire des trônes! »

Avec de pareils hommes, Bonaparte ne craignait plus le nombre,— chaque Français devait être un héros.

Et voici en quels termes le général en chef rendit compte, au Directoire étonné, de cette nouvelle bataille livrée le 5 août 1796 :

« Les événements militaires se sont succédé avec une telle rapidité depuis le 11, qu'il m'a été impossible de vous en rendre compte plus tôt. Depuis plusieurs jours, les nombreux renforts que l'armée autrichienne du Rhin avait envoyés à l'armée d'Italie étaient arrivés, ce qui, joint aux recrues hongroises, et à un nombre considérable de bataillons venus de l'Autriche, rendait cette armée extrêmement redoutable. L'opinion était assez généralement répandue que bientôt les Autrichiens seraient dans Milan. Le 11, à trois heures du matin, la division du général Masséna est attaquée par des forces supérieures; elle est obligée d'abandonner le poste intéressant de la Corona. Au même instant, une division du général Soret attaque Salo et s'empare de ce poste essentiel. Le général de brigade Guyeux, avec six cents hommes de la quinzième demi-brigade d'infanterie légère, se renferme dans une grande maison de Salo, et brave les efforts de l'ennemi qui l'entourait entièrement. Le général Rusca a été blessé.

« Tandis qu'une partie de cette division cernait le général Guyeux à Salo, une autre partie descendit sur Brescia, surprit les Français qui se trouvaient dans cette ville, fit prisonnières quatre compagnies du 25ᵉ régiment de chasseurs, deux généraux et quelques officiers supérieurs qui étaient restés malades.

« La division du général Soret, qui aurait dû couvrir Brescia, fit sa retraite sur Dezenzano. Dans cette circonstance difficile, percé par une armée nombreuse que ses avantages devaient enhardir, je sentis qu'il fallait adopter un plan plus vaste. L'ennemi, en descendant du Tyrol, me mettait entre deux feux. Si l'armée républicaine, placée au milieu, était trop faible pour faire face aux deux divisions de l'ennemi, elle pouvait battre chacune d'elles séparément.

« Il m'était donc possible, en rétrogradant rapidement, d'envelopper la division autrichienne descendue à Brescia, la faire prisonnière et la battre complétement, et de là revenir sur le Mincio, attaquer Wurmser et l'obliger à repasser dans le Tyrol. Mais, pour exécuter ce projet, il fallait, dans vingt-quatre heures, lever le siége de Mantoue qui était sur le point d'être pris, car il n'y avait pas moyen de retarder six heures. Il fallait, pour l'exécution de ce projet, repasser sur-le-champ le Mincio, et ne pas donner le temps aux deux divisions ennemies de m'envelopder. La fortune a souri à ce projet; le combat de Dezenzano, les deux combats de Salo, la bataille de Lonado et celle de Castiglione en sont les résulats.

« Le 12 au soir, toutes les divisions se mirent en marche sur Brescia. Cependant, la division autrichienne qui s'était emparée de Brescia était déjà arrivée à Lonado.

« Le 13, le général Soret eut ordre de se rendre à Salo, pour délivrer le général Guyeux et le général Dallemagne, d'attaquer et de reprendre Lonado à quelque prix que ce fût. Soret réussit complétement; il battit l'ennemi et le mit en fuite. Guyeux et les troupes qui étaient sous ses ordres avaient été quarante-huit heures sans pain, se battant continuellement.

« Le général Dallemagne n'eut pas le temps d'attaquer les ennemis; il fut attaqué lui-même; le combat fut longtemps indécis; mais j'étais tranquille, la brave 32ᵉ demi-brigade était là. L'ennemi fut complétement battu. Il laissa six cents morts sur le champ de bataille et six cents prisonniers.

« Le 14, à midi, Augereau entra dans Brescia. Nous y trouvâmes tous nos magasins, que l'ennemi n'avait pas eu le temps d'emmener.

« Le 15, la division du général Augereau retourna à Montechiario. Masséna prit position à Lonado et à Ponte-San-Marco. J'avais laissé à Castiglione le général Valette avec 1,800 hommes. Il devait défendre cette position importante, et tenir la division du général Wurmser loin de moi. Cependant, le 15 au soir, le général Valette abandonna ce village avec la moitié de ses troupes seulement, et vint à Montechiario porter l'alarme, annonçant que le reste de sa troupe était prisonnier. Mais, abandonnés par leur général, ces braves gens trouvèrent des ressources dans leur courage, et opérèrent leur retraite sur Ponte-San-Marco. J'ai, sur-le-champ, devant sa troupe, suspendu de ses fonctions ce général, qui, déjà, avait montré très-peu de courage au combat de la Corona.

« Le général Soret avait abandonné Salo ; j'ordonnai à Guyeux d'aller reprendre ce poste essentiel.

« Le 16, à la pointe du jour, on fut en présence des ennemis. Le général Guyeux, qui était à notre gauche, devait attaquer Salo. Le général Masséna était au centre, et devait attaquer Lonado. Le général Augereau, qui était à la droite, devait attaquer Castiglione. L'ennemi, au lieu d'être attaqué, attaqua l'avant-garde de Masséna qui était à Lonado. Déjà elle était enveloppée et le général Pigeon prisonnier. L'ennemi nous avait enlevé trois pièces d'artillerie légère : je fis aussitôt former la 18e demi-brigade et la 32e en colonne serrée par bataillons ; et pendant le temps qu'au pas de charge nous cherchions à percer l'ennemi, celui-ci s'étendait davantage pour nous envelopper. Sa manœuvre me parut un sûr garant de la victoire. Masséna envoya seulement quelques tirailleurs sur les ailes pour retarder leur marche.

« La première colonne arrivée à Lonado força les ennemis. Le 15e régiment de dragons chargea les hulans et reprit nos pièces ; dans un instant l'ennemi se trouva éparpillé et disséminé.

« Il voulait opérer sa retraite sur le Mincio ; j'ordonnai à mon aide de camp chef de brigade, Junot, de se mettre à la tête de ma compagnie des guides, de poursuivre l'ennemi, de le gagner de vitesse à Dezenzano. Il rencontra le colonel Bender, avec une partie de son régiment de hulans, qu'il chargea. Mais Junot, ne voulant pas s'amuser à charger la queue, fit un détour par la droite, prit de front le régiment, blessa le colonel, qu'il voulait faire prisonnier, lorsqu'il fut lui-même entouré, après avoir tué dix hommes, et jeté dans un fossé, blessé de plusieurs coups de sabre dont on me fait espérer qu'aucun ne sera mortel.

« Le 17, j'avais ordonné au général Despinois de pénétrer dans le Tyrol par le chemin de la Chieusa. Il devait, avant, culbuter 5 à 6,000 ennemis qui se trouvaient sur son passage à Gavardo. L'adjudant-général Herbis eut de grands succès, culbuta deux bataillons ennemis, arriva jusqu'à Saint-Oseto. Le général Dallemagne, à la tête d'un bataillon de la 11ᵉ demi-brigade, marcha sur Gaverdo, culbuta les ennemis, en fit un grand nombre prisonniers ; mais, n'ayant pas été soutenu par le reste de la division, il fut entouré et ne put opérer sa retraite qu'en se faisant jour à travers les ennemis.

« J'envoyai le général Saint-Hilaire à Salo, pour se concerter avec le général Guyeux et attaquer la colonne ennemie qui était à Gavardo pour avoir le chemin du Tyrol libre. Après une fusillade assez vive, nous défîmes les ennemis, qui nous laissèrent 1,800 prisonniers.

« Pendant toute la journée du 17, Wurmser s'occupa à rassembler les débris de son armée, à faire arriver sa réserve, à tirer de Mantoue tout ce qui était disponible, et à ranger ses troupes en bataille dans la plaine, entre le village de Scanello, où il appuya sa droite, et la Chieusa, où il appuya sa gauche. Le sort de l'Italie n'était pas encore décidé. Il réunit un corps d'infanterie de 25,000 hommes, une cavalerie très-nombreuse, et sentit pouvoir encore balancer le destin.

« De mon côté, je donnai mes ordres pour réunir toutes les colonnes de l'armée ; je me rendis moi-même à Lonado pour voir les troupes que je pouvais en tirer.

« Mais quelle fut ma surprise d'y recevoir un parlementaire qui sommait le commandant de Lonado de se rendre, parce que, disait-il, il était cerné de tous côtés ! Effectivement, les vedettes de cavalerie annonçaient que des colonnes ennemies touchaient à nos grand'gardes, et que la route de Brescia à Lonado était interceptée au pont San-Marco. Je compris sur-le-champ que ce ne pouvait être que les débris de la division coupée, qui, après avoir erré et s'être réunis, cherchaient à se faire passage. Je n'avais, à Lonado, qu'environ 1,200 hommes. J'appelai le parlementaire, je lui fis débander les yeux ; je lui dis que si celui qui l'envoyait avait la présomption de prendre le général en chef de l'armée d'Italie, il n'avait qu'à s'approcher ; qu'il devait savoir que j'étais à Lonado avec l'armée républicaine, et que si, sous quelques minutes, sa division n'avait pas posé les armes, je ne ferais grâce à aucun. Le parlementaire parut fort étonné de me trouver là; et un instant après, toute cette colonne posa les armes : elle était forte de 4,000 hommes.

« Le 18 thermidor, à la pointe du jour, nous nous trouvâmes en présence. Cependant, il était dix heures du matin, et rien ne bougeait encore. Je fis faire un mouvement rétrograde à toute l'armée, pour attirer l'ennemi à nous, dans le temps que la division du général Serrurier, que j'attendais à chaque instant, venait de Marcaria et tournait la gauche de Wurmser. Ce mouvement eut en partie l'effet qu'on en attendait. Wurmser se prolongeait sur sa droite, pour observer nos derrières. Dès l'instant que nous aperçûmes la division du général Serrurier, commandée par le général Fiorella, qui attaquait la gauche, j'ordonnai à l'adjudant-général Verdières d'attaquer une redoute qu'avaient faite les ennemis dans le milieu de la plaine pour soutenir leur gauche. Je chargeai mon aide de camp, chef de bataillon, Marmont, de diriger vingt pièces d'artillerie légère, et d'obliger, par ce seul feu, les ennemis à nous abandonner ce poste important. Après une vive canonnade, la gauche de l'ennemi se mit en pleine retraite.

« Augereau attaqua le centre de l'ennemi, appuyé à la tour de Scanello.

« Masséna attaqua la droite; l'adjudant-général Leclerc, à la tête de la 5° demi-brigade, marcha au secours de la 4° demi-brigade.

« Toute la cavalerie, aux ordres du général Beaumont, marcha sur la droite pour soutenir l'artillerie légère et l'infanterie. Nous fûmes partout victorieux. Nous avons pris à l'ennemi 18 pièces de canon, tous ses caissons d'infanterie, 12 à 15,000 prisonniers, 6,000 hommes tués ou blessés, et presque toutes les troupes venant du Rhin. Indépendamment de cela, une partie est encore éparpillée; nous les ramasserons en poursuivant l'ennemi. Tous les soldats, officiers et généraux ont déployé le plus grand caractère de bravoure. . . . .

« L'ennemi opérait sa retraite sur Salo; cette place étant à nous, cette division, errante dans les montagnes, a été presque toute faite prisonnière de guerre.

« Pendant ce temps-là, Augereau s'emparait de Castiglione. Il soutint toute la journée des combats contre des forces doubles des siennes. Infanterie, artillerie, cavalerie, tout a parfaitement fait son devoir; et l'ennemi, dans cette journée mémorable, a été complétement battu. Il a perdu 20 pièces de canon, 2 à 3,000 hommes tués ou blessés et 4,000 prisonniers, parmi lesquels se trouvent trois généraux. Nous avons perdu le général Begrand. Cette perte, très-sensible à l'armée, l'a été plus particulièrement pour moi; je faisais le plus grand cas des qualités guerrières et morales de ce brave homme. Les chefs de brigade Pourailler, Dougon et Marmet, ont été tués. La 4ᵉ demi-brigade, ayant à sa tête l'adjudant-général Verdières, s'est comblée de gloire. Le général Dammartin, commandant l'artillerie, a montré autant de courage que de talent. »

§ IV

Si l'on compare ces deux rapports, on verra que tout ce que nous avons annoncé dans le cours de cet ouvrage est vrai;

Que la jeune armée est la digne sœur des armées qui combattirent depuis 1789 jusqu'en 1815, et que, comme vient de si bien le dire le poëte,

Marengo nous donne une sœur

Qu'opposer à nos bataillons? — Des troupes? Ils les culbutent, les renversent et les dispersent! — Des canons? Ils marchent dessus à la baïonnette, et les prennent sans coup férir! Ah! vaillante armée française! courageux Piémontais! que vous font les ennemis? que vous fait la mitraille? que vous fait la balle inintelligente? le coup de sabre tranchant et qui massacre? la bombe dont les éclats labourent la chair, comme la charrue fend la terre pour la rendre productive? — Rien!

Paris. — Impr. Walder, rue Bonaparte, 44.

Joseph Garibaldi.

LIVRE SIXIÈME

Les zouaves. — Portraits militaires. —Réflexions.—Résultat obtenu par la victoire remportée à Castiglione. — Politique du général en chef. — Organisation de l'Italie —Combats divers.

§ I

En 1796, Montenotte, Millésimo, Dégo, Mondovi, Lodi, Milan, Borghetto, Vérone, Castiglione;

En 1859, après Montebello, Palestro, Magenta; après Magenta, Milan; après Milan, Pavie; après Pavie, Marignan.

§ II

Noms qui sont restés, depuis le chevaleresque François Ier, comme le souvenir de la dignité dans la défaite, de la grandeur dans la lutte non suivie de la réussite!

Combats où le roi « fait chevalier par Bayard » s'écriait : « *Tout est perdu fors l'honneur!* »

Aujourd'hui, tout est gagné, et l'honneur français reste encore intact et solennellement consacré aux yeux de l'Europe!

Tous les régiments ont fait des prodiges de vaillance et de courage.

Les zouaves, — corps spéciaux par l'ardeur et l'insouciance du danger, ont effrayé les ennemis par leur courageuse attitude.

10

Ces jeunes soldats, ce sont les fils des héros des Alpes et du Rhin!

Jeune sang dont la source fécondait les champs de bataille de Fleurus, de Jemmapes, de Marengo, d'Austerlitz, et qui se rajeunit encore en coulant sur les bords du Tessin, du Pô et sur le terrain du royaume Lombard-Vénitien!

Les zouaves, régiments que l'on peut comparer à la *trente-deuxième demi-brigade* dont le général Bonaparte décora le drapeau, ne pouvant décorer tous les soldats!

Les zouaves, si bien peints par Méry dans ces vers:

. . . .

Le zouave, cousin du chasseur de Vincennes,
Le zouave, soldat par l'Europe vanté!
Notre siècle, pourtant, ne l'a pas inventé:
Cet Africain, ce fils d'une zone enflammée,
Ce lion en turban qui veut suivre une armée,
Annibal le créa de ses puissantes mains,
Et comme épouvantail le fit voir aux Romains.
Il arriva, bronzé par le soleil numide,
La flamme au front, vêtu d'une simple chlamyde,
Des plaines aux sommets bondissant dans les airs
Selon la gymnastique enseignée aux déserts,
Et, rouge météore, ou tempête vivante,
Semant partout, au vol, la mort et l'épouvante.
C'est le même zouave, et s'il n'a plus aux mains
Le glaive droit qui tue et creuse des chemins,
Foudroyant quatre fois la légion romaine
Au Tessin, à Trébie, à Canne, à Trasimène,
Il a la baïonnette, une arme de l'enfer,
Un poignard à deux mains, un ouragan de fer.
Son cousin, le chasseur, assez humble de taille,
Se diminue encor dans un jour de bataille,
Et même disparaît; c'est un soldat serpent,
Qui dédaigne la marche, et qui vole en rampant;
Son fusil ne ment pas; quand l'amorce étincelle,
Quand son œil a marqué le but, le but chancelle
Et tombe; il tient caché le coup qui va partir,
Et s'amuse au combat, comme il s'amuse au tir.

§ III

La victoire de Castiglione devait avoir un résultat immense.

Elle marquait le premier succès obtenu par l'indépendance contre l'oppression.

La domination autrichienne, qui pesait depuis plusieurs siècles sur l'Italie, allait en décroissant, et l'idée de Charlemagne, de François Ier, d'Henri IV, de Richelieu, de Louis XIV, recevait enfin sa consécration.

Le Piémont et la Lombardie, contrées qui semblent avoir été le mieux destinées par la nature pour former une unité politique et sociale, ressentaient déjà les effets de nos premiers triomphes : l'indépendance nationale !

Jusqu'ici, Bonaparte ne s'était encore montré que comme général; nous allons le voir imiter Périclès, Phocion, Aratus, Philopœmen, et devenir, comme eux, homme d'État après avoir vaincu.

Ce grand capitaine sentait depuis longtemps la nécessité de consolider ses conquêtes et de créer un état de choses durable.

Il n'ignorait pas que, pour venger la destruction de ses deux armées, l'Autriche en organisait une troisième plus formidable que les deux autres, et que, dans cette conjoncture, il fallait employer toutes les ressources du talent et du génie. Il quitta donc les opérations du siége de Mantoue, et les remettant au général Kilmaine, il partit le 24 septembre pour Milan.

Le Directoire avait transmis à Bonaparte des instructions sur le gouvernement à établir en Italie. Le général vit parfaitement que l'intention des directeurs était de s'attribuer toute la gloire de la révolution qui allait éclater, et, tout en travaillant pour lui-même, il opéra de manière à contenter le gouvernement français et le peuple italien; c'est peut-être un de ses plus beaux triomphes politiques.

Il abolit toutes les institutions féodales, parce que la liberté ne saurait être en même temps que l'esclavage; il respecta toutes celles qui tenaient à la religion, parce qu'il avait besoin de l'amitié des fanatiques; il ménagea le clergé, parce que rien n'est durable s'il n'est béni par les ministres d'un Dieu de miséricorde; il substitua des emplois civils aux priviléges nobiliaires, parce que les nobles contiendraient leur ressentiment tant qu'ils auraient l'espoir de ressaisir par l'intrigue l'autorité qu'ils tenaient de l'ignorance.

Il fallait, pour une telle révolution sans secousse et sans effusion de sang, avoir une profonde connaissance du cœur humain, et Bonaparte prouva que cette science ne lui était point étrangère.

Grâce aux mesures prises par le jeune organisateur, des changements sérieux et subits se firent au même instant dans le Milanais. Toutes les classes du peuple lombard regardèrent les Français comme leurs libérateurs, et tout, jusqu'au clergé, s'honora du titre de patriote.

Nos victoires excitaient partout la plus vive admiration.

Les Italiens ne pouvaient concevoir comment, avec si peu d'hommes, et en si peu de temps, les Français étaient parvenus à vaincre tant de peuples et à détruire tant d'armées dans un pays si longtemps appelé leur tombeau.

Tout peuple qui s'arrache à la servitude éprouve, en brisant ses fers, de l'enthousiasme pour la liberté!

C'est une vérité que le peuple de Milan prouva par sa conduite : il supplia le général en chef de permettre qu'une légion lombarde suivît aux combats l'armée française.

On lira, sans doute, avec intérêt la demande que l'administration lui adressa pour cet objet :

« Nous venons de recevoir un écrit signé d'un grand nombre de patriotes, dans lequel ces braves citoyens demandent la formation d'une légion lombarde pour l'unir à la glorieuse armée républicaine, marcher ensemble contre le commun ennemi, et défendre ainsi notre liberté et notre indépendance.

« L'administration espère, citoyen général, que vous voudrez bien seconder le désir d'un peuple qui veut être libre, et que vous ne vous opposerez pas à ce qu'il soit armé pour défendre la patrie et combattre des ennemis qui sont aussi les vôtres. »

Cette demande fut accueillie favorablement.

Le général comprenait trop bien quel parti l'indépendance pouvait retirer de cette fusion des peuples qui demandaient à mêler leur sang

sur les champs de bataille, pour ne pas saisir avec empressement toutes les occasions qui se présentaient d'attirer sous le drapeau du libérateur de la France les populations qui sollicitaient de combattre l'ennem
commun.

L'Italie tout entière avait besoin d'être régénérée.

Son climat semble en faire une terre promise, et si jamais un pays
peut être choisi pour que la liberté y plante sa tente, c'est celui qui
offre des lacs splendides, des sources célèbres, des vallées où paissent
les bestiaux dans des herbes plantureuses qui les cachent jusqu'au
poitrail.

Ses terres, où croissent l'olivier, le figuier, la vigne, l'amandier, et
que, dans certaines contrées, la lave a ravagées, offrent aux regards
quelque chose de pittoresque, de grandiose et de sauvage tout à la
fois.

L'aigle y plane au-dessus des montagnes qui renferment des volcans
et le voyageur contemple avec effroi et curiosité les ravages des feux
souterrains et s'arrête saisi d'épouvante devant des gouffres de plus de
soixante mètres de profondeur : les laves ont fertilisé les plaines !

Il fallait tout changer dans ces contrées que la maison de Hapsbourg
écrasait depuis le treizième siècle et en rendant heureuses les populations qui végétaient où Apollon avait eu son temple et la sibylle de
Cumes la grotte où elle rendait ses oracles : la liberté seule pouvait re-
dorer ses débris gigantesques du passé.

Bonaparte ne se borna point à transformer le gouvernement de l'Italie ; il encouragea les arts en protégeant ceux qui les cultivaient. Appre-
nait-il qu'un savant était dans le besoin, il vengeait Apollon des torts
de la Fortune, et déclarait publiquement que rien ne lui était plus cher
qu'un homme vertueux cultivant avec succès les sciences et les arts. Ses
regards se tournèrent en même temps sur l'instruction publique : cette
partie si importante et si longtemps négligée devint, par lui, l'objet des
plus grandes améliorations. Sans doute, avec de tels principes on pouvait soumettre des peuples ; mais il n'était pas seulement secondé par le
libéralisme de ses institutions, il l'était encore par la noble et belle discipline de l'armée ; ces braves se montraient aussi doux dans la paix
que terribles dans les combats !

La révolution du Milanais s'étendit bientôt sur le duché de Modène et sur les villes de Reggio, de Bologne et de Ferrare. Les troupes françaises remplacèrent dans Modène les troupes d'Hercule III, qui avait lâchement déserté ses États pour se soustraire aux conditions de l'armistice que lui-même avait demandé. Un comité de gouvernement fut établi par Bonaparte, en remplacement du conseil de régence; et les habitants de Bologne et de Ferrare envoyèrent à ce comité une députation pour se concerter avec lui sur les moyens d'affermir la révolution.

En conséquence, les députés des quatre villes ci-dessus s'assemblèrent à Modène et formèrent une espèce d'association politique. Ils établirent une constitution, créèrent des taxes militaires, formèrent des liens d'amitié avec les peuples voisins.

Parmi les mesures prises pour assurer la tranquillité de la nouvelle république, on remarqua le décret dont nous allons transcrire les principales dispositions.

« Toute juridiction féodale est abolie. Les officiers féodaux de tout genre et de tout grade sont confirmés provisoirement par le comité du gouvernement, qui les confirmera ou les supprimera définitivement d'après les informations prises.

« Tous les droits et revenus féodaux perçus sous l'ancien gouvernement ou à percevoir demeureront, jusqu'à nouvel ordre, réunis à la caisse nationale.

« Quant aux priviléges odieux de chasse et de pêche, le comité publiera incessamment une proclamation pour satisfaire à l'impatience générale de les voir supprimés.

« Les biens allodiaux resteront à leurs possesseurs en propriété absolue.

« Ce qui regarde l'abolition instantanée des fiefs et de toute juridiction féodale s'étendra aux inféodations faites à titre onéreux. »

La joie que le peuple ressentit de cette première victoire remportée sur ses maîtres allait jusqu'à l'exaspération. On n'entendait que des chants patriotiques et des cris de liberté. Les habitants de Bologne se signalaient surtout par des transports dont rien n'approche. Beaucoup d'entre eux se livrèrent même à une foule d'excès, soit en insultant les classes privilégiées, soit en frappant de réquisitions de vin les communes qu'ils trouvèrent sur leur passage au retour de Modène.

Ces excès déplurent à Bonaparte : il vit que le peuple se trompait sur la nature de sa liberté naissante, et, pour prévenir les suites de cette erreur, il adressa aux habitants de Bologne la proclamation qui suit :

« Un peuple qui se livre à des excès est indigne de la liberté; un peuple vraiment libre est celui qui respecte les personnes et les propriétés. L'anarchie amène la guerre intestine et toutes les calamités publiques. Je suis l'ennemi de la tyrannie, mais, avant tout, l'ennemi juré des scélérats, des brigands qui les commandent lorsqu'ils pillent. Je ferai fusiller ceux qui, renversant l'ordre social, sont nés pour l'opprobre et le malheur de leurs concitoyens.

« Peuple de Bologne, voulez-vous que la république française vous protége? voulez-vous que l'armée française vous estime et s'honore de faire votre bonheur? voulez-vous que j'attache du prix à l'amitié que vous me témoignez? Réprimez le petit nombre de scélérats; faites que personne ne soit opprimé. Quelles que soient ses opinions, nul ne peut être arrêté qu'en vertu de la loi. Faites, surtout, que les propriétés soient respectées. »

. . . .

§ IV

Ainsi, la révolution apportait ses bienfaits chez les peuples qu'elle délivrait du joug de leurs tyrans; mais, conduite par une main intelligente et ferme, dirigée par un esprit élevé et un grand cœur, elle ne permettait pas que des excès fussent commis en son nom.

A cette époque comme à la nôtre, la guerre était sainte, parce qu'elle était loyalement faite, loyalement entreprise, et que le vainqueur ne se bornait pas à conquérir, mais savait organiser tout, même la victoire.

Le général Bonaparte, dont l'exemple est suivi de nos jours par l'Empereur Napoléon III, n'entrait pas, comme César, dans des villes conquises, traînant les vaincus à son char triomphal.

Il pénétrait dans des villes rendues à l'indépendance et à la liberté par les courageux efforts de nos soldats et par la force et la puissance de son génie !

Il venait comme un hôte en Italie, — non comme un conquérant farouche et ivre de sang et de gloire.

Il savait être humain et généreux; il savait régler les droits de chacun et sauvegarder les intérêts de tous, — mais sans faiblesse et sans cruauté.

On a pu remarquer qu'en pareil cas il ne prenait jamais de demi-mesures. Les coupables étaient envoyés aux galères, exemple sévère mais utile qui arrêta les gens tentés d'imiter les malintentionnés.

« L'arbre de la liberté, déclarait le général en chef, est le signe de ce sentiment noble et auguste que nous donne la nature, que le despotisme avait si longtemps endormi dans nos cœurs, et que, après cinq siècles entiers, l'invincible nation française a réveillé parmi nous. L'audacieux qui oserait l'outrager d'action ou de paroles, est déclaré coupable de lèse-nation, et sera puni de mort. Cependant, que les citoyens se gardent d'attribuer à cet arbre l'idée fausse du désordre et de la licence. Il représente la liberté, l'égalité civile, qui nous met tous également sous l'autorité et la protection de la loi. Celui qui osera troubler la tranquillité et l'ordre public, insulter le gouvernement et les autorités constituées, sera, sur-le-champ, fusillé, pour l'exemple de tous. »

Il se tint, immédiatement après, une assemblée dans la ville de Reggio pour discuter les intérêts des villes de Modène, de Reggio, de Bologne et de Ferrare. Le résultat de ces délibérations fut la réunion des deux duchés et des deux légations en un seul État, sous la dénomination de République Cispadane. Le congrès en fit part au général en chef, et Bonaparte lui répondit en ces termes :

« J'ai appris avec le plus vif intérêt que les républiques cispadanes se sont réunies en une seule, et que, prenant pour symbole un faisceau, elles sont déjà convaincues que leur force consiste dans l'unité et l'indivisibilité. La malheureuse Italie est depuis longtemps effacée du tableau des puissances de l'Europe. Si les Italiens de nos jours sont dignes de recouvrer leurs droits et de se donner un gouvernement libre, on verra leur patrie figurer avec gloire parmi les puissances de la terre. N'oubliez pas, cependant, que les lois sont nulles sans la force. Vos premiers regards doivent se fixer sur votre organisation militaire. La nature vous a tout donné; et après la concorde et la sagesse que l'on remarque dans vos délibérations, il ne vous manque, pour parvenir au but, que d'avoir des bataillons aguerris et animés du saint enthousiasme de la patrie. Vous vous trouvez dans une situation plus heureuse que le peuple français : vous pouvez parvenir à la liberté sans secousses révolutionnaires. Les malheurs qui ont affligé la France avant l'établissement de sa constitution seront inconnus parmi vous; l'unité qui lie les diverses parties de la république cispadane sera le modèle constamment suivi de l'union qui régnera entre toutes les classes de ses citoyens; et le fruit de la correspondance de vos principes et de vos sentiments, soutenue par votre courage, seront la république, la liberté et le bonheur. »

De son côté, l'administration du duché de Milan adoptait aussi le gouvernement républicain. Sa nouvelle constitution fut à peu près semblable à celle de la république cispadane. Bonaparte n'avait pas voulu les réunir, parce qu'il craignait que la restitution du duché de Milan fût une des conditions du traité de paix que l'empereur d'Autriche allait se voir incessamment forcé de proposer. Toutefois, il prépara cette réunion par la conformité qu'il mit dans les deux gouvernements. Il porta même cette conformité jusqu'à rendre absolument semblable l'uniforme des troupes organisées.

Ainsi, Bonaparte, loin d'user, avec les vaincus, de tous les droits que lui donnait la victoire, se bornait à rendre libre un peuple qu'il pouvait asservir. Il s'en faisait un allié puissant qu'il s'attachait à force de bienfaits, et cette noble conduite lui valut tous les cœurs de l'Italie.

On ne savait, d'ailleurs, ce qui pouvait arriver. De nouvelles forces, envoyées par l'Autriche, pouvaient faire changer la fortune des Français et leur ravir, en un instant, le prix de tout le sang qu'ils avaient répandu. Il fallait donc se faire des alliés plutôt que des sujets : des alliés se seraient battus contre nos ennemis pour conserver l'indépendance qu'ils tenaient de nous; des sujets se seraient révoltés contre nous, pour conquérir cette indépendance.

Quelques succès obtenus dans le nord, par le prince Charles, sur les généraux Moreau et Jourdan, ranimaient un peu l'espoir de la maison d'Autriche. Elle osait encore se flatter de vaincre en Allemagne et de reconquérir, en Italie, les provinces que venaient de lui enlever les chances de la guerre.

Pour y parvenir, elle jeta ce qu'on appelle l'ancre de miséricorde : elle leva de nouvelles troupes et en confia le commandement au général Alvinzi, militaire d'une bravoure éprouvée, mais incapable de lutter contre le vainqueur de Montenotte dans le commandement en chef d'une armée.

Fier du choix dont l'empereur venait de l'honorer, Alvinzi se considérait déjà comme *le libérateur de l'Italie* : c'est ainsi que Beaulieu et Wurmser pensaient avant d'être battus. Leurs projets étaient magnifiques, mais que l'exécution était loin d'y répondre ! De son côté, Alvinzi se promettait d'opérer sa jonction avec Wurmser, renfermé dans Mantoue, et, par ce moyen, de mettre Bonaparte entre deux feux.

C'était, en effet, le meilleur plan qu'ils pussent adopter. Les deux armées autrichiennes montaient, ensemble, à 60,000 hommes, et Bonaparte n'en avait pas 35,000 à leur opposer. Si l'armée de Wurmser était affaiblie par des défaites, celle de Bonaparte ne l'était pas moins par des victoires.

Quelque habile que soit un général, il ne gagne pas des batailles sans perdre beaucoup de monde, et souvent même les pertes matérielles du vainqueur surpassent celles du vaincu. D'ailleurs, les exhalaisons des marais de Mantoue avaient agi sur nos soldats avec autant de force que sur ceux de Wurmser. Nos soldats étaient, depuis quelque temps, dans un état de langueur presque général, tandis que l'armée commandée par Alvinzi était composée de troupes fraîches et pleines de santé : indépendamment de cet avantage, les Autrichiens avaient celui d'être deux contre un.

Bonaparte sut le rendre nul.

Ayant moins de monde que ses adversaires, il sentit la nécessité de concentrer ses forces et abandonna Basserno, Vicence, Trente et Roveredo, dont l'occupation, quoique importante pour l'avenir, ne servait, pour l'instant, qu'à les disséminer : après quoi il se porta sur l'Adige et sur les bords du lac de Garda.

Alvinzi s'avançait, et les localités favorisaient sa jonction avec Wurmser. Quelques combats livrés sur l'Adige furent le prélude des nouvelles opérations; mais ces combats étaient de trop faible importance pour qu'Alvinzi s'en tînt là. Aussi Bonaparte, pénétrant ses projets, disposa-t-il son armée pour livrer, dans les champs d'Arcole, une des plus glorieuses batailles dont l'histoire nous ait conservé le souvenir.

Mais cette grande bataille devait être précédée par divers combats qui, pour être des luttes partielles, ne devaient pas avoir moins d'importance sur les destinées du monde étonné, saisi d'admiration et d'épouvante au spectacle gigantesque des vaillants soldats de la République, guidés par le jeune et valeureux général de vingt-six ans.

Vaincu à Castiglione, Wurmser, ce soi-disant libérateur de l'Italie, s'était retiré avec précipitation sur le Mincio.

Ce fut alors que Masséna,—qui devait plus tard être appelé *l'Enfant chéri de la victoire*, — attaqua le camp de Peschiera.

L'ennemi se vit écrasé, il perdit six cents hommes, laissa entre nos mains douze pièces de canon, pendant qu'Augereau canonnait Valeggio.

C'est, pour l'écrivain qui s'occupe de l'histoire, une triste page à écrire que la page dans laquelle il retrace des combats;—aussi grands que soient les succès, aussi nationales que soient les idées qui animaient les combattants!

Mais il y a des nécessités et des lois fatales !

Il y a des heures où il est aussi urgent de verser le sang des nations pour leur rendre leur vitalité, leur force, leur puissance, qu'il est urgent de couper le bras ou la jambe du brave qui tombe, blessé par un coup de baïonnette ou labouré par la mitraille !

Wurmser ne cédait pas : plein de ferveur dans la cause injuste qu'il soutenait, ce général persistait dans ses manœuvres et reprenait l'offensive, semblant ne pas reconnaître qu'il luttait contre des Français, commandés par les Augereau, les Victor, les Dubois, les Rampon!

Roveredo restera comme une des journées les plus glorieuses de nos fastes militaires.

Si cette journée est peu présente à la mémoire des peuples, elle n'en eut pas une moins grande importance pour l'avenir de la Péninsule. — C'est le Palestro du dix-neuvième siècle !

Le combat de Roveredo conduisit les troupes françaises à Trente, malgré la formidable artillerie de nos ennemis; et nos soldats passèrent successivement du feu dans l'eau.

La bataille du 5 septembre prépara le combat livré le 8 à Bassano.

Dans ce combat, le général Dubois, — un enfant du peuple, — se conduisit comme un héros.

Il tomba, — mais percé par trois balles; et, lorsque le général Bonaparte accourut à lui, Dubois murmura :

— Je vais mourir! mais, en succombant pour la patrie, que j'apprenne au moins le succès de nos armes!...

Il expira.

N'est-ce pas ainsi que nous savons mourir? Et le colonel qui s'écriait dernièrement :

— On fera ce soir l'appel des zouaves. — Ils sont partis deux mille, ils reviendront deux mille cinq cents.

— Comment cela, colonel?

— Ils repoussent!

N'est-il pas le descendant des combattants de la grande armée?

Paris.— Impr. WALDER, 44, rue Bonaparte.

LIVRE SEPTIÈME

§ I

Qui n'avance pas recule, — dans le progrès comme sur le champ de bataille. Le chef de l'armée d'Italie le savait; aussi ne manqua-t-il pas à son programme, qui est celui de toutes les nations qui veulent devenir libres ou mourir ensevelies dans leur drapeau!

Après avoir lutté à Castellano, à Segnano qui se rendit avec trente-deux pièces de campagne, des caissons, des attelages, les Français vinrent bloquer Mantoue.

La troisième armée que l'Autriche voulait opposer à ces vainqueurs que le Directoire lui opposait, — vint livrer bataille sur un terrain humide, irrigué par mille canaux divers, entre l'Adige et le village d'Arcole. Le général Bonaparte disposait de vingt mille hommes; Augereau et Masséna traversèrent l'Adige à Ronco, et ce fut au pont d'Arcole qu'un corps considérable d'Autrichiens arrêta Augereau.

La mitraille lançait des éclats meurtriers, la fumée obscurcissait l'air, le bruit du canon faisait retentir les échos lointains, la terre tremblait... c'était un massacre... nos braves tombaient pour ne plus se relever; ils ne reculaient pas;—ils avançaient vers la mort! Bonaparte apparut.

Il apparut, ce grand capitaine, pâle, maigre, osseux, sur son cheval qui marchait dans le sang. Il arrive l'œil ardent, la lèvre crispée; on le regarde, on le contemple, on l'admire!

Bonaparte descend de cheval, saisit un drapeau et se précipite sur le pont, bravant les éclats d'obus, les boulets, les balles, le danger certain, et franchit le passage qui conduit à la tombe.

Et l'armée, qui ne saurait l'entendre, le comprend.

On se précipite, on se pousse, on se heurte, on lutte pour suivre le jeune chef, — un tambour bat la charge, la foi dirige la manœuvre, et nous la suivons pour voler à la victoire. L'Italie fut sauvée encore une fois des mains de ces farouches oppresseurs.

Admirable journée! Soldats tombés héroïquement à Arcole, — voici ce que vos frères ont fait à Magenta. Les armées de la France sont des sœurs et Dieu protége toujours sa nation bien-aimée :

« Au quartier-général, à Turbigo, le 3 juin 1859.

« Sire, ainsi que j'ai eu l'honneur d'en instruire Votre Majesté par un premier rapport que je lui ai adressé ce matin, l'ennemi a fait sauter le pont de San-Martino hier, vers cinq heures du soir, en se retirant sur la rive gauche du Tessin. Ce matin, à la pointe du jour, le général Espinasse s'est porté, avec une brigade, sur la tête du pont que les Autrichiens avaient abandonnée à son approche. Il y a trouvé trois obusiers, deux canons de campagne, et plusieurs chariots de munitions.

« D'après les ordres de Votre Majesté, le 2e corps a quitté Novare ce matin, à huit heures et demie, pour se porter sur Turbigo et y franchir le Tessin sur le pont qui y a été jeté la nuit dernière, sous la protection des voltigeurs de la garde impériale.

« Au moment de mon arrivée à Turbigo, j'ai trouvé une brigade de cette division sur la rive droite du Tessin, occupant le village et ses abords de manière à nous assurer la libre possession du pont, et surveillant la vallée en avant du village.

« L'autre brigade de la division Camou était sur la rive droite.

« La tête de la colonne de la 1re division du 2e corps franchissait le pont vers une heure et demie. Au moment où, m'étant porté en avant de Turbigo, je reconnaissais le terrain et que je visitais les hauteurs de Robecchetto pour y établir les troupes, je m'aperçus tout à coup que j'avais à quelque 500 mètres de moi une colonne autrichienne qui paraissait venir de Buffalora, marchait sur Robecchetto avec l'intention évidente d'occuper ce village:

« Robecchetto se trouve sur la rive gauche du Tessin, à l'est et à deux kilomètres de Turbigo. C'est un village considérable qui peut être facilement défendu et qu'il serait incontestablement très-utile d'occuper fortement pour un corps ennemi qui viendrait de Milan ou de Magenta avec l'intention de barrer le passage du Tessin à Turbigo. Ce village est assis sur un vaste plateau horizontal qui domine de 15 à 20 mètres la vallée du Tessin. On y arrive lorsqu'on sort de Turbigo par deux chemins praticables à l'artillerie : l'un qui aboutit à l'une de ces rues par la partie sud du village, l'autre par la partie ouest.

« Le chemin qui vient de Magenta et de Buffalora y pénètre par la partie est. C'est ce dernier que suivait la colonne autrichienne.

« J'ordonnai au général de la Motterouge, qui n'avait alors avec lui que le régiment de tirailleurs algériens, ses autres régiments étant encore sur la rive gauche de la rivière, de porter ses trois bataillons de tirailleurs sur Robecchetto, et de les disposer en trois corps d'attaque de la manière suivante :

« Le 1ᵉʳ bataillon formant la droite, en colonne par division, précédé de deux compagnies de tirailleurs, destinées à se porter sur le village en l'attaquant par le sud.

« Le 3ᵉ bataillon formant la gauche, disposé de la même façon, destiné à pénétrer dans le village en l'attaquant par l'ouest.

« Le 2ᵉ bataillon, au centre et un peu en arrière des 1ᵉʳ et 3ᵉ, formant un échelon en réserve, prêt à appuyer les deux autres bataillons, était aussi disposé en colonne et précédé de tirailleurs.

« Les trois colonnes, marchant à intervalle de déploiement, devaient, au commandement général, converger sur Robecchetto, et, en y pénétrant par la rue principale qui le traverse de l'ouest à l'est, chercher à le tourner aussi par la partie est, de manière à menacer la retraite de l'ennemi.

« Pendant que le général de la Motterouge se mettait en mesure d'exécuter ces mouvements avec le régiment des tirailleurs algériens, je prenais moi-même les dispositions nécessaires pour faire arriver à lui les autres régiments de sa division. Le 45ᵉ de ligne, second régiment de la 1ʳᵉ brigade, recevait l'ordre de marcher dans les traces du régiment des tirailleurs algériens.

« La 2ᵉ brigade, composée des 65ᵉ et 70ᵉ de ligne, recevait, un peu plus tard, l'ordre de se porter sur le village de Robecchetto par la route de Castano, afin de flanquer l'attaque convergente faite par les tirailleurs algériens.

« Vers deux heures, le général de la Motterouge marchait avec ses trois bataillons sur Robecchetto, suivi d'une batterie de la réserve générale de l'armée, dirigée par le général Auger en personne.

« Les colonnes de tirailléurs algériens, enlevées avec la plus grande vigueur, à la voix du général de la Motterouge ėt à celle de leur colonel, marchèrent résolûment sur Robecchetto sans faire usage du feu.

« Accueillis à l'entrée du village par une très-vive fusillade, nos tirailleurs se précipitèrent tête baissée sur les Autrichiens qui en défendaient les abords. Dans l'intérieur du village seulement ils firent usage de leur feu, et puis aussitôt se précipitèrent à la baïonnette sur tous ceux qui essayaient de résister et de leur barrer le passage. En dix minutes l'ennemi était délogé du village et en retraite sur la route par laquelle il était venu. A la sortie du village, il voulut user de son artillerie, et nous envoya une douzaine de coups à mitraille qui n'arrêtèrent en rien l'élan de nos soldats. Notre artillerie riposta par des coups heureux qui ébranlèrent tout à fait les colonnes ennemies et les mirent alors dans une déroute complète. Les tirailleurs les poursuivirent au pas de course jusqu'à deux kilomètres en avant de Robecchetto, et en tuèrent un grand nombre. Le général Auger, en faisant prendre à la batterie quatre positions successives et très-heureusement choisies, leur fit aussi beaucoup de mal.

« C'est dans une de ces positions que le général Auger, croyant apercevoir dans les blés une pièce autrichienne ayant quelque peine à suivre le mouvement de retraite de l'ennemi, se précipita au galop sur elle et s'en empara. Près de la pièce gisait à terre le commandant de la batterie, coupé en deux par un de nos boulets.

« Pendant que ceci se passait vers Robecchetto, une tête de colonne de cavalerie autrichienne se présentait sur notre gauche, venant de Castano. Je portai un bataillon du 65ᵉ et deux pièces de canon à sa rencontre. Deux boulets suffirent pour la décider à se retirer précipitamment.

« L'ennemi a éprouvé des pertes considérables. Le champ de bataille est couvert de ses morts et d'une quantité considérable d'effets de toute nature qu'il a laissés entre nos mains : effets de campement, sacs complets qu'il a jetés sur le lieu du combat pour fuir avec plus d'agilité.

Nous avons ramassé des armes, carabines et fusils. Nous avons fait peu de prisonniers, ce qui s'explique par la nature du terrain sur lequel l'engagement a eu lieu.

« De notre côté, nous avons eu un capitaine tué (M. Vanéechout), 4 officiers blessés, dont un colonel d'état-major (M. de Laveaucoupet), 7 soldats tués et 38 blessés, parmi lesquels quatre, m'a-t-on dit, des voltigeurs de la garde, qui a eu ses tirailleurs engagés avec l'ennemi, en arrière de Robecchetto.

« Je ne puis encore, Sire, donner à Votre Majesté des détails précis sur cette affaire, qui, une fois de plus depuis notre entrée en campagne, montre tout ce qu'elle peut attendre de nos braves soldats.

« Je n'ai point encore reçu les rapports particuliers qui doivent signaler ceux qui se sont plus particulièrement distingués. Tous ont fait bravement et dignement leur devoir ; mais je signalerai dès à présent, à Votre Majesté, le général de la Motterouge, comme ayant fait preuve d'un élan irrésistible ; le général Auger, pour le fait que j'ai relaté plus haut et qui, aux termes de notre législation militaire, mérite une citation à l'ordre général de l'armée ; le colonel de Laveaucoupet qui, en combattant corps à corps avec les tirailleurs autrichiens, a reçu un coup de baïonnette à la tête ; le colonel Laure, des tirailleurs algériens, pour l'impulsion intelligente avec laquelle il a conduit ses bataillons à l'ennemi.

« Je suis avec le plus profond respect,

« Sire,

« De Votre Majesté,

« Le très-humble, très-obéissant et très-fidèle sujet,

« *Le général de division commandant en chef le 2e corps,*

« DE MAC-MAHON. »

§ III

A Magenta comme à Arcole, même énergie, même vaillance, même courage!...

Mêmes situations, mêmes entêtements d'une part, même loyauté de l'autre.

Ainsi, rien n'a changé : la maison de Hapsbourg veut maintenir ce qu'elle croit être ses priviléges ;

L'Italie, son indépendance ;

La France, son rôle d'émancipatrice et de reine du monde !

Les prétentions de l'Autriche tomberont comme tombe la feuille au vent du soir, et, quels que soient ses efforts, force restera à la raison et au bon droit.

La politique autrichienne est toute résumée dans cet article d'un de nos publicistes distingués, Granier de Cassagnac :

I

L'Autriche a fait, depuis deux mois, d'énergiques efforts pour amener l'Allemagne à lui garantir ses possessions en Italie. La fermeté de la Prusse, la modération de quelques Etats allemands, la loyauté manifeste de la France, enfin la chute de lord Derby et la déclaration catégorique de la Russie ont rendu ces efforts inutiles. Nous sommes fermement convaincus qu'à partir de ce moment, il n'y a plus rien à redouter, pour la paix européenne, d'une intervention de la Confédération germanique dans les événements qui se passent en Italie.

Ce n'est pas aujourd'hui seulement que l'Autriche essaie de s'associer étroitement l'Allemagne, dans l'intérêt assez mal déguisé de la sécurité de ses possessions disparates. Le mécontentement traditionnel de l'Italie, l'insurrection de la Hongrie, les tendances séparatistes des races slaves, créent à l'Autriche un danger permanent de dislocation, contre lequel, il faut bien le dire, elle n'a trouvé jusqu'ici de remède que la police, les sévices et les prisons d'Etat. Ces moyens peuvent avoir leur efficacité relative ; mais il ne faut pas en abuser, et il arrive même un temps où il n'est plus ni sûr, ni possible d'y avoir recours.

II

. . . .

. . . .

. . . .

Il y a plus : l'Autriche, profitant de la terreur assez légitime qu'inspirait la révolution à tous les princes allemands, voulait l'utiliser à son profit, et en faire comme la base d'une sainte-alliance, destinée à lui garantir toutes ses possessions non allemandes, comme l'Italie et la Hongrie. En retour, elle promettait, de son côté, aux princes allemands de les défendre contre les révolutionnaires.

C'est à peu près dans ces termes que le projet fut communiqué, en 1850, aux grandes puissances, comme signataires des traités de 1815, lesquels avaient constitué la Confédération germanique. La réponse ne se fit pas attendre : la France et l'Angleterre protestèrent énergiquement.

III

Lorsque le cabinet français eut à s'expliquer sur cette singulière prétention, d'étendre indéfiniment, au profit exclusif de l'Autriche, les limites de la Confédération germanique, fixées par l'acte signé à Vienne le 8 juin 1815, M. le baron Brenier, actuellement notre envoyé extraordinaire à Naples, était ministre des affaires étrangères du prince Louis-Napoléon, président de la république française. Il adressa, le 5 mars 1851, aux puissances signataires des traités de Vienne, un *memorandum* très-ferme de ton et très-solide de doctrine, contre le projet d'incorporation des provinces non allemandes de l'Autriche dans la Confédération germanique.

Après avoir rappelé que l'acte du 8 janvier 1815 n'avait fait entrer dans la Confédération germanique que des États allemands, ayant autrefois appartenu à l'empire d'Allemagne, et qu'en cas de guerre défensive de l'un des confédérés, pour des territoires non compris dans la Confédération, celle-ci ne se trouvait pas engagée *ipso facto*, dans la querelle, mais que l'article 47 de l'acte du 15 mai 1820 réservait à la Confédération le droit d'examiner et de décider s'il était nécessaire à sa sûreté d'y prendre part; — M. le baron Brenier ajoutait :

« Étendre arbitrairement les limites naturelles de la Confédération, adjoindre aux populations allemandes des populations slaves, hongroises, illyriennes, italiennes, au milieu desquelles elles seraient noyées, ce serait dénaturer la Confédération, dont il faudrait changer même le nom, pour ne pas être en contradiction avec la réalité. Cette masse, absorbant dans son sein vingt peuples et vingt États différents, se présenterait à l'esprit, non plus comme une garantie de la paix et de l'équilibre, mais comme une menace, comme un symbole de confusion et d'envahissement. »

Les lignes qui précèdent sont écrites par un homme politique, membre du Corps législatif, habitué à voir de haut et à juger sérieusement les questions sérieuses.

La fantaisie n'égare pas sa logique; il est national par le cœur, conservateur par l'idée. L'esprit révolutionnaire, toujours représenté à l'Europe, par l'Autriche, comme l'esprit qui guide les vainqueurs de Magenta, de Palestro, de Marignan, n'a pas d'accès sur un publiciste, mais l'amour de la patrie et de la liberté lui fait envisager la position des diverses puissances sans haine, sans passion, sans rancunes.

C'est pour cela que nous avons cité ces lignes dans ce livre dégagé de tout esprit de parti.

Paris — Imprimerie Walder, rue Bonaparte, 44.

LIVRE HUITIÈME

§ I

Bonaparte avait repoussé la troisième armée autrichienne à Arcole.

Mélas, un des chefs des soldats de François-Joseph avait dit :

— Quel âge a donc ce jeune général français qui prétend nous battre ?

Le jeune général avait répondu :

— Demain j'aurai Milan !

Le jeu de mots, dont chaque lettre était écrite avec du sang, faisait le tour du monde, et les esprits les plus graves, les plus contempteurs, les plus sérieux s'étaient émus et étonnés de tant d'audace suivie de tant de succès.

L'armée française était entrée le 14 mai, — 25 floréal, — dans Milan et Bonaparte avait été reçu à Marignan, qui gardait encore la trace des éperons de François I\ :sup.

C'était cette même troupe qui venait de franchir le pont d'Arcole pour préparer la bataille de Rivoli.

La petite armée du Directoire avait successivement battu les trois redoutables armées de la cour de Vienne, et cette cour ne voyait pas sans un effroi réel l'abaissement de sa puissance.

Le tigre regardait ses ongles !

L'honneur de l'Empereur d'Allemagne était plus engagé dans cette lutte que ses intérêts propres, et cet honneur lui commandait de rétablir au plus vite la domination autrichienne en Italie.

Ce fut alors que l'Impératrice d'Allemagne remit aux nouvelles troupes, qui furent levées, un drapeau qu'elle avait brodé de ses mains ; et qu'Alvinzi vint prendre ses cantonnements sur la Brenta.

La Brenta, petite rivière aux flots bleus et coquets, qui vient se jeter dans l'Adriatique, après avoir traversé le territoire Lombard-Vénitien.

La Brenta qui devait voir ses eaux limpides se rougir et grossir par du sang humain...

La Brenta aux rives fleuries que les poètes avaient chantées, et dont les hautes herbes et les fleurs sauvages, devaient être foulées et écrasées par plus de quarante mille hommes marchant contre le général en chef de l'armée républicaine !

Ils sont presque tous partis pour un monde invisible, où pour toujours ils se trouveront réunis, ces combattants qui, pendant plus de quinze années, ont lutté sur tous les points de l'Europe. — Mais s'il en reste encore quelques glorieux débris infirmes et mutilés, quelle joie profonde ils doivent ressentir à l'heure où nous écrivons ces lignes!

Car ils doivent se souvenir que ce fut avec dix-huit mille hommes que Bonaparte marcha contre les ennemis, et les rencontra sur l'Adige, près de Rivoli.

§ II

Rivoli !

Sœur de Montenotte, de Lodi, de Castiglione, de Bassano, d'Arcole! Rivoli, combat qu'on ne saurait décrire en détails, tant les détails abondent! Rivoli, dont mille traits de courage toujours renouvelés, sembleraient détruire par leur multiplicité le haut intérêt que le succès devait offrir aux nations étonnées d'une si grande vaillance. — Qui n'a pas combattu sur les champs de bataille ne saurait redire les triomphes de nos preux !

Histoire des campagnes d'Italie, ce n'est point avec une plume que l'on devrait t'écrire, — mais bien avec le tronçon d'un sabre ou la pointe émoussée d'une baïonnette !

§ III

Mises en présence, les deux armées s'attaquèrent avec un farouche acharnement.

Si de deux nuages qui se rencontrent, jaillit la foudre, de ces bataillons sortirent, au milieu de la mitraille et de la fumée, la mort et la victoire !

Le général Alvinzi avait ses défaites à venger.

Le général Bonaparte avait sa glorieuse réputation à soutenir. Bonaparte, un jeune homme, presqu'un enfant sur lequel la France attentive avait les yeux, et qui devait un jour effrayer le monde en fronçant le sourcil comme le Jupiter olympien.

Dans cette chaude journée, le général en chef dut tout diriger, tout voir, tout commander, tout inspirer.

Qu'opposer à un pareil homme?

Comment espérer vaincre un tel tacticien ?

Comment espérer battre un soldat aussi brave, aussi audacieux !

La mort elle-même, cette femme pâle et sans cœur, comme disent les

Incas dans leur langage primitif, reculait devant ce valeureux commandant, car elle savait que ce commandant concevait dans son vaste cerveau des idées gigantesques qui devaient plus tard ouvrir leurs ailes et planer sur le monde !

Laissons-le raconter lui-même, en quelques mots, un détail de cette mémorable campagne, où tant de soldats sont devenus de grands hommes et ont reçu le baptême du feu.

« Il ne se doutait pas, écrivait Bonaparte en parlant d'Alvinzi, que pendant la nuit j'étais arrivé avec des renforts assez considérables pour rendre son opération non-seulement impossible, mais encore désastreuse pour lui.

« Notre gauche fut vivement attaquée ; elle plia, et l'ennemi se porta sur le centre.

« La quatorzième demi-brigade soutint le choc avec la plus grande bravoure.

« Le général Berthier, chef d'état-major, que j'y avais laissé, déploya dans cette occasion la bravoure dont il fit si souvent preuve dans cette campagne. Les Autrichiens, encouragés par leur nombre, redoublaient d'efforts pour enlever les canons placés devant une demi-brigade, un capitaine s'élance au-devant de l'ennemi en criant :

« — Quatorzième laisserez-vous prendre vos pièces !

« En même temps la trente-deuxième, que j'avais envoyée pour rallier la gauche, paraît, reprend toutes les positions perdues, et conduites par son chef de division Masséna, rétablit entièrement les affaires. »

§ IV

Quel laconisme éloquent !

Quelle poésie sanglante en ce peu de lignes !

Comme on sent bien quelle a dû être la lutte de cette trente-deuxième pour reprendre *toutes les positions perdues, et rétablir les affaires !*

Les réflexions viennent en foule quand on lit ce court exposé, et l'esprit est blessé de ne pouvoir garder dans sa mémoire le nom du capitaine qui a sauvé nos canons par un cri du cœur qui n'était autre qu'un éclair de génie !

Mais elles seraient trop petites, les immenses tables de l'histoire, s'il fallait y inscrire tous les soldats-héros qui, depuis les Gaules jusqu'à Magenta, ont accompli des faits éclatants.

Combien sont restés ignorés comme ce capitaine de Rivoli, qui n'ont eu leurs palmes que d'une façon anonyme!

Ce sont les martyrs de la vaillance !

§ V

Cinquante homme de la 18ᵉ demi-brigade firent dix-huit cents prisonniers, et Bonaparte fit captifs trois mille hommes envoyés par Alvinzi pour se saisir de lui : il n'avait pour accomplir cet acte audacieux que des bataillons incomplets!

L'ennemi perdit vingt mille combattants, la moitié de son effectif; il laissa entre nos mains des drapeaux qui, pour n'avoir pas été brodés par les mains de l'Impératrice d'Allemagne, n'en avaient pas une valeur moins grande, et neuf pièces de canon.

Le capitaine Réné, qui commandait les cinquante soldats qui luttèrent et réduisirent dix-huit cents Autrichiens, écrivit à sa famille cette lettre qui n'est pas assez connue, et qui restera comme un document précieux de nos premières guerres de la Péninsule :

« Mon père,

« Il m'est arrivé un de ces événements singuliers qui, pour l'ordinaire, « ne sont pas crus, mais dont j'espère que vous serez persuadé, puisque « c'est moi-même qui vous le rapporte.

« Le 25 au matin, le général Monnier me demanda si je voulais rester « au village de Garda, avec cinquante hommes, pour surveiller le lac et « favoriser un débarquement. J'acceptai. Environ à quatre heures, au « moment où je visitais un petit poste que j'avais placé en avant, sept « Autrichiens parurent. Je commandai de les attendre et de tâcher de les « prendre prisonniers pendant que j'allais rassembler le reste de mon dé- « tachement. Au moment où, à sa tête, je sors du village, je trouve mon « poste amenant les sept prisonniers. Craignant d'être attaqué, je me dis- « pose à prendre dans les environs une position avantageuse; mais, à cin- « quante pas, quelle fut ma surprise de rencontrer une colonne autrichienne « que je n'aperçus qu'à vingt pas, parce qu'il y avait un tournant! Le com- « mandant m'ordonne de mettre bas les armes, que je suis prisonnier. « — Non, monsieur, répondis-je, c'est vous; j'ai déjà désarmé votre « avant-garde, vous en voyez une partie; bas les armes, ou point de quar-

« tier. Mes soldats, excités par mon exemple, répètent ce cri. Les prison-
« niers, voyant qu'au premier feu ils seraient tués, criaient de toutes leurs
« forces à leurs camarades de se rendre. Tout ce tapage étonna l'officier
« ennemi; il veut parler. Nous ne répondons qu'en répétant : Bas les ar-
« mes ! Il propose de capituler. — Non, lui dis-je, bas les armes, et prison-
« nier. — Mais, monsieur, ajouta-t-il, si je me rends, n'aurais-je pas de
« mauvais traitement à éprouver? Je lui répondis que non, et sur ma pa-
« role d'honneur. Il ôte alors son chapeau, s'avance, et me présente son
« épée; toute sa troupe met bas les armes. Je n'étais pas à mon aise; je
« craignais qu'ils ne s'aperçussent enfin du peu de monde que j'avais. Je
« les fis rétrograder; mais, se trouvant deux barques sur le bord du lac,
« une certaine quantité d'impériaux s'y jettent et gagnent le large, sans
« que moi ni leurs officiers pussions les en empêcher; à peine furent-ils à
« soixante toises, que les barques, trop surchargées, coulèrent bas, et la
« majeure partie se noya. Un instant après, beaucoup d'entre eux refusent
« de marcher; les officiers eux-mêmes avaient l'air d'y souscrire. Je sentis
« le danger extrême où j'étais, surtout en entendant un capitaine leur dire :
« Attendons encore. — Qu'appelez-vous, monsieur? lui dis-je d'un ton
« ferme, où est donc l'honneur? N'êtes-vous pas prisonnier? M'avez-vous
« rendu vos armes? Ai-je votre parole? Vous êtes officier, je compte sur
« votre loyauté; pour preuve, je vous rends votre épée, et faites marcher
« votre troupe; sans quoi je me vois forcé de faire agir contre vous la
« colonne de six mille hommes qui me suit. Le mot honneur, et surtout
« sans doute cette colonne imaginaire, le décidèrent. — Je vais vous prou-
« ver, monsieur, me dit-il, que je connais l'honneur; marchons, et je ré-
« ponds que tout le monde nous suivra. »

On le voit, les inférieurs écrivaient sinon avec le style magique et en-
traînant de leur général en chef, du moins avec la même sobriété dans la
phrase, la même sincérité dans l'énoncé des faits et la même modestie.

C'est que ces braves enfants d'un pays libre qui se battaient vaillamment
pour arracher les nations au joug cruel et inhumain des oppresseurs accomplissaient un devoir qui leur était cher, et sentaient doubler leurs forces
à l'idée que l'indépendance ferait le tour du monde à l'ombre des drapeaux français !

§ VI

La bataille de Rivoli augmente l'influence du général Bonaparte.

A Paris on applaudit avec frénésie à ce vainqueur qui accomplissait ses promesses avec une si rigoureuse exactitude, et dans l'Europe on le regardait comme un libérateur !

L'Italie sentait craquer à chaque pas que nous faisions sur son sol raffermi, les langes dans lesquels l'Autriche, nourrice cruelle la tenait emmaillotée depuis des siècles, et l'on comprenait fort bien que le général en chef allait réaliser si les événements ne l'arrêtaient pas en chemin, cette pensée du grand Frédéric :

— Si j'étais à la tête de la France il ne se tirerait pas un coup de canon en Europe sans ma permission !...

L'avenir était gros d'événements, le vieux trône des Hapsbourg tremblait sur sa base : les victimes commençaient à avoir raison de leurs bourreaux !

On pouvait déjà dire à cette époque ce que M. Villemain dit dans ses remarquables *Etudes sur le moyen-âge :*

.... « Vous voyez dans toute l'Italie croître l'indépendance sarde. Les « Allemands sont des étrangers, des ennemis qui montent la garde en « Italie et ne s'y naturalisent pas ; l'esprit fier et brillant des Italiens s'in- « digne d'obéir à ces lourds dominateurs... »

Et Napoléon III a parfaitement jugé la situation dans sa remarquable proclamation adressée au peuple français, le 3 mai dernier, lorsqu'il a dit :

« Français !

« L'Autriche, en laissant entrer son armée sur le territoire du roi de Sardaigne, notre allié, nous déclare la guerre. Elle viole ainsi les traités, la justice, et menace nos frontières. Toutes les grandes puissances ont protesté contre cette agression. Le Piémont ayant accepté les conditions, qui devaient assurer la paix, on se demande quelle peut être la raison de cette invasion soudaine : c'est que l'Autriche a amené les choses à cette extrémité, qu'il faut qu'elle domine jusqu'aux Alpes, ou que l'Italie soit libre jusqu'à l'Adriatique, car, dans ce pays, tout coin de terre demeuré indépendant est un danger pour son pouvoir.

« Jusqu'ici la modération a été la règle de ma conduite ; maintenant l'énergie devient mon premier devoir.

« Que la France s'arme et dise résolûment à l'Europe : Je ne veux pas de conquête, mais je veux maintenir sans faiblesse ma politique nationale et traditionnelle ; j'observe les traités, à condition qu'on ne les violera pas contre moi, je respecte le territoire et les droits des puissances neutres, mais j'avoue hautement ma sympathie pour un peuple dont l'histoire se confond avec la nôtre, et qui gémit sous l'oppression étrangère.

« La France a montré sa haine contre l'anarchie; elle a voulu me donner un pouvoir assez fort pour réduire à l'impuissance les fauteurs de désordre et les hommes incorrigibles de ces anciens partis qu'on voit sans
cesse pactiser avec nos ennemis; mais elle n'a pas pour cela abdiqué son
rôle civilisateur. Ses alliés naturels ont toujours été ceux qui veulent l'amélioration de l'humanité, et quand elle tire l'épée, ce n'est point pour dominer, mais pour affranchir.

« Le but de cette guerre est donc de rendre l'Italie à elle-même et non
de la faire changer de maître, et nous aurons à nos frontières un peuple
ami qui nous devra son indépendance.

« Nous n'allons pas en Italie fomenter le désordre ni ébranler le pouvoir
du Saint-Père, que nous avons replacé sur son trône, mais le soustraire à
cette pression étrangère qui s'appesantit sur toute la Péninsule, contribuer
à y fonder l'ordre sur des intérêts légitimes satisfaits.

« Nous allons enfin sur cette terre classique, illustrée par tant de victoires, retrouver les traces de nos pères; Dieu fasse que nous soyons dignes
d'eux !

« Je vais bientôt me mettre à la tête de l'armée. Je laisse en France
l'Impératrice et mon fils. Secondée par l'expérience et les lumières du
dernier frère de l'Empereur, elle saura se montrer à la hauteur de sa
mission.

« Je les confie à la valeur de l'armée qui reste en France pour veiller
sur nos frontières, comme pour protéger le foyer domestique; je les confie
au patriotisme de la garde nationale; je les confie enfin au peuple tout entier, qui les entourera de cet amour et de ce dévouement dont je reçois
chaque jour tant de preuves.

« Courage donc, et union ! Notre pays va encore montrer au monde
qu'il n'a pas dégénéré. La Providence bénira nos efforts; car elle est sainte
aux yeux de Dieu la cause qui s'appuie sur la justice, l'humanité, l'amour
de la patrie et de l'indépendance.

« Palais des Tuileries, le 3 mai 1859.

« NAPOLÉON. »

Le succès à répondu aux espérances de l'Empereur des Français, et si
les destins ne nous sont pas contraires, l'Italie sera pour toujours rendue
à elle-même !

On pouvait espérer que l'Empereur d'Autriche ne persisterait pas à attaquer nos troupes, et que le peu de succès de ses armes l'engagerait à ces ser de faire couler des flots de sang qui brûlaient les récoltes comme la lave des volcans !

Espoir trompeur ! Croyance mensongère !

Le corps du général Provera, qui n'avait point donné sur les bords de l'Adige, reprit l'offensive, et, à Aughiari, à la bataille de la Favorite, à Carpenedolo, à Roverdo, à Segouzano, les Autrichiens furent battus jusqu'à Mantoue, où Kurmser se vit réduit à capituler.

Les Français étaient maîtres du dernier boulevard de l'Italie. Ils avaient pris cinq cents pièces de canon, vingt-cinq pontons, soixante drapeaux, dix-sept mille fusils et un grand nombre de munitions.

Nos soldats en haillons, brûlés par le soleil vivifiant de l'Italie, noirs de poudre, hachés par la mitraille, furent accueillis aux cris de : Vivent les libérateurs !

Ils campèrent ces fils de Gaulois dans les champs virgiliens !

Eux aussi, ces braves enfants accourus du fond de leurs bourgades, n'avaient-ils pas leurs lauriers comme le grand poète latin ?

Montmartre. - Typ. PILLOY. boulevart Pigalle. 50.

LIVRE NEUVIÈME

§ I

L'entrée à Mantoue peut-être regardée comme la première halte que faisait la victoire depuis le vingt-deux germinal, — 11 avril 1796, — et le premier entr'acte du grand drame militaire qui se jouait et qui eût été si bien intitulé :

Les soldats de l'indépendance !

L'Empereur François-Joseph semblait réfléchir et comprendre que lutter davantage, c'était faire acte de folie et de rébellion contre le bon sens et la justice.

Le vindicatif Richelieu devait tressaillir dans son tombeau,

Sa plus mortelle ennemie, — la maison d'Autriche, à laquelle il avait suscité tant d'embarras pour accomplir l'œuvre rêvée par le Béarnais, avait perdu de sa puissance : on venait de lui arracher sa proie.

Consentirait-elle à abandonner ses prétentions sur l'Italie régénérée ?

Tout devait le faire croire. — Il n'en fut rien cependant.

Le cabinet de Vienne rassembla les débris des armées battues et mit à leur tête l'archiduc Charles ; c'était reconnaître ouvertement le génie de Bonaparte que de lui opposer un pareil chef.

Les troupes autrichiennes se ravitaillèrent dans les gorges du Tyrol.

Et le combat cessa momentanément faute de *combattants.*

§ II

Cette première campagne, pendant laquelle nous remportâmes tant de victoires, n'eût pas les résultats qu'on était en droit d'en attendre.

Les peuples de la Péninsule respiraient plus librement, mais l'empereur François II ne renonçait pas aux idées de la maison d'Hapsbourg, et ce fut lui qui entraîna dans la voie de la conquête nos armées qui n'étaient venues que pour délivrer, non pour conquérir.

Aujourd'hui, c'est le même esprit qui guide François-Joseph. Espérons que cependant les vœux de l'empereur Napoléon III et de Victor-Emmanuel seront exaucés.

Ce n'est point le roi de Sardaigne qui a cherché conflit, et l'on peut s'en convaincre en relisant la proclamation qu'il adressait à ses troupes le 27 avril :

« Soldats, l'Autriche, qui, sur nos frontières, grossit ses armées et menace d'envahir notre territoire, parce qu'ici la liberté règne avec l'ordre, parce que non la force mais la concorde et l'affection entre le peuple et le souverain régissent ici l'État. Parce que les cris de douleur de l'Italie opprimée trouvent ici de l'écho, l'Autriche ose nous enjoindre, à nous armés seulement pour la défense, de déposer les armes et de nous mettre à sa merci !

« Cette outrageante injonction devait recevoir la réponse qu'elle méritait : je l'ai dédaigneusement repoussée. Soldats, je vous en fais part, certain que vous prendrez pour faite à vous l'insulte faite à votre roi, à la nation. L'annonce que je vous donne est une annonce de guerre. Aux armes, soldats !

« Vous trouverez en face de vous un ennemi qui n'est pas nouveau pour vous. Mais s'il est brave et discipliné, vous ne craignez pas la comparaison, et vous pouvez vous vanter des journées de Goïto, de Pastrengo, de Santa-Lucia, de Sommacampagna, de Custozza même, où quatre brigades seulement ont lutté pendant trois jours contre cinq corps d'armée. Je serai votre chef. Déjà, à diverses reprises, nous nous sommes connus, une grande partie d'entre vous et moi dans l'ardente mêlée combattions aux côtés de mon magnanime père, où j'ai admiré avec orgueil votre bravoure.

« Sur le champ de l'honneur et de la gloire vous saurez, j'en suis certain, conserver, même accroître votre renom de bravoure. Vous aurez pour compagnons ces intrépides soldats de la France, vainqueurs en tant de signalées batailles, dont vous fûtes les frères d'armes à la Tchernaïa, et que Napoléon III, que l'on trouve toujours là où il y a une juste cause à défendre et la civilisation à faire prévaloir, envoie généreusement à notre aide ses nombreux bataillons. Marchez donc confiants dans la victoire et ornez de lauriers fraîchement cueillis votre drapeau, ce drapeau qui, avec ses trois couleurs et avec la jeunesse d'élite accourue de toutes les parties de l'Italie et groupée sous ses plis, vous indique que vous avez pour tâche l'indépendance de l'Italie, cette œuvre juste et sainte qui sera votre cri de guerre. »

Les situations sont identiques avec celles qui motivèrent les batailles de 1796 et de 1797.

Depuis l'entrée de Bonaparte à Milan, jusqu'à la nouvelle entrée de Napoléon III, rien n'a changé, et le peu de temps que les Italiens ont été libres n'a suffi qu'à leur faire connaître les douceurs de cette liberté sans leur en donner les bienfaits.

Aussi est-ce avec le même enthousiasme que nos troupes ont été reçues cette fois, et les peuples accourent au-devant de nous comme ils accouraient au-devant des armées du Directoire : c'est l'enthousiasme des esclaves qui viennent saluer leurs libérateurs.

On écrit de Brescia :

« Je vous écris à la lueur d'une illumination recommencée ce soir pour la troisième fois depuis l'arrivée de Garibaldi dans cette ville. On ne se fait pas idée d'un voyage pareil à celui que je viens de faire depuis Milan jusqu'ici, à travers un pays splendide et des populations transportées d'enthousiasme et de reconnaissance pour la liberté qu'on leur rend ; à la beauté merveilleuse du lac de Côme, à ces montagnes vertes, à cette richesse, à cette douceur du paysage, au rayonnement du ciel italien, qui se dévoile enfin après deux mois de pluies, ajoutez l'harmonie sublime des sentiments d'un peuple uni dans une grande pensée d'indépendance : le spectacle est complet et des plus grands qui se puissent rencontrer dans toute une vie.

« Figurez-vous qu'il n'est pas un petit village qui ne soit en fête. Partout où il y a trois maisons, vous trouvez les fenêtres tendues de quelques lambeaux d'étoffes, cherchant avec un zèle et une naïveté touchante, à rappeler, autant que faire se peut, les couleurs nationales. — Ici, c'est la courte-pointe blanche d'un lit sur laquelle on a posé une branche de géranium rouge. — Ailleurs, j'ai vu dans une corbeille trois mouchoirs, blanc, vert et rouge, posés l'un auprès de l'autre, et au-dessus apparaissait la figure rayonnante d'un bon vieillard, propriétaire et inventeur de ce drapeau familier. Ne croyez pas qu'on rie, au moins, en voyant ces ingénuités ; à la distance où je suis de Paris, je puis vous affirmer sans mauvaise honte que j'ai surpris des traces d'émotion bien différentes de l'ironie sur les visages les moins faits à l'attendrissement.

« Il n'est sorte de combinaison qui n'ait été cherchée et trouvée pour la parure des maisons, qui livrent ainsi le secret de leurs richesses : rideaux, tapis, quelques bouts de dentelles, et, en dernière ressource, à certaines croisées sans carreaux, s'étalent sur des draps blancs jusqu'aux fichus de cou des jeunes filles, qui passent pieds nus dans la rue. A l'entrée de chaque petit pays, toute la population attend rassemblée : femmes, enfants et vieillards. — Des hommes, il en reste bien peu ; Garibaldi les ramasse et les entraîne au passage, et ce peu qui reste aurait très-justement honte de se montrer. Aussitôt qu'une voiture arrive et qu'on aperçoit de

loin un cavalier ou un uniforme, ce sont des transports, des cris, des
fleurs, des couronnes qui pleuvent, des têtes qui s'avancent vers vous en
disant : *Evviva i nostri liberatori!* Tantôt, dans un village tout proche
du château occupé, il a quelques mois encore, par le jeune comte Emilio
Dandolo, dont les funérailles ont eu la gloire d'une démonstration patriotique et que domine à cette heure son tombeau, nous passions avec un de
ses amis, officier de Garibaldi. A la vue de son uniforme, six ou sept
jeunes gens nous entourent, demandant avec instance et comme une grâce
très-précieuse d'aller rejoindre le général. On prend leurs noms dans
une chambre d'auberge, et on leur dit d'aller à Brescia. — Mais quand?
— *Subito!* répondent-ils tous ensemble, et les voilà partis. Nous les avons
rencontrés sur la route une heure après.

« A Palazzolo, une petite ville à mi chemin de Bergame à Brescia, les
troupes piémontaises, toute la division du général Cialdini, nous ont
barré le chemin. Tout ce terrible appareil de la guerre que nous avons déjà
vu défiler sur la route de Montebello et sur celles de Palestro et de Buffalora emplissait les routes et les rues dans la direction de Brescia. Les
soldats fatigués marchaient sous le soleil en boîtant un peu, mais en chantant. — Ainsi, quelque grande affaire s'apprête encore, et la nouvelle en
est devenue plus probable encore quand, en arrivant ici, nous avons appris que le général Garibaldi venait de quitter Brescia depuis un moment,
au milieu des ovations accoutumées, et que le roi était attendu demain
matin. »

« Dès neuf heures, aujourd'hui, par une matinée radieuse, toutes les
femmes de Brescia, parées de leurs plus belles toilettes, l'éventail à la
main, garnissaient les fenêtres et les balcons tendus et enguirlandés eux-
mêmes. »

Ainsi ces braves soldats noirs de poudre ont été reçus comme s'ils allaient à une fête; ils avaient été écrasés sous une pluie de balles et ils ont
été couverts par une pluie de fleurs.

Ces fleurs, ils les joindront à leurs lauriers et quand ils reviendront dans
leurs foyers eux aussi pourront dire : Nous étions de l'armée d'Italie.

Qu'elle doit-être fière la nation qui fait naître de pareils élans dans le
cœur des hommes, des femmes, des enfants! Et d'entrer aux cris de,
Evviva i nostri liberatori!

Noble Italie, tu es digne des efforts que l'on fait pour te rendre à toi-
même.

Dieu ne t'a pas rayée de la carte du monde comme le disait naguère un
général autrichien, et M. Thiers avait raison lorsqu'il prononçait à la tri-

bune française le remarquable discours dont nous donnons des extraits :

Je voudrais que ma voix eût la force qu'elle n'a pas, pour dire aux Italiens ! La France vous aime, elle vous aime comme une contrée longtemps associée à ses destinées, non pas que dans cette affection il entre rien de l'ambition qui nous a dévorés il y a quarante années, non, messieurs ; lorsqu'il y a cinquante ans nous avons voulu posséder l'Italie, c'était un tort, un tort, je me hâte de le dire, excusable, parce que la posséder alors, c'était l'affranchir, et l'immense empire qui s'étendait de Rome à Hambourg ne fut qu'une grande représaille de la convention de Pilnitz. Ces temps ne sont plus ; il faut que l'Italie sache que la France lui souhaite d'être indépendante, libre et heureuse.

Oh ! assurément, il n'y a dans le monde aucune contrée qui ait plus de droits à notre intérêt que l'Italie. Sommes-nous chrétiens, chrétiens fervents ? Elle est la métropole de la foi. Sommes-nous des esprits éclairés, aimant tout ce qu'il y a de beau ? Elle est la patrie des arts, des lettres ; elle est pour nous autres modernes ce que la Grèce antique était pour les Romains, ses oppresseurs et ses élèves. Sommes-nous Français, bons citoyens ? Elle est une sœur longtemps associée à nos destinées, une sœur pour laquelle nous avons combattu, qui a combattu pour nous dans la mesure de ses forces ; car lorsque nous sortions de Moscou, poursuivis par les frimas et par l'ennemi ; lorsque nos alliés nous abandonnaient, dans l'immortelle journée de Malojaroslawer, elle versait des torrents de sang généreux pour couvrir notre retraite. Nous avons donc toutes les raisons religieuses, morales, politiques, de nous intéresser à elle. Mais le sujet est trop vaste, je me renferme dans les considérations politiques.

Vous savez que toutes les fois que les ennemis invétérés de notre pays, qu'autrefois l'histoire appelait les Impériaux, qu'on appelle aujourd'hui les Autrichiens, toutes les fois qu'ils s'avancent vers notre pays, ils ont deux routes, le Danube et le Pô. Aussi dans tous les temps, tous les Cabinets ont porté un regard vigilant sur la Bavière, la Lombardie et le Piémont. Dans tous les temps, une attaque de l'Autriche sur la Bavière, de l'Autriche sur la haute Italie, était un cas politique des plus graves et souvent un cas de guerre. Ce n'est pas là de la politique impériale, de la politique révolutionnaire, c'est la politique que suivait, sous l'ancien régime, le vieux Maurepas, l'entreprenant duc de Choiseul, comme le pacifique cardinal de Fleury ; c'est la politique du Cabinet de Versailles : acceptez donc ces traditions, car c'est la politique de tous les temps.

Nous sommes étrangers au mouvement de l'Italie ; ce n'est pas nous qui l'avons fait, il est naturel, il est l'œuvre des temps, il doit être respecté.

Maintenant, messieurs, cette politique, puisée dans la plus haute morale, peut-on la trouver dans les traités de 1815 qu'on nous cite sans cesse?

A ce sujet, permettez-moi une réflexion.

Ces traités de 1815, nous les connaissons; mais les rappeler une fois de moins, ce ne serait pas nous exposer à les ignorer ou à manquer à leur observation. Mais doit-on nous les rappeler comme on le faisait l'autre jour, de ce sang-froid avec lequel on parlerait des traités d'Utrecht et de Westphalie?

Eh bien! ces traités, il faut les observer. Mes amis me permettront de le leur dire, il faut les observer jusqu'au jour où on fait la guerre, car jusque-là il faut bien trouver quelque part la règle de ses relations avec les autres États; il faut les observer et les détester. Il faut non-seulement les observer, mais les faire observer aux autres; et je viens, ces traités à la main, vous prouver que vous n'avez pas fait pour l'Italie tout ce que vous deviez, tout ce que vous pouviez faire.

Avec une adresse que j'admire, mais qui cependant s'est répétée bien souvent à cette tribune et devant la Chambre, vous nous avez dissimulé la vraie question, en plaçant sous nos yeux une question qui est fausse.

Vous nous avez dit qu'il s'agissait d'un bouleversement général en Italie, de changer les territoires, d'enlever à l'Autriche tout ce qu'elle possède; vous nous avez dit que certains Italiens voulaient cela.

Je ne contesterai pas, messieurs, que des Italiens qu'on égorge dans les rues de Milan voulussent changer l'état des territoires. Mais est-ce là la question? Non, messieurs, la question est tout entière dans ce que nous pouvons et devons faire dans l'Italie. Ce que nous pouvons et devons, c'est réclamer pour elle l'application des traités.

Eh bien! ces traités, que disent-ils? Voici le texte de l'art. 6 du traité de 14 mai 1814 : « L'Italie, hors des limites des pays qui reviendront à « l'Autriche, sera composée d'États souverains. »

Cela veut dire que le Piémont, que Parme, Modène, Florence, Naples sont indépendants; ils peuvent se donner des constitutions quand il leur plaît, dans la mesure qu'il leur plaît de choisir, et personne n'a le droit d'intervenir.

Je reconnais qu'il faut observer les traités, mais alors faites-les observer à votre tour. Et alors je vous demanderai : Pourquoi les Autrichiens sont-ils à Modène? pourquoi sont-ils à Parme? pourquoi entrent-ils? pourquoi sortent-ils de ces États presque sans qu'on le sache, tant leurs habitudes d'aller et de venir sont prises, tant ils se regardent là comme chez eux? pourquoi souffrez-vous que les Autrichiens soient à Modène, au moment où je parle?

Il ne s'agit pas de changer les limites des traités, il s'agit de faire respecter les traités de 1815.

Vous me direz : Ce n'est pas assez, les Italiens ne s'en contenteront pas. Mais faisons d'abord cela. L'avez-vous fait espérer à ceux qui devaient l'espérer? craindre à ceux qui devaient le craindre? Je vous adresse ces questions à la face de l'Europe qui sait si bien la réalité. N'est-ce pas là pour le moment la vraie question en Italie? Sans doute ceux qui souffrent, et je compatis à leurs souffrances, vous demanderont davantage; mais faisons d'abord le nécessaire, le possible, faisons-le, et voyez à quel point c'est là la véritable question d'Italie.

Aujourd'hui à Turin, à Florence, à Rome, quand il s'agit d'accorder quelques concessions nouvelles à ces peuples qui jusqu'ici, heureusement, je le leur dois dire, n'ont pas été trop exigeants ; quand il s'agit de leur faire quelques concessions nouvelles, savez-vous le mot qui retentit à l'oreille de tous les souverains et de tous les peuples : « L'Autriche le supportera-t-elle? » Et, surtout lorsqu'il ne s'agit plus de réformes administratives, mais de réformes politiques, on dit partout : « les Autrichiens vont entrer. » C'est la nouvelle de tous les matins en Italie, c'est l'épée de Damoclès toujours suspendue sur la tête des malheureux Italiens.

Je pose la question là, elle n'est pas ailleurs.

La question est donc bien simple; je ne nie pas l'avenir de l'Italie. Dieu me préserve de lui refuser ou de diminuer cet avenir. Je pose la question pratique comme elle me paraît être posée. Il ne s'agit pas du remaniement des territoires, il s'agit, au contraire, de faire respecter les territoires, mais tous, les petits comme les grands, et je crois que vous n'avez pas dit ce qu'il fallait pour cela. Il s'agit d'encourager les souverains, et je crois que vous les avez plutôt découragés qu'encouragés.

Maintenant, la politique que vous abandonnez, je voudrais que l'opposition fût assez puissante pour la recueillir, non pas en se plaçant où vous êtes; mais en lui donnant l'autorité morale nécessaire pour être écoutée des Italiens; et si ma voix pouvait aller jusqu'à eux, je leur dirais : Italiens, soyez unis! peuples, princes, soyez unis! — Piémontais, Toscans, Romains, Napolitains, soyez unis! Aujourd'hui, en Italie, l'autel de la patrie, c'est l'autel de la concorde; déposez sur cet autel, vous, princes, toutes les portions de votre pouvoir qui ne sont pas nécessaires pour maintenir l'ordre de la société; — vous, peuples, déposez sur le même autel toutes les exigences intempestives, prématurées, fussent-elles justes; et quand vous vous serez entendus de peuples à princes, entendez-vous d'États à États. Que toutes les populations qui s'entendent, de Turin à

Florence, à Naples, à Palerme, forment un seul tout, et qu'elles se présentent à l'ennemi commun ayant à leur tête Pie IX avec les clefs de saint Pierre à la main, et Charles-Albert la vieille épée du duc de Savoie. Dans cette attitude, vous serez respectés; mais s'il pouvait en être autrement, si on voulait attenter à vos droits, à votre indépendance, croyez-le bien, le cœur de la France n'est point glacé. Oui, la France est vieille de gloire, mais elle est jeune de cœur, et si elle reconnaît clairement quelque part la liberté et l'indépendance de l'Europe menacées, vous ne la trouverez pas dégénérée, car elle n'est dégénérée que dans l'opinion de ceux qui la croient faite à leur image. Et ce jour-là même, la France et l'Angleterre parleraient peut-être en commun; la France et l'Angleterre, oubliant les dissentiments qui n'ont pas toujours pour cause des intérêts nationaux, feraient entendre en commun, non-seulement le langage des traités, mais le langage de l'humanité et de la liberté!... et ce jour-là vous seriez sauvés!

, Montmartre. - Typ. PILLOY boulevart Pigalle, 30.

Combat de Palestro.

LIVRE DIXIÈME

L'orateur qui s'exprimait ainsi avait jugé avec une profondeur de vue
et une sûreté de coup-d'œil la position de l'Italie, on ne peut comparer à
ce remarquable discours que l'article de Granier de Cassagnac sur les causes historiques de la guerre actuelle.

Le publiciste politique s'exprimait ainsi il y a un mois :

§ I

Avant de céder la parole au canon qui ne peut pas tarder encore beaucoup à la prendre, nous voulons jeter, s'il se peut, une nouvelle clarté sur
la situation actuelle de l'Europe, et demander à l'histoire pourquoi l'Autriche et la France sont aujourd'hui en état de guerre.

D'abord, pourquoi l'Autriche a-t-elle mieux aimé encourir le blâme universel de l'Europe, et trancher la question de l'Italie par les armes, que
de soumettre ses griefs à un congrès?

Parce que, depuis des siècles qu'elle domine en Lombardie, l'Autriche
n'a jamais pu ni su s'y faire aimer. L'Ecosse est devenue anglaise. L'Alsace,
la Lorraine, le Roussillon, sont devenus français. La Lombardie est inva-
riablement restée Italienne; et l'Autriche n'a réussi qu'à y faire détester
chaque jour un peu plus sa domination.

§ II

N'ayant pu réussir à s'assimiler l'Italie, l'Autriche a toujours eu pour
système de l'écraser par les armes et par la politique, refusant toute liberté dans ses Etats Italiens, et n'en voulant pas souffrir autour d'elle, à
cause des conséquences qu'aurait, chez elle, le spectacle du progrès chez
les autres.

Ainsi, pour maintenir, en Lombardie, son administration despotique,
l'Autriche l'a imposée aux Duchés, au royaume de Naples, à Rome même,
et voudrait l'imposer au Piémont. Il faut donc, pour que l'Autriche soit en
paix dans la partie de l'Italie qu'elle possède, qu'on subisse sa mauvaise
administration dans toutes celles qu'elle ne possède pas.

Mais, dira-t-on peut-être, par quels moyens l'Autriche est-elle parvenue
à donner un semblant de droit à une ingérence aussi exorbitante? — A

l'aide d'un article secret introduit dans le traité signé à Vienne, le 12 juin 1815, et ainsi conçu :

« Sa Majesté le roi des Deux-Siciles, en reprenant le gouvernement de son royaume, *n'y introduira pas de changements qui ne puissent se concilier soit avec les anciennes institutions monarchiques, soit avec les principes adoptés par Sa Majesté Impériale et Royale* (l'Empereur d'Autriche) *dans le régime intérieur de ses possessions d'Italie.* »

Ainsi, dès 1815, l'Autriche considéra l'Italie comme sa propriété.

Partant de ces principes, dont elle ne s'est jamais départie, l'Autriche se serait bien gardée de les soumettre à un congrès, qui ne les aurait certes jamais accueillis ; et toujours guidée par ses doctrines égoïstes, elle s'est dit, en 1859, comme M. de Metternich le disait à l'Europe aux conférences de Troppau, qu'il valait mieux, pour l'Autriche, périr par le *feu* que par le *poison*.

Ce *poison*, c'est une liberté raisonnable et une administration sensée, que l'Autriche refusa au gouvernement de Naples en 1821, et qu'elle refuse à l'Italie entière en 1859.

§ III

Tel est le mobile de la conduite de l'Autriche, clairement prouvé par un coup-d'œil rapide jeté sur l'histoire, depuis 1815. On ne s'explique pas comment le ministère anglais a pu s'y laisser tromper : car, à Paris, au moment même où l'Autriche déclarait qu'elle acceptait le congrès, on n'a jamais douté un seul instant qu'elle ne voulût, *per fas et nefas*, arriver à la guerre.

C'est qu'à Paris, on se rappelait, à ce qu'il paraît, plus exactement qu'à Londres, la politique constante de l'Autriche en Italie, politique résolue, systématique, à outrance, qui n'a jamais reculé ou plié devant aucune protestation, devant aucune menace ; qui ne tint compte ni des protestations de lord Castlereagh et des réserves du marquis de Caraman, en 1821 ; ni des menaces de M. Molé, de M. Laffitte et de M. Casimir Périer, en 1831 et en 1832 ; et qui, à la suite du congrès de Paris, en 1856 et en 1857, a obligé le faible royaume de Naples à tenir tête à la France et à l'Angleterre réunies.

En effet, ce qui a résisté, à Naples, jusqu'à interruption des relations diplomatiques avec les Anglais et avec nous, ce n'est pas le roi Ferdinand II, c'est l'empereur François-Joseph. A Naples, l'Autriche se considère comme chez elle.

§ IV

Lorsque, à la suite du mouvement libéral de juillet 1820, dans lequel entrèrent la population et l'armée, le roi Ferdinand Ier accepta la constitution qui lui fut offerte, l'Autriche se déclara immédiatement contre ce changement introduit dans le royaume de Naples, à raison des conséquences qu'il aurait eues dans ses propres possessions.

Sur sa demande, des conférences s'ouvrirent à Troppau, en Silésie, en octobre 1820, où assistèrent le roi de Prusse, l'Empereur d'Autriche et l'Empereur de Russie, et où furent admis les ambassadeurs de la France et de l'Angleterre. La prétention de l'Autriche à considérer les affaires de Naples comme ses propres affaires y fut sanctionnée par les souverains du Nord.

L'Angleterre protesta contre le principe d'intervention dans les affaires intérieures des pays étrangers.

La France, sans appuyer la révolution faite par les Napolitains ou la constitution espagnole de 1812, qu'ils s'étaient donnée, ne consentit néanmoins à se joindre aux principes adoptés au congrès qu'avec la réserve expresse que « le roi de Naples aurait la faculté d'accorder une constitution à ses sujets, conforme aux besoins et à l'esprit du siècle. »

§ V.

Ainsi, dès 1820, l'Angleterre et la France s'élevaient, de concert, contre la politique de l'Autriche en Italie. Elles ne reconnurent pas l'article secret du traité signé à Vienne, le 12 juin 1815, qui mettait toute l'Italie à la discrétion de l'Autriche.

Par la circulaire à ses agents diplomatiques, du 15 janvier 1821, signée par lord Castlereagh, l'Angleterre protesta contre l'intervention de l'Autriche dans les affaires intérieures du royaume de Naples.

Par ses réserves, présentées à Troppau par MM. de Caraman et de La Ferronays, la France réserva au roi de Naples la faculté d'accorder une constitution à ses sujets.

La question qui se débat aujourd'hui en Italie est donc toujours la même.

L'Autriche prétend y dominer, en 1859, comme elle domina en 1820 et en 1821. Elle veut détruire la constitution du Piémont, comme elle détruisit la constitution de Naples, parce que la constitution du Piémont est un danger pour ses possessions. Les idées libérales n'ont pas cessé d'être, pour l'Autriche, le *poison* dont M. de Metternich parlait à Troppau.

Toute la différence qu'il y a entre 1821 et 1859, c'est que si l'Angleterre se contente de protester, par l'organe de lord Malmesbury, comme elle protesta par l'organe de lord Castlereagh, le gouvernement de Napoléon III, faisant un pas de plus dans la politique honorable et digne de Louis XVIII, donne à ses doctrines la sanction de l'épée.

Il est vrai que l'Autriche a singulièrement aggravé sa politique envers la France. En 1821, elle se bornait à attaquer nos principes : en 1859, elle attaque nos alliés et nos frontières.

§ VI.

On sait comment furent réalisés les principes adoptés par la Sainte-Alliance aux conférences de Troppau.

Le congrès de Laybach, réuni au commencement de janvier 1821, en régla l'application. Une armée autrichienne envahit le royaume des Deux-Siciles, dispersa le parlement, et rétablit, en l'aggravant, l'ancien gouvernement.

Pour être plus sûre de sa domination, l'Autriche ne voulut laisser debout rien de national dans le royaume de Naples. En 1815, elle s'était contentée de donner à l'armée napolitaine un général en chef autrichien. En 1821, par ordonnance du 1ᵉʳ juillet, l'armée napolitaine fut dissoute. Elle se composait de dix-huit régiments d'infanterie de ligne et de cinq régiments de cavalerie, sans compter les corps spéciaux.

Par traité du 28 octobre 1821, le royaume de Naples fut occupé par une armée autrichienne, aux frais du roi Ferdinand.

Telle fut, dès 1820 et 1821, l'inauguration de la politique autrichienne en Italie. Nous montrerons qu'elle suivit les mêmes errements en 1831 et en 1832.

Seulement, on remarqua que, si la politique autrichienne n'a pas changé tout a changé autour d'elle.

L'Angleterre se borne encore à protester : mais la Prusse désapprouve, la Russie menace et la France agit.

§ VII

Notre livre aurait dû s'arrêter là.

Les Autrichiens chassés de l'Italie, et voyant la domination qu'ils avaient exercée détruite par l'effet de nos armes et de nos victoires, n'avaient qu'un parti à prendre : laisser libres les peuples régénérés qu'ils opprimaient et se contenter de se retirer sur le territoire qu'ils possédaient légalement et que la France ne voulait point envahir.

Il n'en fut rien.

Entraînée par de fausses idées, guidée par de fausses doctrines politiques, la cour de Vienne se crût dépossédée et cria très-haut à toute l'Europe que nous étions des envahisseurs.

Mêlant sournoisement à ses calomnies tout ce qui pouvait être à son avantage dans les grands débats qui avaient lieu soit à la tribune française, soit sur les divers champs de bataille, l'Autriche faisait tous ses efforts pour s'attirer des sympathies et recommencer la lutte qu'elle regardait comme un devoir d'orgueil, comme une loi d'équité.

Aucune leçon ne pouvait la corriger, et son esprit soufflait la tempête et la révolte à une époque et dans une situation où la raison lui commandait de s'abstenir dans les querelles qui s'élevaient entre les nations !

Mais l'Europe intéressée à ces combats, à ces luttes, hâtait la marche des événements, et la situation était alors comme elle est aujourd'hui, et comme l'a si bien décrite M. le comte du Hamel dans sa brochure :

« La question italienne, envisagée à son véritable point de vue, est « des plus complexes, il ne faut pas se le dissimuler. Si vous la soumettez « à l'analyse, elle se décompose en éléments qui ne s'excluent pas les uns « les autres, mais qu'il est toutefois difficile de bien faire concorder entre « eux.

« Ces éléments sont politiques, humanitaires, religieux ; ils touchent au « droit des gens, à la lettre des traités, à la solidarité des nations ; ils tou- « chent à l'humanité dans ce qu'elle a de plus relevé et de plus noble, la « protection due au faible par le fort, la substitution du juste à l'in- « juste..... »

En 1793 la situation était identique.

Les éléments de la question qui s'était débattue à Lodi, à Castiglione, à Arcole, à Rivoli, et qui se débattait encore à Gradisca pour empêcher le passage de l'Izonzo et où trois mille grenadiers choisis dans les troupes d'élite du prince Charles se rendirent avec huit drapeaux et dix pièces de canons, devaient agiter encore pendant bien des années l'Europe attristée d'un tel état de choses, et cependant inhabile à l'empêcher.

La France seule allait généreusement verser son sang pour l'indépendance italienne ; — mais ce sang devait couler longtemps encore, et même se répandre sur les rives du Mincio, — à Solferino !

§ VIII

L'auteur de *la Guerre, l'Autriche et l'Italie*, s'exprimait ainsi quand on croyait encore aux résultats d'un congrès :

« Nous allons aborder le vif de la question, et mettre le pied sur le terrain brûlant qui recouvre encore le volcan dont la moindre étincelle peut déterminer l'explosion. Nous allons toucher à ce sol de gloire et d'infortune, à cette patrie des arts et de la civilisation, à cette clef de la voûte de la catholicité, à l'Italie, cette ancienne maîtresse du monde, aujourd'hui dépendante ou vassale.

« L'Italie aura toujours son prestige. Quelque antipoétique que puisse être le sujet que l'on traite, dès que le nom d'Italie s'y trouve prononcé, il est impossible de ne pas se laisser aller à un certain entraînement magnétique mêlé d'espoir et de tristesse. C'est ce sentiment qui constitue la sympathie ; et quelle nation plus que l'Italie est en droit de l'exciter en Europe ? De la sympathie naît le secours, et voilà pourquoi toutes les puissances s'unissent pour venir en aide à cette malheureuse contrée. Quelle forme prendra cet appui ? restera-t-il pacifique et conciliateur ? deviendra-t-il belliqueux et vengeur ? Cela est du domaine de l'avenir, et le champ des conjectures reste ouvert aux appréciations les plus diverses, aux opinions les plus contradictoires : *sub judice lis est*. Le juge, selon nous, c'est le hasard.

« Nous allons, après avoir payé ce laconique tribut à la mère-patrie de nos premières études, rentrer dans les déductions politiques qui font aujourd'hui la préoccupation du monde entier.

« On s'est demandé quel était dans la Péninsule l'élément qui poussait aux révolutions ? On a répondu « qu'il était dans l'action rétrograde et « compressive de l'Autriche, dans la domination blessante d'une nation « étrangère. » Il serait difficile de le chercher ailleurs. Que veulent les peuples d'Italie ? Une nationalité ; ils la veulent générique et respectée. L'Autriche, par sa domination directe sur la Lombardo-Vénétie, et par son action indirecte sur le reste de l'Italie, pousse à la destruction de la nationalité italienne. La Péninsule une fois dégagée de ces liens, il n'y a plus de prétexte aux révolutions, et l'élément révolutionnaire, détruit en Italie, ne s'étendra plus au reste du continent et mourra de langueur et d'inanition.

« On ne saurait trop insister sur cette immense considération. Quand on cherche à éteindre un incendie, c'est d'abord du foyer qu'il faut se rendre maître. Le foyer de toutes les révolutions qui peuvent inquiéter l'Europe, bouleverser le monde et ruiner les nations, est à l'heure qu'il est dans la Péninsule italienne. Les ferments insurrectionnels de l'Allemagne et des autres États sont des simples corollaires de ce centre d'agitations. En restituant à l'Italie sa vie nationale, son organisme générique, en lui rendant la liberté de son souffle et la circulation de ses pensées, vous paralysez tous les Mazzini de la terre ; vous étouffez dans l'œuf toutes les insurrections, vous clouez dans le fourreau le poignard des attentats, et vous pouvez vous enorgueillir d'avoir pacifié le monde.

« Surtout il faut établir ici une distinction bien formelle en ce que veut l'Italie nation, et ce que veulent les Italiens révolutionnaires. Ni la France, ni la Russie, ni l'Angleterre, ni la Prusse ne veulent faire les affaires de ceux-ci. La tactique de la démagogie est de laisser croire qu'elle serait pour quelque chose dans ce qui surviendrait de plus heureux, de plus normal en faveur des États italiens. Il ne faut pas que cette erreur se propage. Les agitateurs, qu'ils soient à Rome, à Naples, à Milan ou à Turin, sont et seront toujours les ennemis de leur pays. Rien de bon, rien d'honorable, rien de durable ne peut provenir d'eux ; si quelque chose est capable d'entraver le bien qu'on cherche à faire, c'est sans nul doute la tentative de leur immixtion dans les circonstances actuelles ; s'ils sont réellement, comme ils le prétendent, les amis de leur pays, qu'ils le prouvent en restant spectateurs passifs et muets du grand acte politique qui va s'accomplir sous leurs yeux. Là seulement ils feront preuve de quelque peu de patriotisme, car telle est la condition qu'ils se sont faite, qu'on ne peut leur tenir compte que de ce qu'ils ne font pas.

« L'Italie telle qu'elle a été faite par le congrès de Vienne n'est et ne « saurait être qu'une cause incessante de troubles en Europe ; c'est là une « vérité incontestable, démontrée par une expérience de quarante-cinq « ans. »

« Nous appuyons cette opinion, surtout si aux traités authentiques de 1815, vous ajoutez les traités tortueux et latents de l'Autriche avec la plupart des souverainetés italiennes.

« Naples doit figurer en tête de ces gouvernements inféodés à la politique ténébreuse de l'Autriche, Naples qui, en 1848, eut une si belle occasion de secouer ce joug honteux, et qui n'a pas su ou plutôt n'a pas voulu profiter de la situation que lui avaient faite les événements.

« Ferdinand Ier dévoué corps et âme à l'Autriche, après avoir cruellement fait fusiller Murat, s'était mis complétement sous la tutelle de cette puissance, et il poussa si loin l'obédience et la servilité qu'en 1820, Naples se souleva, indignée de l'influence qu'il laissait prendre à l'Autriche. Le général Pepe était à la tête de l'armée révolutionnaire, Ferdinand vaincu jura de nouveau la constitution de 1812. Le peuple, connaissant la valeur de ses serments, ne céda pas, et la république allait être proclamée, quand l'Autriche, appelée par le roi, écrasa l'insurrection et le remit une cinquième fois sur le trône.

« Ferdinand Ier mourut en 1825, laissant la couronne à François, qui suivit les traces de son père, comme vassal de l'Autriche, jusqu'en 1830.

« Ferdinand II, le roi de Naples actuel, avait vingt ans environ quand il monta sur le trône. Il ne changea point le système gouvernemental de son père et de son aïeul. Toutefois il chercha à apporter quelques améliorations dans diverses branches telles que les finances, l'armée et la marine. Il y parvint jusqu'à un certain degré, mais là s'arrêtent les modifications heureuses qu'il introduisit dans le régime funeste qui pesait sur le royaume des Deux-Siciles. »

Montmartre. — Typ. Pilloy,

LIVRE ONZIÈME

Révolte à Naples. — Assassinat du général Duphot. — Départ du général en chef Bonaparte. — L'Autriche reprend de l'influence sur les esprits. — Fanatisme des populations.

§ I

M. le comte du Hamel écrivait les lignes qui précèdent avant le commencement des hostilités, et les événements sont venus donner raison à son jugement.

Si les victoires du général Bonaparte arrachaient en 1799 l'Italie à la domination autrichienne, elles ne pouvaient empêcher la cour de Vienne de fomenter des troubles civils dans l'intérieur de la Péninsule. Connaissant parfaitement le caractère des Italiens, le gouvernement de l'Autriche exhaltait les passions religieuses, et s'efforçait de défaire tout le bien que les armées françaises faisaient dans le pays qu'elles délivraient. Le Saint-Père, ce vicaire de l'Église, se laissait entraîner dans le mouvement et se mêlait aux choses auxquelles il eût dû rester étranger, sous le prétexte que la dignité pontificale était compromise.

Vains prétextes, fausses raisons, et qui recouvraient les données injustes de l'Autriche et de la cour de Naples!

Une nuit, quand tout semblait dormir et que le plus grand calme régnait dans Naples, des hommes glissèrent comme des ombres, le long des portiques des palais et vinrent pour égorger le frère du général Bonaparte, Joseph.

Une populace, à laquelle on avait fait croire que les Français voulaient absorber à leur profit la nationalité napolitaine, se joignit à ces hommes et vint envahir la demeure de l'ambassadeur.

Le ministre, voulant en cette occasion critique conserver sa dignité de représentant, se revêtit de son costume officiel et sortit du palais pour enjoindre aux séditieux de se retirer à l'instant.

« Il était suivi du général Duphot, de l'adjudant-général Sherlock, de
« l'aide-de-camp Beauharnais, de l'adjoint Arrighi, de quelques officiers et
« d'une partie de ses gens. A peine furent-ils en face du peuple, qu'une
« décharge de mousqueterie fut dirigée sur eux. L'infortuné général Du-
« phot, qui, si souvent avait repoussé les ennemis de sa patrie, crut pou-
« voir les intimider encore. Il s'élança sur les révoltés; mais, bientôt enve-
« loppé par eux et entraîné par leur mouvement jusque vers la porte

15

« Septimiana, il se vit percé de coups, et périt écrasé par la multitude qu'il
« voulait combattre.

« Cette première victime immolée à sa rage, le peuple se tourna tout en-
« tier contre l'ambassadeur. Ce ministre aurait infailliblement péri, si l'ad-
« judant-général Sherlock ne l'eût précipitamment entraîné par des sentiers
« qui conduisaient aux jardins du palais, et qui furent également, pour le
« reste de leurs compagnons, un port de salut au sein de la tempête.

« Madame Joseph Bonaparte et sa sœur étaient restées au palais. Il était
« grandement à craindre que la populace n'y pénétrât pour les insulter.
« Plein de cette idée, l'ambassadeur presse sa course, monte, arrive, et les
« trouve éperdues ; sa sœur, qui, le lendemain, devait unir sa destinée à
« celle de l'infortuné général Duphot, faillit expirer de douleur à la nouvelle
« de sa mort.

« Cependant l'orage continuait de gronder. Les séditieux ne pouvaient
« enfoncer les portes du palais, mais ils pouvaient le prendre par escalade.
« On organisa des moyens de défense. Ceux des domestiques que la mort
« avait épargnés furent armés et placés où le péril les appelait. Les officiers
« de l'ambassadeur animaient tout du feu de leur courage. Il semblait que,
« déterminés à périr, ces braves ne cherchaient plus qu'à vendre chère-
« ment leur vie.

« Une réflexion subite vint tout à coup ajouter à cette glorieuse résolu-
« tion. Eh quoi, se dirent-ils, nous combattons cachés derrière des murail-
« les, tandis que le corps de notre infortuné camarade est lâchement insulté
« par des brigands ! Plutôt mourir que de laisser ses restes sanglants deve-
« nir la proie de ses assassins. Ils disent, et sortant avec impétuosité, ils
« percent la foule pour arriver jusqu'à la porte Septimiana. Ils trouvèrent
« le cadavre dépouillé de tous ses vêtements, criblé de balles, déchiré de
« coups de baïonnette, et en partie caché sous un tas de pierre. Un nommé
« Ameder, chef des assassins, s'était emparé de son épée ; d'autres miséra-
« bles s'étaient partagé ses vêtements, et, comme presque toujours l'Eglise
« entre pour quelque chose dans les atrocités, sa montre lui fut enlevée
« par le curé d'une paroisse voisine.

« Ils rapportèrent le cadavre au palais. Sa vue excita tellement l'indi-
« gnation de l'ambassadeur, qu'il prit sur-le-champ le parti d'abandonner
« une ville où le gouvernement se fait un jeu des plus sanglantes perfidies.
« Le silence gardé par le pape sur les désordres de la journée, l'inaction
« dans laquelle il resta, quand d'un mot il pouvait tout calmer, l'assassinat
« précédemment exécuté de l'infortuné Basseville, éclairèrent suffisamment
« le ministre français, et il demanda des passeports pour retourner près

« de son gouvernement. On ne les lui refusa pas, mais on dédaigna long-
« temps de lui répondre. Ce ne fut qu'après plusieurs démarches, et notam-
« ment après avoir menacé le siége pontifical de toute la vengeance de la
« république française, que les passeports furent expédiés. Vainement le
« secrétaire d'Etat engagea dans sa lettre Joseph Bonaparte à pardonner
« les événements du jour, et à renoncer à son départ, ce ministre fut in-
« flexible. Le 29 décembre, il se rendit à Florence, d'où il écrivit au Direc-
« toire pour le prévenir de tout ce qui venait de se passer dans Rome : « Je
« croirais, dit-il en terminant son rapport, je croirais faire injure à des ré-
« publicains, si j'insistais sur la vengeance que le gouvernement doit tirer
« de ce gouvernement impie, qui, assassin de Basseville, l'est devenu, de
« volonté, du premier ambassadeur français qu'on a daigné lui envoyer, et
« de fait d'un général distingué par sa valeur dans une armée où chaque
« soldat était un héros. Ce gouvernement ne se dément pas : astucieux et
« téméraire pour commettre le crime, lâche et rampant lorsqu'il est commis,
« il est aux genoux du ministre Azara pour qu'il se rende à Florence auprès
« de moi, et me ramène avec lui à Rome. »

« Le départ de l'ambassadeur de France, et surtout l'inutilité des efforts
« que l'on fit pour le ramener dans Rome, répandirent la consternation au
« Vatican. Vainement le pape essaya de fléchir le Directoire par des protes-
« tations de fidélité et de repentir; la destruction de son gouvernement fut
« résolue, et l'on ne s'occupa plus que des préparatifs nécessaires pour cette
« révolution.

« Nous avons présenté la ville de Rome comme divisée d'opinions politi-
« ques. Deux circonstances forcèrent particulièrement cette division d'écla-
« ter. L'une, fut l'indifférence inattendue du roi de Naples pour les affaires
« de Rome ; l'autre, l'approche d'une armée française, commandée par le
« général Berthier, pour venger l'assassinat du général Duphot. »

Ce fut alors que Berthier vint camper autour de Rome, en attendant d'y
entrer.

Cette entrée se fit aux acclamations du peuple qui accourut sur son passage.

Le spectacle qu'offrit cette arrivée dans la ville éternelle eut quelque chose
de grandiose et de théâtral.

Berthier traversa la ville et monta au Capitole. Les souvenirs se pressè-
rent en foule au-devant de lui. Et sur cette terre des Césars le général crut
voir se dresser dans leurs suaires les fantômes des grands hommes qui se
dressaient de toute leur grandeur sur le sol italien !

Par une illusion ravissante, il s'y crut en présence des vainqueurs de la terre. « **Mânes de Caton**, s'écria-t-il, mânes de Pompée, de Brutus, de Cicéron, d'Hortensius, recevez l'hommage des hommes libres de ce Capitole où vous avez tant de fois défendu les droits du peuple et illustré la république romaine. Ces enfants des Gaulois, l'olivier de la paix à la main, viennent dans ce lieu auguste y rétablir les autels de la liberté, dressés par le premier des Brutus. Et vous, peuple romain, qui venez de reprendre vos droits légitimes, rappelez-vous quel sang coule dans vos veines ; jetez les yeux sur les monuments de gloire qui vous environnent ; reprenez les vertus de vos pères, montrez-vous dignes de leur antique grandeur, et prouvez à l'Europe qu'il est encore parmi vous des âmes qui n'ont point dégénéré de celles de vos ancêtres. »

Bonaparte avait eu raison de dire, dans une des proclamations que nous avons citées, que rien n'était fait, puisqu'il restait quelque chose encore à faire.

Cette première campagne posait le drapeau tricolore sur les principaux édifices des capitales, mais ne décourageait pas les Autrichiens, aussi les vit-on bientôt recommencer les hostilités, ayant cette fois à leur tête le général Sosvorow, qui commandait quarante mille hommes.

Sosvorow, homme étrange, doué d'un grand cœur et d'un grand esprit.

A cette époque, l'on semblait devoir recommencer toute l'œuvre accomplie et chercher à assurer d'une manière définitive, le succès était important, car Rome était regardé à juste titre comme la clé de l'Italie !

Sosvorow arrivait pour déjouer tous les plans des républicains.

Né avec beaucoup d'esprit et de vivacité, ce général possédait un assez grand fonds d'instruction, et parlait facilement plusieurs langues. L'originalité qu'on lui reproche dans ses vêtements, dans sa manière de vivre, dans son langage, tenait sans doute un peu à son caractère ; mais doué de beaucoup de tact et de finesse, il sut s'en faire un instrument de succès. Catherine aimait tout ce qui était extraordinaire ; il eut donc soin de lui annoncer ses victoires avec un laconisme qui charmait cette princesse. Dans ses premières guerres, après avoir pris la ville de Toutoukai, en Bulgarie, il écrivit à sa souveraine : « Gloire à Dieu, louange à Catherine, la ville est prise et j'y suis. » Il lui rendit compte de la prise d'Ismaïlow par ces seuls mots : « Madame, l'orgueilleuse Ismaïl est à vos pieds. » Il se plaisait à mettre ses ordres en vers et à écrire ainsi à l'Impératrice. Connaissant tout l'empire qu'avait la superstition sur un peuple neuf, il s'en servit avec habileté pour exalter ses soldats. La veille d'une bataille, il faisait mettre à l'ordre que tous ceux qui seraient tués iraient en Paradis. Il ne donna jamais l'ordre de combattre sans faire le signe de la croix, et sans baiser une petite image de la Vierge ou de saint Nicolas, qu'il portait toujours sur lui. Il obligeait tous les officiers de réciter, le soir, après la retraite, une prière devant le soldat. Les officiers supérieurs devinrent ses ennemis secrets, parce qu'il proscrivait le luxe de ses camps, parce qu'il était pointilleux dans le service ; mais les soldats l'adoraient : il affectait parmi eux autant de simplicité dans ses mœurs que de rudesse. On le voyait souvent changer de chemise au milieu du camp et ne se couvrir pour tout vêtement que d'une peau de mouton. Sa manière de vivre frugale le rendait plus propre aux fatigues de la guerre. L'originalité fut souvent chez lui une affaire de calcul. Lorsqu'il quittait la peau de mouton pour revêtir l'uniforme de maréchal, il avait soin de se surcharger de toutes ses croix, de toutes ses plaques, de tous ses ordres, de tous ses portraits, afin de marquer encore par un extrême. Il se refusa à tous les travaux diplomatiques et politiques, disant : Une plume sied mal dans la main d'un soldat. Il possédait au suprême degré l'audace, l'activité, l'art d'enflammer les troupes et de les attacher à sa destinée ; mais on lui a reproché des combinaisons peu savantes, des manœuvres plus rapides que sages et d'avoir usé de la victoire avec trop peu d'humanité.

Schérer eut la gloire de combattre ce chef étrange et d'attacher son nom aux batailles qui allaient être livrées. Honneur suprême qui fait le délire d'un soldat et qui contribue à rendre plus populaire encore le nom de Français.

Les rencontres partielles furent nombreuses.

Mais on se défendit de part et d'autre vigoureusement, et Cassano, La Trébbia, San-Guiliana, Turin, Mantoue, Alexandrie tombèrent au pouvoir des ennemis qui reprenaient peu à peu leurs positions. Il réussissait bien plus par suite des bruits qu'ils répandaient sur leur passage et des intrigues qu'ils ourdissaient dans le cœur même des populations que par la force de leurs armes.

Tous les avantages remportés par les troupes qui étaient venues délivrer des hommes opprimés, ces hommes les perdaient successivement ; le bras du vainqueur d'Arcole n'était plus là pour diriger la victoire.

Bonaparte avait quitté la Péninsule le **10** décembre **1797**, — **20** frimaire an VI, — et au mois de septembre **1799** les armées qu'il avait laissées en Italie se retiraient pour faire place aux satellites de l'oppression et de la tyrannie !

La domination autrichienne reprenait le dessus.

La cour de Vienne revoyait le drapeau de la maison de Hapsbourg se relever là ou naguère il avait été abattu ; le Directoire semblait négliger la question si importante pour la France et pour le monde de l'émancipation du Piémont, de la Sardaigne, de l'Italie, et, sur le sol brûlé de l'Egypte, Bonaparte apprenait que le but de ses efforts était manqué par des hommes sans énergie, sans vouloir, sans foi dans les peuples et dans les idées !

Partout où passait l'armée autrichienne elle laissait des traces de son passage, et elle se faisait remarquer surtout par les exactions qu'elle exerçait.

Du reste rien n'a changé dans les manières d'être de ces ennemis si fiers qu'ils se croient vainqueurs même quand ils sont vaincus.

On en trouve une nouvelle preuve dans les faits actuels rapportés par les correspondances actuelles :

Borge-Poncarale, le 18 juin 1859.

Je croyais avoir épuisé la série des petits méfaits que l'armée autrichienne sème sur son passage. Je me figurais qu'au-delà du Piémont elle aurait au moins quelque considération pour une population qu'elle dit vouloir défendre contre les idées perturbatrices qu'on cherche à lui insinuer, mais je me trompais : elle recommence en Lombardie, surtout dans les dernières localités qu'elle vient de quitter, ses exactions et ses mauvais traitements, semant la ruine et les pleurs dans toute la contrée.

Les choses sont poussées à ce point que, non-seulement ils s'emparent de tout ce qui est nécessaire à la subsistance de l'armée, mais qu'ils augmentent chaque jour leur réserve et font main basse sur tous les moyens de transport qu'ils rencontrent. Un habitant de Poncarale me disait qu'après avoir dû fournir en pain, vin, farine, viande, presque tout ce qu'il possédait, il s'était vu enlever douze voitures attelées dont il ne retrouvait plus rien, quoiqu'on lui ait dit qu'attelage et conducteurs reviendraient quand leurs services ne seraient plus nécessaires.

Mais comme ordinairement les bœufs d'attelage sont abattus pour l'armée, les conducteurs reviennent seuls. Il faut céder presque de bonne grâce aux réquisitions, sans quoi la menace et les mauvais traitements se mettent de la partie et ne délivrent pas pour cela des exigences des Autrichiens.

Il paraît que partout en Lombardie ils ont procédé de la même façon. Ils avaient emmené du Piémont une réserve considérable de plus de 6,000 têtes de bétail qu'ils conservaient intactes, et, outre qu'ils la faisaient paître dans les cultures encore vertes, ils prélevaient dans chaque localité de quoi fournir aux besoins de leur armée et grossir leur réserve, si les ressources le permettaient.

Certes, la guerre autorise l'emploi de tous les moyens qui peuvent entraver la marche facile d'un ennemi qu'on redoute; mais de là à la prise de possession, sans aucune rétribution, de tout ce que possèdent de malheureux campagnards, il y a une grande distance, et personne n'approuvera une conduite aussi peu honnête que celle de l'armée autrichienne dans le pays qu'elle parcourt dans sa retraite.

Cette situation augmente nos difficultés d'approvisionnement sur place et nécessite des envois considérables de France de tout ce qu'il faut pour la subsistance de notre armée; mais nos ressources sont, Dieumerci! assez considérables pour que d'aussi misérables moyens, mis en œuvre contre nous, soient sans efficacité ; c'est tout au plus s'ils nous suscitent quelques embarras momentanés qu'une plus grande activité et un peu plus d'argent font bientôt cesser.

Les corps d'armée des généraux Urban, Zobel et Klam-Gallas, ont passé tous trois ces jours derniers par Poncarale, se rendant, à un jour d'intervalle, vers le Mincio, et quoiqu'ils fussent à quelques lieues seulement de Brescia, ils se sont éloignés de cette ville sans chercher à sévir contre les habitants, qui s'étaient déjà ouvertement prononcés contre eux.

Je demandais à un habitant du village le résultat de sa comparaison entre nos soldats et ceux de l'armée autrichienne ; il me répondit que ceux-ci paraissaient abattus et démoralisés, qu'ils ne taisaient pas leurs appréhensions sur les conséquences d'une nouvelle rencontre, et qu'ils étaient au contraire émerveillés de voir avec quelle gaîté nos hommes se livrent à leurs petites occupations de bivouac ; ils sont en effet pleins de confiance et leur moral entretenu par le sentiment de leur supériorité leur donne une énergie incroyable.

Nous nous réjouissions à la pensée que les Autrichiens, qui avaient concentré leurs forces à Montechiarro, nous y attendaient : point du tout, nous apprenons qu'ils s'éloignent encore et paraissent vouloir réserver tous leurs moyens d'action pour leurs places fortes au-delà du Mincio.

On ne sait vraiment que conjecturer de ces indécisions, et il faut que leur confiance dans le résultat d'une nouvelle bataille soit bien grande pour qu'ils nous livrent ainsi le cœur de leur pays. Quoi qu'il en soit, nous marcherons jusqu'à ce que l'on donne le signal du branle-bas de combat, comme dirait un marin, et si, de part et d'autre, l'impatience est égale, nous ne perdrons pas beaucoup de temps à nous observer.

L'évacuation des positions de Montemairo, si elle est exacte, fait croire que l'ennemi ne veut pas livrer aux chances d'une bataille en avant du Mincio, Peschiera et Vérone et même Mantoue. Il est certain qu'une bataille perdue nous livrerait ces places fortes qu'une armée démoralisée ne serait pas en mesure de sauvegarder. Dans son quadrilatère de places fortes, il espère au contraire que les lenteurs d'un siége lui donneront le temps de recevoir des renforts et nous forceront à diviser nos forces pour faire face à tous les moyens qu'il pourrait diriger contre nous. L'avenir nous apprendra si cette combinaison est la meilleure ; mais tout en ne doutant pas qu'une bataille, quelque part qu'elle nous soit offerte, ne nous soit favorable, nous serions bien aises d'en rapprocher le moment.

Nos soldats commencent à montrer cette impatience, et je vous assure qu'ils n'épargnent pas leurs épigrammes à l'ennemi. Je m'abstiens de vous les répéter par pure courtoisie, mais il ne faut pas même en blâmer nos soldats, ils y mettent plus de malice que de méchanceté.

Nous avons traversé aujourd'hui l'Oglio, rivière torrentueuse, que les moindres orages grossissent abondamment. Le pont de bois avait déjà pu être réparé, l'ennemi avait passé une journée, dit-on, à scier les énormes poutres qui portent le tablier, espérant sans doute que le passage de nos voitures produirait la rupture, mais il a suffi de placer des supports et surtout de nouvelles poutres pour opérer en un jour la réparation.

Orci Novi se trouve sur la rive gauche de l'Oglio, en regard de Saucino, qui est sur la rive droite. C'est une petite ville agréable qui conserve encore ses fortifications et ses vieilles tours délabrées au-dessus desquelles flottent les couleurs italiennes. C'était un jour de marché, et toute la population campagnarde qui s'y était donné rendez-vous, quoiqu'il fût de fort bonne heure, nous montra une chaleureuse sympathie.

Chemin faisant nous avons quitté la grande route qui conduit à Brescia, où se trouve l'armée sarde, pour prendre des chemins de traverse qui, malgré cette dénomination, ne le cèdent en rien pour la largeur et le parfait entretien aux grandes routes. Dans ce pays, les canaux et les routes sont l'objet des soins les mieux entendus. Partout les voitures peuvent passer et, dans cette saison surtout, on ne doit craindre de s'engager dans aucun chemin ; ils sont assez multipliés pour éviter souvent l'encombrement qui résulterait du passage de tout un corps d'armée par la même voie.

La superstition, qui est inhérente au caractère italien, venait en aide aux menées du parti autrichien, et à ce propos, nous raconterons une histoire qui courut à cette époque, et qui prouve combien étaient enracinés certains préjugés dans l'esprit des habitants de la Péninsule.

Montmartre. — Typ. Pilloy.

LIVRE DOUZIÈME

§ I

Avant de raconter cette histoire qui est restée comme une légende dans l'esprit des populations italiennes nous citerons quelques faits qui viendront à l'appui de ce que nous avons énoncé touchant les menées de la cour de Vienne et qui feront surtout comprendre avec quelle tyrannie sont opprimés les habitants soumis à la domination autrichienne.

On lit dans les mémoires publiés sur la maison de Hapsbourg :

— L'Empereur était grand chasseur, à une époque terrible de famine, il ouvrit une chasse de sangliers et de bêtes fauves. Parmi les quatre mille paysans de l'Odenwald, qui furent sommés de le suivre en qualité de meneurs, se trouva un pauvre homme malade et alité. Sa fille, son seul soutien, qui pourvoyait à ses besoins, à l'aide de son rouet, fut obligée de suivre la chasse royale, revêtue des habits de son malheureux père. La chasse dura trois jours, pendant lesquels les paysans bivouaquèrent sur la glace ; l'Empereur ayant eu connaissance de ce déguisement rit d'une manière immodérée, et regretta seulement de ne l'avoir pas connu plus tôt, parce qu'il en aurait fait une excellente plaisanterie. Lorsque la jeune fille fut de retour, elle trouva son père mort de faim : le roi le sut et ne fit rien. Pendant la durée de ce même amusement royal, un sanglier approcha d'un paysan au moment où un chambellan allait percer de son épieu le féroce animal ; le paysan fit usage de son bâton pour se défendre et abattit le sanglier. — Le courtisan désappointé tourna son épieu contre le paysan et l'étendit mort à ses pieds : c'était un des favoris du roi ; il en fut quitte pour quinze jours d'arrêts.

Que dire après avoir lu ce court récit plus dramatique que bien des romans en plusieurs volumes ?

Quel cœur n'est pas indigné ?

Ce père qui meurt de faim, isolé pendant que sa fille, son unique enfant court les plus grands dangers et échange les vêtements de son sexe contre des habits qu'elle n'a pas l'habitude de porter, pour sauver le vieillard de la corvée que le bon plaisir lui impose, n'émeut-il pas les hommes qui comprennent leur dignité et doivent la défendre !

Curieux rapprochement ; à une époque où les peuples se battaient pour reconquérir leur liberté, le chef, qui aurait dû sauvegarder les intérêts de ses sujets, s'amusait à torturer les paysans qu'il avait asservis.

Et depuis, jamais une idée de générosité n'est entrée dans le cœur de ses successeurs.

Entraînement fatal !

Sombre tragédie !

C'est une erreur cruelle qui fait croire aux souverains qu'ils sont les représentants du Dieu de justice et de tolérance et qui oppriment au nom de ce Dieu les âmes dont lui seul sait le nombre et juge les actions !...

Mais ce Dieu tout-puissant se réserve le droit de punir les tyrans comme les esclaves, et sa droite est terrible pour les imprudents qui osent jouer avec son pouvoir et rendent des arrêts iniques en son nom, qui est le symbole de l'oubli des injures et de la protection pour les pauvres, les malades et les petits...

Et soit dans les batailles, soit à l'heure suprême de l'agonie des grands, ce Dieu venge les opprimés et les faibles.

Voici d'autres faits touchant l'administration non moins curieux, bien qu'ils soient moins cruels, et qu'il importe de relater :

Le gouvernement autrichien craignant, à cause de sa situation particulière de réveiller l'énergie de ses sujets, et d'affaiblir par là leur obéissance, ne leur permet de prospérer qu'autant que cela est nécessaire pour qu'ils mangent, boivent, paient leurs taxes et aient en réserve quelques florins en cas de guerre. — On ne pense pas à amasser, ou plutôt on présume que cela serait dangereux. — N'est-il pas curieux de voir l'Empereur donner son consentement à la fameuse banqueroute nationale, parce son ministre Wallis lui représentait que l'extrême abondance de numéraire donnait à ses sujets de l'énergie et un caractère entreprenant qui pourraient exposer son autorité. D'un autre côté, si le fermier n'est pas en état de payer ses impôts, ce qui est maintenant le cas de plusieurs milliers d'entre eux, on lui accorde non-seulement un délai, mais une diminution, et il est très-rare de le voir exproprier par le fisc.

Les paysans de la Bohême jouissent d'une certaine liberté : ils n'appartiennent point à leurs seigneurs, comme en Hongrie ; ils peuvent se marier et vendre leurs propriétés, mais ils ne peuvent pas acheter une seigneurie comme un domaine. Ils paient un impôt deux fois aussi fort que celui de leurs seigneurs sur un nombre égal d'acres de terre ; ils paient en outre des dîmes à ces derniers, ainsi qu'aux ministres du culte, et sont astreints à des corvées, eux et leurs familles, ainsi que leur bétail et leurs chevaux, s'ils possèdent un attelage. Tous ces objets sont réglés par le tribunal suprême, agraire et aulique, sous la surintendance du comité des États du royaume, et ce tribunal délègue, pour l'administration et l'exécution, un directeur des subalternes, un contrôleur, un secrétaire, des greffiers et des bedeaux. Le directeur soudoie ces employés, qui, quoique sous la dépendance du possesseur du domaine, n'en sont pas moins responsables envers le gouvernement. Le directeur reçoit les impôts et en verse le produit à la caisse du chef-lieu du cercle. C'est lui qui fait exécuter les lois sur la conscription, qui est chargé des ponts-et-chaussées, d'alimenter l'armée et de diriger les mesures publiques concernant la classe des paysans ; c'est lui enfin qui constitue l'autorité immédiate à laquelle ces derniers doivent s'adresser. Dans le cas où il abuserait de son pouvoir, le paysan a recours à une seconde autorité, soit au capitaine du cercle, qui réside au chef-lieu, et dont le rang équivaut à celui de conseiller du gouvernement ou de colonel ; il a sous ses ordres quatre commissaires et un certain nombre de greffiers.

Le troisième tribunal où il peut encore appeler est le gouvernement du royaume, qui est présidé par le suprême burgrave, lequel a sous lui un vice-président et trente conseillers. Enfin, le paysan a accès à la chancellerie aulique, présidée par le ministre de l'intérieur, et, en dernier ressort, au conseil d'État, présidé par l'Empereur lui-même ou par le prince de Metternich en qualité de vice-président.

La justice s'administre à peu près dans les mêmes formes. Chaque grand domaine a un justicier, qu'on choisit parmi les avocats, et qui dépend également du propriétaire du domaine en proportion du salaire qu'il reçoit. Il est assisté d'un secrétaire et de plusieurs greffiers, et décide en première instance. Si les parties intéressées ne sont pas satisfaites, elles peuvent recourir à un second tribunal, appelé la cour d'appel, qui siége dans la capitale du royaume, et se compose d'un président, d'un vice-président et de vingt-cinq conseillers. Si cette cour confirme la sentence du premier tribunal, aucun autre appel n'est admis ; si elle ne la confirme pas, les parties peuvent porter leur cause devant le suprême tribunal aulique de justice à Vienne, à la tête duquel se trouve placé le ministre de la justice. C'est ainsi que le gouvernement a pris soin de protéger les paysans contre l'oppression des seigneurs et des directeurs, et que les capitaines des cercles ou districts dont dépendent les domaines du seigneur et les terres du paysan présentent une force assez puissante pour réprimer les usurpations que la noblesse, aidée des directeurs, pourrait tenter sur ses vassaux. Malgré cela, le nombre des supérieurs étant si considérable et le pauvre paysan devant obéir à tous, ses priviléges, tels qu'ils lui furent concédés par Joseph II, ne valent guère mieux aujourd'hui qu'un véritable esclavage.

Le caractère de ces paysans est tel qu'on doit l'attendre d'un peuple opprimé par une foule de maîtres dont le moindre d'entre eux prétend avoir le droit de faire sentir sa supériorité ; ce caractère a quelque chose de bas, de trompeur et de perfide.

Ce système employé pour la Bohême est en Autriche dans tous les États qui sont sous ses lois, si ce mot peut être employé dans ce cas où les peuples sont en servitude et gouvernés avec dureté au lieu de l'être avec justice et loyauté, comme le voudrait le droit des gens.

Si nous poursuivons nos recherches pour passer à un point important de l'Autriche, le mode d'instruction, — cette mine ordinairement féconde, — que l'Empereur donne à ses sujets, nous trouvons qu'il absorbe tout à son profit et cherche à étouffer la pensée dont il craindrait l'intelligent développement. Le mode d'instruction étant le même par tout l'empire, on sera renseigné complètement par les détails suivants et l'on verra que l'Autriche emploie tous les moyens : Corruption des mœurs, qui amène la dégradation des âmes ; sévices corporels qui amènent les maladies et la faiblesse physique, opposition complète à tout ce qui est propre pour l'agrandissement des idées ; — et que rien n'est négligé par la cour de Vienne à l'effet de faire des hommes abrutis là où la nature a mis des hommes doués des qualités qui font d'ordinaire des héros sur les champs de bataille, des savants dans les Académies, des poètes dans les lettres et les arts !

L'université est gouvernée par un grand recteur dont le titre est purement honorifique, et par quatre directeurs, deux desquels, savoir ceux qui occupent les chaires de philosophie et de théologie, sont pris parmi le clergé ; les uns et les autres ne restent en charge qu'une année. Les directeurs des lycées et des gymnases appartiennent également au clergé. Ils relèvent tous d'un conseiller de gouvernement, à qui ils rendent compte de leur mission. Les écoles élémentaires sont aussi sous la direction suprême d'un membre du clergé qui est aussi responsable vis-à-vis du gouvernement. Toute éducation particulière est interdite. De l'école élémentaire, l'écolier passe à l'école latine, cependant les quatre premières années il suit un cours de latin et de théologie ; les deux années suivantes, il traduit des extraits des auteurs latins, et étudie les éléments de la langue grecque. La religion, les mathématiques, la géographie et l'histoire occupent chacune deux heures par semaine. Chaque gymnase a un préfet, six professeurs et un précepteur de théologie. Il faut six ans pour terminer ses études au gymnase; on entre ensuite à l'Université. La première année est consacrée à la philosophie, la théologie, l'histoire, les mathématiques et le grec; la seconde est destinée aux mêmes exercices, à l'exception des mathématiques, auxquelles on a substitué la physique et l'astronomie; enfin la troisième à l'étude de l'histoire de l'empire germanique. Il n'est permis ni aux professeurs ni aux étudiants d'intervertir l'ordre des études. Ces trois années révolues, l'écolier choisit entre la jurisprudence, la théologie et la médecine. S'il se décide pour les deux premières, il doit continuer ses études pendant quatre ans, et trois ans pour la dernière : de telle sorte qu'un cours complet d'études se prolonge de treize à quatorze ans. Les livres d'étude pour les différentes classes dont je viens de parler, excepté ceux de médecine, sont des compilations faites à Vienne, sous la direction de la commission aulique, chargée de l'instruction publique, et soumises ensuite aux mutilations que l'Empereur, ou un conseiller de la cour nouvellement élu, jugeront à propos de leur faire subir. Jamais compositions plus stupides, ou extraits plus informes, ne sortirent des presses de l'imprimerie; cependant les professeurs, sous peine de perdre leurs places, sont obligés de les adopter aveuglément.

A Pâques et à la fin d'août, l'écolier est examiné, si on le trouve assez instruit, il est admis au commencement de l'année suivante dans une classe plus élevée; sinon il est renvoyé jusqu'à ce qu'il possède ses leçons par cœur. Un jeune homme qui a parcouru cette longue carrière scolastique peut avoir acquis une connaissance superficielle des choses qu'on lui a apprises; mais en somme il ne sait rien. Il oublie régulièrement dans une classe ce qu'il a étudié dans l'autre, car c'est en vain qu'on tenterait d'assujétir les facultés intellectuelles à des règles fixes. L'écolier, pendant le terme de ses études, est surveillé avec une rigoureuse attention; ses professeurs sont autant d'espions, *ex officio*, et il est obligé de se confesser six fois par an au prêtre qui le dirige dans ses exercices théologiques. Ses habitudes, ses inclinations, ses bonnes et ses mauvaises qualités, tous ses mouvements enfin sont observés et soigneusement consignés dans un livre qui est déposé aux archives du collége, et copie est envoyée à Vienne et au gouvernement central de la province. A mesure qu'il avance dans ses études, la surveillance augmente, on observe plus attentivement quelles sont ses lectures de prédilection et le jugement qu'il porte sur les auteurs classiques. On a soin surtout de connaître ce qu'il pense de Caton et de Brutus; l'opinion qu'il manifeste sur ces hommes célèbres n'est pas la partie la moins intéressante ni la moins négligée de son article. S'il embrasse la jurisprudence l'examen devient encore plus sévère; et ses principes sur les droits naturels de l'homme et du souverain sont attaqués sous milles formes et sous mille prétextes.

Quand l'éducation d'un étudiant est achevée, soit qu'il ait embrassé la carrière des lois ou la théologie, il se trouve entièrement dans la dépendance du gouvernement; sa vie passée sert de guide à ceux qui doivent le pousser. A-t-il donné la moindre tendance à des idées libérales? il peut compter, que plus ses talents sont élevés, moins il sera jugé capable de servir l'Empereur, ou de recevoir une patente d'avocat. S'il s'adresse au gouvernement de sa province pour obtenir un emploi médiocre, ses supérieurs le surveilleront sans cesse, et s'il a le malheur de tenir un propos indiscret, il suffira pour entraver son avancement ou même pour lui faire perdre son emploi : car il ne peut espérer aucune indulgence de ses chefs, attendu qu'elle serait considérée comme une adhésion qui entraînerait également leur chute.

Il y a dans chaque département, parmi les conseillers et les assesseurs, au moins deux espions qui correspondent régulièrement avec le chef de la police suprême à Vienne, ou avec l'Empereur lui-même. Deux mois avant mon arrivée à Prague, un des conseillers du gouvernement, de la classe la plus distinguée, exprima son opinion dans une des séances du tribunal présidé par le chef du royaume, le suprême burgrave, au sujet d'une discussion sur les droits des produits importés. Il saisit cette occasion pour s'étendre d'une manière claire et concise sur toutes les conséquences du système actuel, concluant par dire qu'il n'était point en harmonie avec l'état des manufactures. A l'époque où cette discussion eut lieu, il venait d'être proposé par le département suprême des finances pour en faire partie en qualité de conseiller aulique. Il était accepté par le conseil d'État, il ne manquait plus que la signature de l'Empereur pour sanctionner sa nomination. Quel fut son étonnement lorsque, huit jours après, il apprit que la place avait été donnée au plus jeune conseiller, et que le brevet de ce dernier, signé par l'Empereur, était accompagné d'une note de sa main, conçue en ces termes : « Qu'un homme qui avait plus d'é-« gards pour l'esprit du temps que pour la volonté expresse de son souve-« rain devait faire un mauvais conseiller de cour; qu'il ne fallait à Sa « Majesté que des sujets dévoués et non des raisonneurs! » On ne trouverait pas un conseiller du département de la justice qui osât demander à un conseiller des finances quelles sont les mesures adoptées dans son département, quoiqu'il puisse être appelé à devenir son collègue d'un instant à l'autre : sa demande serait taxée d'indiscrétion dangereuse au bien du service. Quand le comte O'Donnel, ministre des finances, mourut, l'Empereur, qui se trouvait alors à Prague, jeta les yeux, pour le remplacer, sur le comte Wallis, chef de l'administration du gouvernement de Bohême. Il le fit appeler et lui dit : « Je veux récompenser vos fidèles services; « O'Donnel est mort, je vous ai désigné pour lui succéder. — Je supplie « Votre Majesté, répliqua le comte, de considérer que je ne me suis jamais « occupé de finances; et que je suis dans la plus profonde ignorance sur « cette matière. — C'est justement ce qu'il me faut, reprit l'empereur; je « veux que chacun se mêle de ce qui le regarde. Vous apprendrez votre « métier; et je ne doute pas que vous ne soyez ministre aussi fidèle, que « vous avez été fidèle burgrave. »

La conséquence fut telle qu'on devait l'attendre, savoir, une banque-route qui, dans l'histoire des finances tient un rang aussi honteux que celui de la défaite d'Ulm, résultat de l'application d'un principe à peu près semblable, tient dans les fastes militaires. C'est par de pareils exem-ples que s'expliquent l'ignorance, l'esprit de servitude et l'exiguité de conception qui se font si péniblement remarquer parmi les officiers ci-vils et militaires. Sur mille conseillers, assesseurs et secrétaires qui ont parcouru toute la carrière des études, on n'en trouverait pas cinquante qui soient en état de raisonner sur la situation des finances de l'empire. Malgré cela, en se tenant strictement dans leurs sphères respectives, ils deviennent tous conseillers de Cour, conseillers d'Etat, et directeurs de la maison impériale. Sur mille capitaines, excepté ceux qui appartiennent à l'artillerie et au génie, il n'y en a pas la vingtième partie qui connais-sent la tactique militaire; ils n'en deviennent pas moins, par rang d'an-cienneté, colonels, généraux et feld-maréchaux; mais ce n'est ni à leurs talents, ni à leur vaillance qu'ils doivent cet avancement. Tandis qu'on voit les royaumes pauvres de Saxe et de Prusse prospérer, payer leurs dettes, et consolider leur crédit; leurs armées, quoique inférieures en nombre, en discipline et en souvenirs glorieux, en état de soutenir une guerre avec succès, l'empire d'Autriche avec ses immenses ressources, s'appauvrit journellement davantage par l'ignorance de ceux qui adminis-trent ses finances. Si la cour recommençait la guerre, on verrait encore ce que l'on a déjà vu, ses armées battues et capturées comme des trou-peaux d'animaux, par suite de la profonde imbécillité de ceux qui les commandent.

L'Europe n'a pas lieu de s'étonner des efforts que font les populations, que des triomphes sanglants ont jadis mis sous la fameuse couronne de fer de la maison Autrichienne, pour échapper à un pareil joug, et quoi qu'en disent certaines gens, la guerre de l'indépendance sera toujours à la gloire de la puissance qui osera l'entreprendre et venir en aide à des nations auxquelles on confisque, par la force et la brutalité, leur bien le plus cher, leur nationalité ?... M. Cousin, en s'exprimant ainsi à la chambre des pairs, sous le dernier gouvernement, éclairait, par son savoir profond en politique, les esprits qui restaient par entêtement ou par parti pris dans les ténèbres :

« ... Depuis quelque temps, M. de Metternich rencontre un adversaire auquel il n'a pas toujours pensé, un adversaire qu'il s'efforce, j'en conviens, d'éluder et de conjurer autant qu'il peut, mais devant lequel il faudra bien qu'il cède ou qu'il succombe : cet adversaire, messieurs, c'est la nature des choses.

« C'est l'existence d'une puissance autrichienne en Italie, condamnée pour se défendre à tout comprimer autour d'elle, en sorte qu'il faut qu'elle périsse ou que l'Italie demeure immobile. Il n'est pas de prudence, il n'est pas d'habileté, il n'est pas de courage qui puisse longtemps tenir dans cette position fatale.

« Ou bien il faut prétendre que l'Italie ne doit pas, même dans un avenir lointain, songer à l'indépendance, ou bien il faut reconnaître qu'elle est forcée de tenter quelque chose de grand sans l'assentiment, ou si l'on aime mieux sans le concours de l'Autriche ; car il est extrêmement douteux que l'Autriche se propose de concourir à l'indépendance de l'Italie.

« Ce n'est pas moi qui l'ai faite, c'est l'histoire qui l'a proclamée, c'est Dieu qui l'a instituée cette loi inexorable qui à l'iniquité rattache les conséquences qui lui ressemblent. Oui, l'iniquité sème et recueille l'iniquité ; les siècles la gardent quelque temps dans leur sein, mais elle en sort tôt ou tard avec violence, et les conquêtes engendrent les révolutions. Le jour où l'Autriche a mis la main sur le Milanais, ce jour-là elle a attaché elle-même à son flanc un vautour impitoyable qui la tourmente et qui la ronge, qui lui fait une douleur et une anxiété continuelles de toutes les joies, de toutes les espérances de l'Italie.

« Mais sans fermer la porte à l'espérance, je veux écarter dans le temps présent et rejeter dans l'avenir les vœux les plus légitimes de l'Italie ; je détourne les yeux de la question de l'indépendance pour me renfermer dans la question présente et vivante, celle de *la liberté des États Italiens.*

Montmartre. - Typ. PILLOY. boulevart Pigalle, 56.

LIVRE TREIZIÈME

Fin du discours de M. Cousin. — La madone qui pleure. — Traité de Campo Formio. Bataille de Solferino.

§ I

« Eh bien ! même là, telle est la question déplorable de l'Autriche en Italie, qu'elle ne peut se prêter à rien de grand, rien de sérieux. Il est vrai que les petites réformes, l'Autriche les accueille, car elles peuvent calmer, jusqu'à un certain point, les populations et favoriser le *statu quo* en Italie ; mais quand ces petites en font naître de plus grandes, quand les plus grandes en engendrent de plus grandes encore, quand enfin elles menacent d'aboutir aux résultats les plus légitimes, mais enfin à des résultats considérables, dès lors l'Autriche s'inquiète, et, loin d'y concourir, elle répugne, elle résiste même aux réformes les plus nécessaires quand elles se présentent avec un caractère décidé et sur une échelle un peu grande...

« Cet adversaire que rencontrait Metternich, l'Autriche le retrouvera toujours...

« Il se dressera au sein de son palais quelle que soit l'instruction incomplète qu'elle fait donner à son peuple, dût-il porter une blessure au flanc d'où s'échapperait son sang généreux, dût-il venir avec sa tête dans la main.

« *Cet adversaire, c'est l'Italie !* »

§ II

Après ces détails très-authentiques, on comprendra mieux ce que nous allons raconter et combien les esprits tenus en laisse par l'Autriche étaient disposés à tout croire, même les choses les moins croyables !

Les troupes françaises occupaient Vérone.

Le général Blondeau, qui commandait la division, avait traité les habitants avec les plus grands égards.

Se conformant aux ordres du général en chef, Bonaparte, il avait respecté les usages établis, et les soldats au lieu d'entrer en vainqueurs sur un sol conquis, agissaient partout comme des libérateurs.

Cependant, chaque nuit des cadavres étaient trouvés étendus dans les rues de la ville et dans les campagnes environnantes.

Quelles étaient les mains cachées dans l'ombre, qui accomplissaient ces crimes et versaient par le poignard, le sang généreux qui avait été répandu pour l'indépendance de l'Italie?

Étaient-ce des fanatiques vendus à l'Autriche?

Étaient-ce des bandits vomis par les repaires si communs alors dans la Péninsule, et qui tuaient pour tuer?

Le général, par un ordre du jour, enjoignit à ses troupes de ne sortir qu'armées et d'éviter surtout de s'éloigner du quartier général.

Mais ces mesures n'amenaient aucun résultat et les massacres continuaient toujours.

Dans un petit village situé à quelques kilomètres de Vérone, il y avait une madone qui faisait des miracles.

Depuis longtemps la Vierge était dans sa niche de pierre, et les fidèles venaient en procession pour l'adorer.

A une certaine époque de l'année, la madone versait des larmes ; on la voyait pleurer!

Touchée par la grâce céleste cette Vierge-image, chérie des Véronais, versait des pleurs comme une simple mortelle, et les fidèles assez heureux pour recueillir cette eau bénie, voyait les bienfaits se répandre sur leurs maisons.

Des aveugles avaient recouvré la vue, disait-on, par cette eau miraculeuse ;

Des boiteux avaient jeté leurs béquilles et s'étaient mis à marcher ;

Des enfants condamnés étaient revenus à la vie, quand leurs mères les avaient présentés à la mère divine!

Aussi la madone était-elle idolâtrée.

Une fois un soldat avait frappé l'idole, pensant qu'elle renfermait des trésors, et depuis ce jour, les assassinats avaient commencé.

Le soldat avait eu tort, mais la vengeance était bien cruelle, puisqu'on l'exerçait sur des innocents.

Par une surveillance active, le général Blondeau découvrit que les bandes qui descendaient des montagnes, et venaient en pèlerinage étaient les auteurs des crimes commis particulièrement sur les troupes françaises.

Il fallait empêcher ces insensés de quitter leurs habitations et pour cela la prudence commandait de détruire le prétexte qui les autorisaient à descendre vers la ville.

Le général résolut de faire abattre la madone.

C'était une mesure indispensable à prendre, mais grave en elle-même et difficile à exécuter.

Un matin les divers régiments furent dirigés vers le village où se trouvait la statue sainte.

On les fit ranger en cercle à l'effet de ne laisser pénétrer personne et des sapeurs abattirent avec leur hache la madone vénérée.

Ce fut un cri d'indignation dans toutes les bouches.

Les femmes se tordaient les bras en signe de désespoir.

Il n'y avait pas un habitant qui ne crût à un sacrilège et, si l'aspect des régiments n'avait pas contenu la colère des Italiens, nul doute qu'il ne serait arrivé de grands malheurs. Quand la madone eut cédé aux coups de hache, quand les morceaux tombèrent épars sur le sol, on découvrit un cep de vigne dont les rameaux passaient à l'endroit des yeux et le miracle s'expliqua; lorsque la vigne était en pleurs, c'étaient ces larmes que les Véronais venaient recueillir et que dans leur simplicité naïve, ils attribuaient à la madone !

Voilà quels étaient les moyens employés par l'Autriche pour contenir les populations sous son pouvoir : le fanatisme religieux.

Que faire d'un peuple qui se laisse tromper à ce point ?

L'éclairer et alors le rendre libre.

Le laisser persister dans ces erreurs et alors le rendre esclave !

A partir du moment où la madone fut détruite, les pèlerinages furent interrompus, et avec les pèlerinages cessèrent les coups de stylet.

Les populations comprirent qu'elles avaient été dupes de leur naïveté et leur colère se tourna vers les Tudesques.

Combien d'erreurs semblables ne devions-nous pas détruire pendant notre séjour en Italie !

§ III

Malheureusement notre séjour fut de trop courte durée pendant la première campagne, et les abus politiques et religieux étaient trop enracinés pour être renversés, surtout après le départ de Bonaparte.

L'Autriche travaillait sourdement, et son influence était tellement grande qu'elle entraînait le lendemain dans ses vues étroites les âmes que nous avions délivrées la veille du joug de leurs oppresseurs.

Le traité de Campo-Formio qui aurait dû mettre fin à tout jamais à la guerre, et que Bonaparte avait signé à Friout, le 17 octobre 1797, — 26 vendemiaire an VI, — n'arracha pas du cœur de la cour de Vienne ses folles espérances, et cependant ce traité que nous retranscrivons ici était établi sur des bases qui paraissaient devoir être solides.

Mais il y a des nations incorrigibles comme des hommes !

TRAITÉ DE CAMPO-FORMIO.

« La paix régnera à perpétuité sur terre et sur mer entre les puissances contractantes.

« L'Autriche abandonne à la France les provinces de la Belgique.

. . . .

« La France aura en toute propriété les îles du Levant, leurs dépendances, et en général tous les établissements que Venise avait en Albanie.

« L'Autriche aura aux mêmes titres, l'Istrie, la Dalmatie, les îles de l'Adriatique, les bouches du Cattaro, la ville de Venise, les lagunes, les pays compris entre les Etats autrichiens. »

Qui pouvait croire alors que nous serions forcés en 1800, de recourir aux armes, et que la faim de nos soldats, restés sur les territoires qui nous appartenaient, était telle au dire du général Thiébault, qu'ils dévoraient les herbes et les racines qu'ils pouvaient rencontrer : c'est ainsi qu'une compagnie entière du 24ᵉ de ligne s'empoisonna en mangeant de la ciguë.

Les routes étaient couvertes de cadavres et de mourants, et les infortunés qui parvenaient à se traîner jusqu'à l'hôpital, y étaient sans paille pour se coucher, sans aliments, sans secours d'aucune espèce. Etendus sur des pavés de marbre à côté des cadavres de leurs camarades, qu'on laissait souvent un jour ou deux sans sépulture, ils y trouvaient bientôt une mort prompte, plus certaine et plus terrible encore que dans les hameaux malsains sur les routes qu'ils venaient de quitter.

Etait-ce ainsi que la paix devait régner à *perpétuité* sur terre et sur mer entre les puissances contractantes ?

L'Autriche avait-elle oublié ce qu'elle avait signé ?

Et hier encore, n'avons-nous pas traversé le Mincio pour arracher à cette puissance les territoires qu'elle a envahis ?

Ce bulletin ne devrait-il pas arrêter la cour de Vienne dans la fausse route qu'elle se fait ?

Une grande bataille suivie d'une éclatante victoire vient d'être remportée sur les Autrichiens par l'armée franco-sarde.

Les Autrichiens, commandés par l'Empereur François-Joseph, ayant sous ses ordres le maréchal Hess et le général Schlick, ont repassé le Mincio et ouvert, dès le commencement du jour, l'attaque contre les lignes de l'armée alliée. La lutte, acharnée de part et d'autre, a durée seize heures, depuis quatre heures du matin jusqu'à huit heures du soir.

On sait que les Autrichiens s'étaient retirés derrière le Mincio. Le Mincio est une rivière qui vient du lac de Garde à Peschiera, et qui va se jeter dans le Pô en passant par Mantoue. De Peschiera à Mantoue, elle suit un parcours d'environ 36 kilomètres.

L'armée française occupait la rive gauche, à environ huit kilomètres de la rivière.

Le jeudi 23, l'armée ennemie a commencé à franchir cette rivière, faisant occuper par leur aile droite les villages de Pozzolengo, Solferino et Cavriana.

Le 24, dès la pointe du jour, l'aile gauche de l'armée autrichienne s'est avancée jusqu'à Guidizzolo et Castelgoffreddo.

Les forces alliées se sont repliées vers la Chiese, puis elles sont revenues, et l'engagement est devenu général. La ligne de bataille avait cinq lieues d'étendue, depuis Lonato jusqu'à la hauteur de Goïto. Le centre de la bataille était Cavriana et Solferino.

Toute l'armée autrichienne a donné. Elle a été culbutée. Partout, nos armées ont été victorieuses ; elles ont forcé l'ennemi à repasser le Mincio, laissant entre nos mains 7,000 prisonniers, 30 canons et 3 drapeaux. Les pertes de l'ennemi sont considérables. Les nôtres sont bien inférieures. On n'en connaît pas encore le chiffre exact.

Quand aux positions enlevées, elles étaient d'une nature redoutable, et les obstacles qu'elles nous offraient étaient bien moins sérieux que ceux que nous aurons à vaincre pour franchir le Mincio et pénétrer dans le quadrilatère. Des collines abruptes, des redoutes habilement construites et défendues par une nombreuse artillerie, tout concourait à rendre l'assiette de l'armée autrichienne extrêmement forte. On peut dire sans forfanterie qu'entre la Chiese et le Mincio, les ressources de l'art, propres à aider la nature du sol, avaient été prodiguées, de sorte que les positions de Pozzolengo, de Solferino, de Cavriana et de Castelgoffredo étaient et pouvaient être considérées à juste titre, comme autant d'anneaux d'une chaîne indestructible qu'il nous serait impossible de briser. Et, en effet, l'ennemi, dit-on, fondait de plus sérieuses espérances sur cette ligne de bataille que sur les contreforts de la rive gauche du Mincio.

L'armée alliée a donc rempli et au-delà l'attente de l'Empereur, en refoulant les troupes Autrichiennes dans le quadrilatère. Sous peu de jours nous pourrons les y rejoindre et les y battre de nouveau en détail.

La journée du 24 juin est une glorieuse date que la France inscrira avec orgueil dans ses fastes militaires.

Voici des détails circonstanciés et écrits par un témoin oculaire :

Cavriana, 26 juin 8 heures du matin.

Je profite de quelques instants, en attendant l'ordre de marcher vers le Mincio, pour vous donner quelques détails sur la grande bataille du 24.

Depuis le 22, 150,000 Autrichiens étaient en position sur la rive droite du Mincio, en avant de leurs forteresses de Peschiera et de Mantoue, ayant leur droite vers Esenlo, leur gauche à Castelgoffredo, sur un développement de trois à quatre lieues. L'empereur François-Joseph avait son quartier impérial à Cavriana.

Cette ligne immense, jusqu'à la route de Castiglione à Mantoue, est une série de hauteurs escarpées; coupées, ravinées, constituant un système de défense formidable, le centre surtout. Solferino est un village fortifié, avec tour, et dans un position inabordable pour des troupes autres que les nôtres.

Dès le 23, le 1er corps français, quittant Montechiari, avait pris position entre Castiglione et Esenlo. Le 24, dès quatre heures du matin, le corps d'armée de la garde se portait de Montechiari à Castiglione. Vers cinq heures, la canonnade nous annonça que le 1er et 2e corps, qui se trouvaient sur notre gauche, étaient engagés avec l'ennemi.

De ce moment jusqu'à la nuit clause, le canon et une vive fusillade n'ont cessé de se faire entendre sur toute la ligne.

Les Piémontais, commandés par le roi en personne, marchaient de Lonato vers Peschiera, et dès qu'ils entendirent le canon ils prirent position sur la droite de la ligne ennemie, en avant d'Esenlo. Vers six heures du matin, notre Empereur, connaissant la position des Piémontais, et voyant la division des voltigeurs de la garde prête à entrer en ligne, ordonna de hâter la marche de l'artillerie et de la cavalerie, et donna immédiatement aux deux premiers corps et aux voltigeurs de la garde l'ordre d'attaquer de front la position.

Ces hauteurs redoutables, monsieur, n'étaient autre chose qu'un vaste camp de manœuvres et d'instruction, que les Autrichiens sont habitués à attaquer et à défendre deux fois par an. Aussi que d'obstacles contre lesquels se seraient brisés les efforts d'une armée moins vaillante, car nous étions inférieurs en nombre, et nous attaquions dans ces conditions 150,000 hommes, ayant 50,000 hommes en réserve! Mais notre Empereur commandait. Qu'il était beau de courage et d'audace! que de fois nos cœurs ont battu d'admiration et de crainte en le voyant toujours calme et noble au plus fort de la bataille!

En un instant les têtes de colonnes des deux premiers corps de la garde déposent instinctivement leurs sacs à terre, pour courir plus vite à l'ennemi. Les positions sont abordées avec un élan admirable. Les balles, la mitraille éclaircissent nos rangs, qui se referment et courent avec une nouvelle ardeur.

De six heures du matin à midi, le champ de bataille est sur la même ligne; les pentes, les crêtes se disputent pied à pied. C'est que les Autrichiens combattent aussi sous les yeux de leur Empereur, et que, dans leur jactance insensée, les généraux de François-Joseph lui ont promis de nous vaincre et de le conduire à Milan, sa chère ville à jamais perdue. Le centre de la ligne, surtout Solferino, est en vue de Cavriana, quartier général autrichien; mais l'artillerie de la garde est arrivée; son feu, habilement dirigé, seconde nos efforts. Le général Manèque, qui a si bravement conduit la première brigade de voltigeurs, la lance sur ces formidables retranchements. Vous auriez vu toutes les pentes de notre côté jalonnées par nos camarades qui tombaient : mais enfin le champ de bataille est à nous.

Une masse grise d'Autrichiens bat lentement en retraite sous le feu de notre artillerie. Trois fois, leurs courageux officiers, jaloux de montrer leur dévouement a leur Empereur qui les voit, s'arrêtent, font faire méthodiquement demi-tour aux masses grises, et tentent de reprendre leurs positions.

Vains efforts. Elles sont occupées par le 1er et le 2e régiments de voltigeurs de la garde. Les autres crêtes sont au bataillon de chasseurs de la garde qui a sa large part des périls et de la gloire de cette journée; elles sont au 1er régiment des zouaves, aux 17e bataillon des chasseurs, 74e et 84e de ligne (la brave brigade de Montebello); elles sont aux 65e, 70e et 72e. Enfin, elles sont à nous, ces terribles crêtes.

L'empereur François-Joseph fuit et va s'abriter dans ses places fortes, et à six heures du soir le palais de Cavriana, où à deux heures encore il était installé, se transformait par le sort des armes en quartier impérial français.

Nous apprenons avec bonheur, ce matin, que notre brave général Manèque est nommé général de division.

P. S. Notre brigade a pris 13 canons, 1 drapeau, et a fait un nombre considérable de prisonniers.

Pendant ce temps-là, l'aile gauche de l'ennemi, refoulée dans la plaine vers Mantoue, a été attaquée par notre cavalerie, par les chasseurs d'Afrique et par le corps du maréchal Canrobert, qui ont tué et pris beaucoup d'Autrichiens; ils se sont aussi emparés de plusieurs pièces d'artillerie. La retraite de l'aile droite sur Peschiera a également été rendue très-difficile, et les Piémontais ont fait beaucoup de mal à l'ennemi. L'armée française est glorieuse, pleine d'ardeur, de gaîté et de confiance.

25 juin.

Je vous écris à la hâte ces quelques lignes sur le champ de bataille même où nous avons bivouaqué :

Vous l'avez sans doute déjà appris, la bataille a duré quatorze heures. Il a fallu disputer le terrain pied à pied.

Jamais les Autrichiens n'ont montré autant d'acharnement ; on a dû enlever successivement des hauteurs couronnées, des villages et des forts.

La garde a été magnifique. La cavalerie de la garde a poussé des charges terribles. Mon bataillon a été sur pied depuis le commencement jusqu'à la fin de l'action, tantôt avec la cavalerie, tantôt avec l'artillerie. Dieu m'a protégé encore une fois d'une façon trop évidente pour que je ne sois pas plein de reconnaissance envers lui. Ici, c'est un boulet qui, passant près de moi, effleure le pied d'un chasseur et tue un cheval de l'artillerie ; un instant après, c'est une boîte de mitraille, qui lance des projectiles à ma droite, à ma gauche, par dessus ma tête, et me laisse sain et sauf.

Enfin, nous terminons par un coup de collier : la compagnie est lancée à la charge sur la cavalerie ennemie, à laquelle nous faisons beaucoup de mal. Là encore, mes amis, il pleut du feu, du plomb ; le canon, la fusillade, tout le tremblement, et je n'ai pas une égratignure ; j'ai pourtant fait de mon mieux.

Notre immortel Empereur est resté à cheval sur tous les champs de bataille depuis quatre heures du matin jusqu'à neuf heures du soir. Quel homme, grand Dieu ! Il peut être assuré du dévoûment et de l'admiration de son armée. Notre artillerie a été d'une habileté prodigieuse ; à elle revient une grande part du succès ; ses effets ont été effrayants.

Nous sommes prêts à partir. Peut-être n'aurons-nous rien aujourd'hui, comme peut-être serons-nous obligés de livrer une bataille avant de passer le Mincio.

Cette bataille prend le nom de Solferino.

Montmartre. - Typ. PILLOY, boulevart Pigalle, 50.

Entrée à Milan.

LIVRE QUATORZIÈME

§ I

Le Directoire était sorti des affaires par la porte de l'oubli.

Le sous-lieutenant de Toulon avait secoué le sable des déserts de l'E-
gypte et était venu s'asseoir dans le fauteuil de premier consul, que la nation lui avait offert.

Les affaires d'Italie allaient en déclinant.

Chaque jour nous perdions de notre influence et l'Autriche reprenait
la sienne sur les populations qu'elle disciplinait par la menace et l'exac-
tion.

Le soldat d'Arcole et de Rivoli sentait le sang lui monter au front à
chaque nouvelle qui lui arrivait de cette troupe qu'il avait commandée et
qui sous ses ordres avait accompli des hauts-faits dignes des temps anti-
ques.

Cédant à l'indignation et au regret de voir tous ses efforts aboutir à des
résultats fâcheux, l'ancien chef adressa à ses anciens frères d'armes la
proclamation suivante, où les ressorts du cœur humain sont touchés avec
cette science dont Bonaparte possédait l'art au suprême degré :

« Soldats,

« Les circonstances qui me retiennent à la tête du gouvernement, m'em-
pêchent de me trouver au milieu de vous.

« Vos besoins sont grands, toutes les mesures sont prises pour y pourvoir.

« Les premières qualités des soldats sont la constance et la discipline;
la valeur n'est que la seconde.

« Soldats ! sont-ils donc tous morts les braves de Castiglione, de Rivoli,
de Newmark ? Ils eussent péri plutôt que de quitter leurs drapeaux.....

« Soldats !...

« Qu'eussiez-vous fait si, comme les quatrième et vingt-deuxième légè-
res, les dix-huitième et trente-deuxième de ligne, vous vous fussiez trouvés au milieu du désert, sans pain ni eau, mangeant du cheval et du
mulet?

« La victoire nous donnera du pain, disaient-elles.....

« Soldats d'Italie ! un nouveau général vous commande ; il fut toujours à l'avant-garde dans les plus beaux jours de votre gloire.

— C'était Masséna !

« Je me ferai rendre un compte journalier de la conduite de tous les corps, et spécialement de la dix-septième légère et de la soixante-troisième de ligne.

« Elles se ressouviendront de la confiance que j'avais en elles. »

Cette proclamation venue de Paris, produisit le plus grand effet et ranima l'ardeur de nos troupes.

Les Autrichiens qui n'avaient pas souffert, dont les distributions faites avec régularité avaient entretenu l'armée sur un pied de guerre excellent, se crurent cette fois assurés de la victoire, et tentèrent de nouveau le sort des armes avec un effectif plus fort que le nôtre de *quatre-vingt cinq mille hommes.*

Masséna qui commandait en chef ne se laissa effrayer ni par le nombre, ni par l'état sanitaire et moral des ennemis, et les combats recommencèrent avec la même fureur et le même acharnement dans les Appenins et sur la rivière de Gênes.

En présence des événements qui s'accomplissent de nos jours il importe, avant de raconter les succès de la campagne d'Italie, de rappeler succinctement et surtout au point de vue de la stratégie militaire tout ce qui avait été tenté et accompli par nos soldats qui, sourds aux lâches alarmes, marchaient du même pas à la gloire, comme l'a si bien chanté notre poète national Béranger.

Dans ce livre, nous avons eu surtout pour mission, mission volontaire il est vrai, de rassembler des matériaux suffisants pour rédiger l'histoire complète de la domination exercée sur l'Italie par l'Autriche depuis le treizième siècle jusqu'à la lutte actuellement engagée.

Nous ne nous sommes pas écartés de notre ligne. La politique n'a rien à nous dicter, les partis n'ont pas un mot à dire dans cette publication toute française, toute nationale.

Là où sont le courage, la grandeur, la raison, la justice nous sommes.

Si le traité de Campo-Formio fut une faute, nous ne le cachons pas.

Si l'Autriche s'est vaillamment battue et se défend encore puissamment, nous ne le dissimulons pas.

Aussi bien nous avons raconté les hauts-faits de la noblesse française, qui a toujours compris son serment et l'a rempli sur les champs de bataille, aussi bien nous relatons les glorieuses luttes de la République.

Où sont-ils les partis ?

Dans un moment de crise où les Larochefoucauld-Doudeauville se battent à côté des zouaves, ces enfants de Paris, les écrivains doivent raconter les hauts-faits des soldats, qu'ils soient nobles ou fils du peuple, et applaudir tous les braves qui versent leur sang pour la cause de l'indépendance, et surtout pour la nationalité de la mère-patrie !

Que la bourgeoisie voie avec peine ce qui se passe, nous n'avons pas à la juger.

Qu'il y ait encore à l'heure où le canon gronde des esprits qui s'occupent d'affaires et rien que d'affaires, ceci ne nous intéresse pas.

Nous écrivons l'histoire de nos gloires, de nos triomphes, de nos luttes. Qu'est-ce que cela peut faire à la bourgeoisie ?...

A-t-elle jamais rien fait pour l'honneur du pays ? Et la bourse n'a-t-elle pas monté lors de la perte de la bataille de Waterloo ?..

En racontant les marches rapides de nos armées en Italie, nous ne pouvons pas entrer dans de très-grands détails.

Ils ont été si vite, ces soldats nu-pieds, qu'on a peine à les suivre !

Course vagabonde, mais illustre !

Si les Autrichiens n'avaient pas tiré parti de leurs fausses victoires, de leur supériorité numérique, de l'avantage de leur position, la France marchait toujours... rien ne l'arrêtait, ni la faim, ni le fer, ni le feu.

Aussi les Autrichiens perdirent-ils les moments les plus précieux et l'occasion la plus favorable de réussir et de faire valoir leurs doctrines subversives.

La guerre que l'on faisait alors, n'était pas plus que celle que l'on fait aujourd'hui, la guerre de souverain à souverain ; dans laquelle on se dispute seulement un arrondissement ou une démarcation de frontière et où les peuples sont étrangers aux résultats ; c'était la guerre du progrès contre l'inertie, de la justice contre l'injustice, du vrai contre le faux.

§ II

Pour rendre notre ouvrage tout à fait intéressant à tous les hommes, quelle que soit la classe de la société qu'ils occupent, nous citerons ce qui se passait alors aux mêmes endroits où nos troupes campent aujourd'hui.

Les armées de la République avaient traversé le Mincio.

Les armées de la France, sous Napoléon III, viennent de le traverser, et nous donnons la dépêche de l'Empereur à l'Impératrice :

Valeggio, 1er juillet, 2 h. 30 m.

Toute l'armée a passé le Mincio.

Les Sardes font l'investissement de Peschiera ; les renforts que j'ai reçus et l'arrivée des 35,000 hommes que m'amène le prince Napoléon, m'ont permis de m'approcher de Vérone sans rien compromettre, puisque j'ai laissé un corps d'armée à Goïto pour observer Mantoue et que j'en rassemble un autre à Brescia pour observer les débouchés du Tyrol.

Un écrivain distingué a dit : « *Les destins et les flots sont changeants.* » Les flots, — oui.

Les destins, — pas toujours !

Voici le rapport de notre dernière victoire, victoire qui nous a mis aux portes de Vérone et qui nous permet d'observer Mantoue.

Mantoue, que nous assiégions en 1795 et dont nous donnerons après ce récent rapport la topographie militaire.

Quartier-général de Cavriana, 29 juin 1859.

Après la bataille de Magenta et le combat de Melegnano, l'ennemi avait précipité sa retraite sur le Mincio en abandonnant l'une après l'autre les lignes de l'Adda, de l'Oglio et de la Chiese. On devait croire qu'il allait concentrer toute sa résistance derrière le Mincio, et il importait que l'armée alliée occupât le plus tôt possible les points principaux des hauteurs qui s'étendent de Lonato jusqu'à Volta, et qui forment au sud du lac de Garde une agglomération de mamelons escarpés. Les derniers rapports reçus par l'Empereur indiquaient, en effet, que l'ennemi avait abandonné ces hauteurs et s'était retiré derrière le fleuve.

D'après l'ordre général donné par l'Empereur, le 23 juin au soir, l'armée du roi devait se porter sur Pozzolengo ; le maréchal Baraguey d'Hilliers sur Solferino ; le maréchal duc de Magenta sur Cavriana ; le général Niel sur Guidizzolo et le maréchal Canrobert sur Medole. La garde impériale devait se diriger sur Castiglione, et les deux divisions de cavalerie de la ligne devaient se porter dans la plaine entre Solferino et Medole. Il avait été décidé que les mouvements commenceraient à deux heures du matin, afin d'éviter l'excessive chaleur du jour.

Cependant, dans la journée du 23, plusieurs détachements ennemis s'étaient montrés sur différents points, et l'Empereur en avait reçu avis ; mais comme les Autrichiens ont l'habitude de multiplier les reconnaissances, Sa Majesté ne vit dans ces démonstrations qu'un exemple de plus du soin et de l'habileté qu'ils mettent à s'éclairer et à se garder.

Le 24 juin, dès cinq heures du matin, l'Empereur, étant à Montechiaro,
entendit le bruit du canon dans la plaine et se dirigea en toute hâte vers Castiglione, où devait se réunir la garde impériale.

Pendant la nuit, l'armée autrichienne, qui s'était décidée à prendre l'offensive, avait passé le Mincio à Goïto, Valeggio, Monsambano et Peschiera,
et elle occupait de nouveau les positions qu'elle venait tout récemment d'a-
bandonner. C'était le résultat du plan dont l'ennemi avait poursuivi l'exécution depuis Magenta, en se retirant successivement de Plaisance, de Pizzighettone, de Crémone, d'Ancône, de Bologne et de Ferrare ; en évacuant,
en un mot, toutes les positions, pour accumuler ses forces sur le Mincio.

Il avait, en outre, accru son armée de la plus grande partie des troupes
composant les garnisons de Vérone, de Mantoue et de Peschiera ; et c'est
ainsi qu'il avait pu réunir neuf corps d'armée, forts ensemble de 250 à
270,000 hommes, qui s'avançaient vers la Chiese, en couvrant la plaine et
les hauteurs. Cette force immense paraissait s'être partagée en deux armées :
celle de droite, d'après les notes trouvées, après la bataille, sur un officier
autrichien, devait s'emparer de Lonato et de Castiglione ; celle de gauche
devait porter sur Montechiaro. Les Autrichiens croyaient que toute notre
armée n'avait pas encore passé la Chiese, et leur intention était de nous rejeter sur la rive droite de cette rivière.

Les deux armées, en marche l'une contre l'autre, se rencontrèrent donc
inopinément. A peine les maréchaux Baraguey d'Hilliers et de Mac Mahon
avaient-ils dépassé Castiglione, qu'ils se trouvèrent en présence de forces
considérables qui leur disputèrent le terrain. Au même instant, le général
Niel se heurtait contre l'ennemi à la hauteur de Medole. L'armée du roi, en
route pour Pozzolengo, rencontrait de même les Autrichiens en avant de Rivoltella, et, de son côté, le maréchal Canrobert trouvait le village de Castelgoffredo occupé par la cavalerie ennemie.

Tous les corps de l'armée alliée étant alors en marche à une assez grande
distance les uns des autres, l'Empereur se préoccupa tout d'abord de les
relier, afin qu'ils pussent se soutenir mutuellement. A cet effet, Sa Majesté
se porta immédiatement auprès du maréchal duc de Magenta, qui était à
droite dans la plaine et qui s'était déployé perpendiculairement à la route
qui va de Castiglione à Goïto.

Ces dispositions prises, l'Empereur se rendit sur les hauteurs, au centre
de la ligne de bataille, où le maréchal Baraguey d'Hilliers, trop éloigné de
l'armée sarde pour pouvoir se relier avec elle, avait à lutter, dans un terrain
des plus difficiles, contre des troupes qui se renouvelaient sans cesse.

Le maréchal était néanmoins arrivé jusqu'au pied de la colline abrupte au sommet de laquelle est bâti le village de Solferino, que défendaient des forces considérables, retranchées dans un vieux château et dans un grand cimetière, entourés l'un et l'autre de murs épais et crénelés. Le maréchal avait déjà perdu beaucoup de monde, et avait dû payer plus d'une fois de sa personne en portant lui-même en avant les troupes des divisions Bazaine et Ladmirault. Exténuées de fatigue et de chaleur, et exposées à une vive fusillade, ces troupes ne gagnaient du terrain qu'avec beaucoup de difficulté.

En ce moment, l'Empereur donna l'ordre à la division Forey de s'avancer, une brigade du côté de la plaine, l'autre sur la hauteur, contre le village de Solferino, et la fit soutenir par la division Camou, des voltigeurs de la garde. Il fit marcher avec ces troupes l'artillerie de la garde, qui, sous la conduite du général de Sévelinges et le général Le Bœuf, alla prendre position à découvert, à trois cents mètres de l'ennemi. Cette manœuvre décida du succès au centre.

Pendant que la division Forey s'emparait du cimetière et que le général Bazaine lançait ses troupes dans le village, les voltigeurs et les chasseurs de la garde impériale grimpaient jusqu'au pied de la tour qui domine le château et s'en emparaient. Les mamelons des collines qui avoisinent Solferino étaient successivement enlevés, et à trois heures et demie, les Autrichiens évacuaient la position sous le feu de notre artillerie couronnant les crêtes, et laissaient entre nos mains 1,500 prisonniers, 14 canons et 2 drapeaux. La part de la garde impériale dans ce glorieux trophée était de 13 canons et un drapeau.

Pendant cette lutte et au plus fort du feu, quatre colonnes autrichiennes, s'avançant entre l'armée du Roi et le corps du maréchal Baraguey d'Hilliers, avaient cherché à tourner la droite des Piémontais. Six pièces d'artillerie, habilement dirigées par le général Forgeot, avaient ouvert un feu très-vif sur le flanc de ces colonnes et les avaient forcées à rebrousser chemin en désordre.

Tandis que le corps du maréchal Baraguay d'Hilliers soutenait la lutte à Solferino, le corps du duc de Magenta s'était déployé dans la plaine de Guidizzolo, en avant de la ferme Casa Marino, et sa ligne de bataille, coupant la route de Mantoue, dirigeait sa droite vers Medole. A neuf heures du matin, il fut attaqué par une forte colonne autrichienne, précédée d'une nombreuse artillerie qui vint se mettre en batterie à 1,000 ou 1,200 mètres en avant de notre front.

L'artillerie des deux premières divisions du 2e corps, s'avançant immédiatement sur la ligne des tirailleurs, ouvrit un feu très-vif contre le front des Autrichiens, et dans le même instant, les batteries à cheval des divisions Desvaux et Partouneaux se portant rapidement sur la droite, prirent d'écharpe les canons ennemis, qui furent ainsi réduits au silence, et bientôt forcés à se reporter en arrière. Immédiatement après, les divisions Desvaux et Partouneaux chargèrent les Autrichiens et leur firent 600 prisonniers.

Cependant une colonne de deux régiments de cavalerie autrichienne avait cherché à tourner la gauche du 2ᵉ corps, et le duc de Magenta avait dirigé contre elle six escadrons de chasseurs. Trois charges heureuses de notre cavalerie repoussèrent celle de l'ennemi, qui laissa dans nos mains bon nombre d'hommes et de chevaux.

A deux heures et demie, le duc de Magenta prit l'offensive à son tour, et donna au général de la Motterouge l'ordre de se porter sur sa gauche, du côté de Solferino pour enlever San Cassiano et les autres positions occupées par l'ennemi.

Le village fut tourné de deux côtés et emporté avec une vigueur irrésistible par les tirailleurs algériens et par le 45ᵉ. Les tirailleurs furent lancés aussitôt après sur le contre-fort principal qui relie Cavriana à San Cassiano, et qui était défendu par des forces considérables. Un premier mamelon, couronné par une espèce de redoute, tomba rapidement au pouvoir des tirailleurs; mais l'ennemi, par un vigoureux retour offensif, parvint à les en déloger. Ils s'en emparèrent de nouveau avec l'aide du 45ᵉ et du 72ᵉ, et en furent repoussés une fois encore. Pour soutenir cette attaque, le général de la Motterouge dut faire marcher sa brigade de réserve, et le duc de Magenta fit avancer son corps tout entier.

En même temps, l'Empereur donnait l'ordre à la brigade Manèque, des voltigeurs de la garde appuyée par les grenadiers du général Mellinet, de se porter de Solferino contre Cavriana.

L'ennemi ne put résister plus longtemps à cette double attaque soutenue par le feu de l'artillerie de la garde, et, vers cinq heures du soir, les voltigeurs et les tirailleurs algériens entraient en même temps dans le village de Cavriana.

En ce moment, une effroyable tempête, qui éclata sur les deux armées, obscurcit le ciel et suspendit la lutte ; mais dès que l'orage eut cessé, nos troupes reprirent l'œuvre commencée et chassèrent l'ennemi de toutes les hauteurs qui dominent le village. Bientôt après, le feu de l'artillerie de la garde changeait la retraite des Autrichiens en une fuite précipitée.

Pendant cette affaire, les chasseurs à cheval de la garde, qui flanquaient la droite du duc de Magenta, eurent à charger la cavalerie autrichienne qui menaçait de le tourner.

A six heures et demie, l'ennemi battait en retraite dans toutes les directions.

Mais bien que la bataille fut gagnée au centre, où nos troupes n'avaient pas cessé de faire des progrès, la droite et la gauche restaient encore en arrière. Cependant, les troupes du 4e corps avaient pris, elles aussi, une large et glorieuse part à la bataille de Solferino.

Parties de Carpenedolo à trois heures du matin, elles se dirigeaient sur Medole, appuyées par la cavalerie des divisions Desvaux et Partouneaux, lorsque, à deux kilomètres en avant de Medole, les escadrons de chasseurs qui éclairaient la marche du corps rencontrèrent les hulans. Ils les chargèrent avec impétuosité, mais ils furent arrêtés par l'infanterie et l'artillerie ennemies, qui défendaient le village.

Le général de Luzy prit aussitôt ses dispositions d'attaque. Pendant qu'il faisait tourner Medole à droite et à gauche par deux colonnes, il s'avançait lui-même de front, précédé par son artillerie qui canonnait le village. Cette attaque exécutée avec une grande vigueur, eut un plein succès : à sept heures, l'ennemi se retirait de Medole, et nous lui avions enlevé deux canons et fait bon nombre de prisonniers.

La division Vinoy, qui suivait la division de Luzy, se porta, au sortir de Medole, dans la direction d'une maison isolée, nommée Casanova, qui est située dans la plaine sur la route de Mantoue, à deux kilomètres de Guidizzolo. L'ennemi se trouvait en forces considérables de ce côté, et un combat acharné s'y engagea, pendant que la division de Luzy marchait vers Ceresara d'une part, et vers Rebecco de l'autre.

En ce moment, l'ennemi tenta de tourner la gauche de la division Vinoy par l'intervalle qui laissaient entre eux le 2e et le 4e corps ; il s'approcha jusqu'à 200 mètres du front de nos troupes, mais il fut alors arrêté par le feu de 42 pièces d'artillerie, dirigées par le général Soleille. Le canon de l'ennemi vint aussitôt prendre part à la lutte, et la soutint une grande partie de la journée bien qu'avec une infériorité manifeste.

LIVRE QUINZIÈME

§ II

La division de Failly arriva à son tour, et le général Niel, réservant la seconde brigade de cette division, porta la première entre Casanova et Rebecco, vers le hameau de Baete, pour relier le général de Luzy au général Vinoy. Le but du général Niel était de se porter vers Guidizzolo dès que le duc de Magenta se serait emparé de Cavriana, et il espérait couper ainsi à l'ennemi la route de Volta et de Goïto ; mais il fallait, pour exécuter ce plan, que les troupes du corps du maréchal Canrobert vinssent remplacer à Rebecco celles du général de Luzy.

Le 3ᵉ corps, parti de Mezzane à deux heures et demie du matin, avait passé la Chiese à Viseno et était arrivé à sept heures à Castelgoffredo, petite ville enceinte de murs que la cavalerie de l'ennemi occupait encore. Tandis que le général Jannin tournait la position au sud, le général Renault l'abordait de front, faisait enfoncer la porte par les sapeurs du génie, et pénétrait dant la ville en chassant devant lui les cavaliers ennemis.

Vers neuf heures du matin, la division Renault, arrivée à la hauteur de Medole, se reliait sur sa gauche avec le général de Luzy, du côté de Ceresara, et sur sa droite faisait face à Castelgoffredo, de manière à surveiller les mouvements du corps détaché dont le départ de Mantoue avait été annoncé.

Le général Trochu s'avança alors pour soutenir l'attaque avec la brigade Bataille, de sa division. Il marcha à l'ennemi par bataillons serrés, en échiquier, l'aile droite en avant, avec autant d'ordre et de sang-froid que sur un champ de manœuvres. Il enleva à l'ennemi une compagnie d'infanterie et deux pièces de canon, et déjà il était arrivé à demi-distance de la Casa Nova à Guidizzolo, lorsque éclata l'orage qui vint mettre fin à cette terrible lutte, que le concours du 3ᵉ et du 4ᵉ corps menaçait de rendre funeste à l'ennemi.

Au milieu des péripéties de ce combat de douze heures, la cavalerie a été d'un puissant secours pour arrêter les efforts de l'ennemi du côté de la Casa Nova. A plusieurs reprises, les divisions Partouneaux et Desvaux ont chargé l'infanterie autrichienne et rompu ses carrés. Mais c'est surtout notre nouvelle artillerie qui produisit sur l'ennemi les effets les plus terribles. Ses coups allaient l'atteindre à des distances d'où les plus gros calibres étaient impuissants à riposter, et jonchaient la plaine de cadavres.

Le 4e corps a enlevé aux Autrichiens 1 drapeau, 7 pièces de canon et 2,000 prisonniers.

De son côté, l'armée du Roi, placée à notre extrême gauche, avait eu également sa rude et belle journée.

Elle s'avançait, forte de quatre divisions, dans la direction de Peschiera, de Pozzolengo et de Madonna della Scoperta, lorsque, vers sept heures du matin, son avant-garde rencontra les avant-postes ennemis entre San Martino et Pozzolengo.

Le combat s'engagea ; mais de gros renforts autrichiens accoururent et firent reculer les Piémontais jusqu'en arrière de San Martino, et menacèrent même de couper leur ligne de retraite. Une brigade de la division Mollard arriva alors en toute hâte sur le lieu du combat, et monta à l'assaut des hauteurs où l'ennemi venait de s'établir. Deux fois elle en atteignit le sommet en s'emparant de plusieurs pièces de canon ; mais deux fois aussi elle dut céder au nombre et abandonner sa conquête.

L'ennemi gagnait du terrain, malgré quelques charges brillantes de la cavalerie du Roi, quand la division Cucchiari, débouchant sur le champ de bataille par la route de Rivoltella, vint soutenir le général Mollard. Les troupes sardes s'élancèrent une troisième fois sous un feu meurtrier : l'église et toutes les cascines de la droite furent emportées, et huit pièces de canon furent enlevées ; mais l'ennemi parvint encore à les dégager et à reprendre ses positions.

En ce moment, la 2e brigade du général Cucchiari, qui s'était formée en colonne d'attaque à gauche de la route de Lugana, marcha contre l'église de San Martino, regagna le terrain perdu, et emporta les hauteurs pour la quatrième fois, sans réussir cependant à s'y maintenir, car, écrasée par la mitraille et placée en face d'un ennemi qui, renforcé sans cesse, revenait sans cesse à la charge, elle ne put attendre le secours que lui apportait la 2e brigade du général Mollard, et les Piémontais, épuisés, firent retraite en bon ordre sur la route de Rivoltella.

C'est alors que la brigade d'Aoste, de la division Fanti, qui s'était portée d'abord vers Solferino pour donner la main au maréchal Baraguey d'Hilliers, fut envoyée par le Roi pour appuyer les généraux Mollard et Cucchiari dans l'attaque de San Martino. Elle fut un moment arrêtée par la tempête ; mais, vers cinq heures du soir, cette brigade et la brigade Pignerol, soutenues par une forte artillerie, marchèrent à l'ennemi sous un feu terrible et atteignirent les hauteurs. Elles s'en emparèrent pied à pied, cascine par cascine, et parvinrent à s'y maintenir en combattant avec acharnement.

L'ennemi commença à plier, et l'artillerie piémontaise, gagnant les crêtes, put bientôt les couronner de 24 pièces de canon, que les Autrichiens cherchèrent vainement à enlever : deux brillantes charges de la cavalerie du roi les dispersèrent; la mitraille porta le désordre dans leurs rangs, et les troupes sardes restèrent enfin maîtresses des formidables positions que l'ennemi avait défendues, une journée entière, avec tant d'acharnement.

Avant de continuer l'histoire des combats qui ont été livrés et qui se livrent encore dans le but d'affranchir l'Italie, nous allons donner une description du royaume Lombard-Vénitien où nos troupes sont campées en ce moment en attendant qu'elles chassent pour toujours les Autrichiens de ce royaume et de la Vénétie.

On retrouvera des noms que nos armées viennent de rendre célèbres par leurs succès.

L'Empereur d'Autriche a déjà perdu Milan et sans le triomphe de Solferino il eût reconquis cette ville importante.

Milan, capitale du royaume Lombard ;

Milan, ville à laquelle le géographe Malte-Brun a consacré ces lignes ·

En y comprenant ses vieux remparts et ses nouvelles promenades, elle a 12,348 mètres de circonférence; mais la partie habitée n'en a que 7 ou 8,000. Elle a onze portes, et sa plus grande longueur, qui est de 3,465 mètres, occupe l'espace compris entre la porte de l'ouest et celle du Tessin. On y compte 5,488 habitations et plus de 170,000 habitants. Si cette ville avait plus de rues alignées et larges, elle mériterait le titre de magnifique ; on a dit avec raison que les maisons de mauvaise apparence y sont aussi rares que le sont ailleurs les palais. Les rues les plus spacieuses sont appelées *corsi,* parce qu'elles sont le rendez-vous des promeneurs et qu'on les choisit pour y faire des courses de chevaux. Ses places publiques sont presque toutes irrégulières et sans ornements; celle de la cathédrale est longue et étroite. Cet édifice, appelé le *Dôme,* est l'un des plus remarquables que l'on connaisse ; il fut commencé en 1386 par l'ordre du duc Jean-Galéas-Visconti. Il n'est point achevé, et probablement il ne le sera de longtemps; si les deux millions que Napoléon affecta à son achèvement n'ont pas contribué à l'avancer beaucoup, les 144,000 francs destinés annuellement par l'Empereur d'Autriche à remplir ce but produiront-ils bientôt le résultat qu'on en attend? Sa longueur est de 148 mètres, sa lar-

geur de 57 mètres, et la voûte de 64 d'élévation ; la plus haute de ses tours
a 111 mètres. Il est peu d'édifices gothiques dont les ornements soient
plus multipliés ; dans toutes les profondeurs, sur toutes les saillies, au-
dessus de chaque tour, sur toutes les flèches, s'élèvent des statues en marbre blanc, dont le nombre est évalué à plus de 3,000, mais dont la plupart sont tellement hors de la portée de la vue, que l'on regrette de ne
pouvoir, comme les oiseaux qui y font leurs nids, se placer de manière à
les voir en détail. Cinquante-deux piliers de marbre, de 28 mètres de hauteur et de 8 de circonférence, supportent ce vaste édifice, dont la construction a dû coûter des sommes immenses. La porte principale, qui, par
son style romain, jure avec le caractère général du monument, est ornée
de deux colonnes monolithes gigantesques en syénite rouge. Les quatre
évangélistes et les quatre Pères de l'Eglise en bronze qui décorent les deux
chaires sont des figures remarquables ; elles font honneur au talent du
sculpteur François Brambilla ; les 17 bas-reliefs que l'on remarque à la
partie supérieure du mur d'enceinte du chœur sont, suivant un littérateur
plein de goût, d'une finesse de ciseau rare. On doit au même artiste le
grand et riche tabernacle en bronze doré du maître-autel. Au-dessus de
celui-ci un brillant reliquaire se fait remarquer : il renferme un des clous
de la vraie croix, relique vénérée que, le 3 mai de chaque année, anniver-
saire de la terrible peste de 1576, l'archevêque de Milan promène proces-
sionnellement dans la ville, à l'exemple de saint Charles Borromée. Une
chapelle souterraine renferme le corps de ce saint dans un sarcophage en
cristal, chargé de bas-reliefs et d'ornements en vermeil. Il est revêtu de
ses habits pontificaux enrichis de diamants ; sa tête mitrée repose sur un
coussin d'or. Plus loin, on voit le tombeau du cardinal Frédéric Borromée,
cousin du saint archevêque, et qui aurait été sanctifié comme lui si sa famille avait voulu faire deux fois les frais énormes de la canonisation. Les
mausolées d'Othon le Grand et de Jean Visconti, oncle et neveu, archevêques et seigneurs de Milan aux treizième et quatorzième siècles, attirent
aussi les regards ; mais un autre plus magnifique est celui du cardinal Marin Caracciolo. La chapelle de Jean-Jacques Médicis, marquis de Marignan,
est occupée par le riche mausolée érigé, d'après les dessins de Michel-Ange,
par le pape Pie IV, son frère, à ce hardi capitaine. Le bassin de porphyre
qui sert à baptiser, passe pour avoir appartenu aux thermes de Maximien-
Hercule à Milan ; enfin, on admire un candélabre en bronze ayant la forme
d'un arbre, et qui a fait donner à la chapelle qu'il décore le nom *dell'*
albero.

Les principaux palais de cette ville sont : le *palais archiépiscopal*, orné de tableaux précieux et dont l'architecture est digne d'une destination plus noble encore; le *palais royal*, remarquable par la richesse des appartements et par le beau théâtre de la Canobiana qui en dépend; le vaste *palais Marini*, occupé par le ministère des finances et l'administration des douanes; le *palais della Contabilità*, le plus parfait sous le rapport de l'art de tous ceux de Milan; le palais de justice et l'hôtel de la monnaie, peu digne de cette ville sous le rapport de l'architecture, mais curieux par sa belle collection de médailles et de monnaies d'Italie. Ces édifices ne sont cependant point à comparer à la magnifique caserne que fit bâtir le vice-roi Eugène, et que l'on regarde comme la plus belle du monde. Une douzaine de palais appartenant à des particuliers attestent, par la beauté de leur architecture et la richesse de leurs ornements, l'opulence de quelques familles milanaises.

Près de *Garignano*, à 2 kilomètres de Milan, on remarque la petite maison de Pétrarque, dont il ne reste de l'époque de ce célèbre personnage que deux colonnes sur lesquelles se voit son chiffre, les fenêtres, le plancher et les voûtes de deux chambres donnant sur la campagne. Dans le même village il faut visiter les fresques de l'ancienne Chartreuse, et au bourg de *Saronno*, l'église Notre-Dame, dont les fresques sont des chefs-d'œuvre de Bernardin Luini. Au château de *Castellazzo* on remarque les restes du mausolée de Gaston de Foix, ouvrage de Bambaja; à la maison Simonetta, les voyageurs vont écouter un écho qui répète trente-six fois le bruit d'un coup de pistolet.

Au nord-ouest de Milan, et sur la route de cette capitale au lac Majeur, *Varèse*, petite ville commerçante et industrielle, est animée pendant l'automne par un grand nombre de personnes qui viennent y passer la saison; sa population ordinaire est de 8,000 âmes; ses environs sont peuplés de palais et de maisons de campagne des riches familles milanaises. Le lac de Varèse, à quelques kilomètres à l'ouest de la ville, est entouré d'admirables collines. *Buffalora*, sur la route de Turin à Milan, est sur la frontière des États sardes et du royaume Lombard-Vénitien. *Magenta*, petite ville peuplée de 3,400 habitants, est l'ancienne *Maxtiena*. *Marignano* ou *Melegnano*, à 6 kilomètres au sud-est de Milan, est célèbre par la victoire que François Ier y remporta sur les Suisses en 1515. Dans un pays aussi bien cultivé, on cherche en vain les traces des retranchements contre lesquels vinrent se briser les carrés de l'infanterie helvétique.

Il faut suivre les bords du lac de Côme ou le traverser dans sa longueur pour arriver au bas des pentes des Alpes dans la pitoresque vallée de l'*Adda*, que l'on nomme aussi *Valteline*. Cette vallée, qui fit partie de la Suisse, puis de la France, avant d'être réunie sous la monarchie autrichienne au royaume Lombard-Vénitien, a pour chef-lieu la jolie ville de *Sondrio*, à l'ouverture du *Val Malenco*, dont la population active et industrieuse est de 5,000 habitants. En redescendant vers le sud, après avoir traversé la chaîne méridionale de cette vallée, on voit, entre le *Brembo* et la *Serio*, petites rivières qui prennent naissance dans ces montagnes, la ville royale de *Bergame* ou *Bergamo*. Les Romains l'appelaient *Bergamum*. Elle fut dévastée par Attila, rétablie par les Lombards, et devint ville libre sous les successeurs de Charlemagne. A l'époque de la splendeur de Venise, elle dépendait de son territoire. Elle est divisée en haute et basse ville ; c'est aujourd'hui un chef-lieu de province.

L'aspect de *Mantoue* réveille des idées diverses ; l'imagination se rappelle que ce lieu a vu naître Virgile : on aime à se souvenir de la gloire et des libéralités des Gonzague, et sa situation au milieu de vastes marais formés par les débordements du *Mincio*, donne d'abord l'idée d'une ville imprenable ; mais ces eaux malfaisantes y portent souvent la fièvre et en défendent mal l'approche ; *Mantoue*, souvent assiégée, a été prise plusieurs fois. Cette ville est aujourd'hui la plus forte place de l'Italie : on prétend qu'elle fut fondée par les Étrusques trois siècles avant Rome. A la fin du dix-septième siècle elle renfermait 50,000 habitants ; aujourd'hui elle. en compte à peine 30,000. Ses rues sont larges et presque toutes tirées au cordeau ; ses places sont grandes et régulières, ses fortifications bien entretenues. Elle s'enorgueillit avec raison d'être la patrie de Virgile, et l'on aime à voir le soin qu'elle prend de le rappeler : l'une de ses portes est surmontée de son buste, et l'une de ses places fut ornée d'un monument à la gloire de ce poète immortel par le général français Miollis, qui eu l'heureuse idée d'assainir un marécage pour créer cette place. Sa cathédrale, refaite intérieurement d'après les dessins de Jules Romain, peut être mise au rang des plus beaux temples de l'Italie. L'église Saint-André est un des plus purs ouvrages de la renaissance : les plus habiles peintres de Mantoue semblent avoir mis leur orgueil à la décorer de leur plus beaux ouvrages. C'est dans l'église Saint-Egidio que reposent les cendres du *Tasse*, le Virgile de la moderne Italie. Le château, les portes, les ponts de Mantoue, sont d'un aspect imposant. La porte du pont *dei Mulini* est un majestueux monument de Jules Romain. Cet habile artiste a construit aussi le marché au poisson, ainsi que les boucheries. Nous n'avons rien à dire du gymnase et de la bibliothèque, mais nous ferons observer que le musée est un des plus riches parmi ceux du second ordre que possède l'Italie. Le gouvernement autrichien a fait des dépenses utiles pour l'assainissement de *Mantoue*, en

desséchant une partie de ses marais et en construisant de nouvelles fortifications, qui ont déterminé l'écoulement des eaux stagnantes. Cette ville,
qui possède des fabriques de soieries, de draps et des tanneries, ne fait de
commerce que par l'entremise des juifs. Elle est en communication avec
Vérone par un embranchement de chemin de fer qui passe par *Villafranca.*

C'est par *Vérone* que nous allons pénétrer dans la Vénitie. Les vieilles
murailles flanquées de tours qui forment l'enceinte de cette ville sont dominées au nord par des collines couvertes de vignes et de maisons de campagne. L'Adige la divise en deux parties égales; sa circonférence est d'environ 16 kilomètres, et sa population de 60,000 âmes. Les opinions sont
divisées sur l'époque de son origine : on prétend qu'elle remonte au quatrième ou au cinquième siècle avant notre ère; qu'elle fut occupée par les
Étrusques, ensuite par les Vénètes jusqu'à la fin du deuxième siècle avant
Jésus-Christ; ce qu'il y a de certain, c'est que du temps de Strabon elle était
importante. Les cinq portes qui la décorent, ses longues et larges rues dont
quelques-unes sont garnies de trottoirs, annoncent une grande ville. Le célèbre architecte San-Micheli fut le constructeur de la plupart des fortifications, des portes, des ponts et des palais de Vérone. Les superbes remparts
bâtis par cet artiste ont été démolis en vertu d'un article du traité de Lunéville; mais le bastion *delle Boccore*, encore intact, donne une idée de leur
solidité. Les principales églises de Vérone sont celle de Saint-Zénon et la cathédrale. La première, bâtie au neuvième siècle, est remarquable par ses
portes de bronze surchargées de figures grotesques; par son portail, où
figurent les paladins Roland et Olivier, et les trois reines, Bertrade, mère de
Charlemagne, Hildegarde, sa femme, et Ermengarde, épouse de Didier; par
le tombeau de son patron, couvert d'ornements bizarres, et par un mausolée
curieux, regardé à tort comme celui de Pepin, fils de Charlemagne. Dans la
cathédrale, on remarque le tombeau du pape Léon III, qui fut chassé de
Rome parce que son élection, méconnue par le peuple, avait été faite par les
cardinaux seuls; et l'Assomption du Titien qui fut un des ornements du musée Napoléon. Les églises Sainte-Anastasie, Sainte-Hélène, Sainte-Euphé-
mie, Saint-Bernardin, Saint-George, Saint-Etienne et Saint-Sébastien,
offrent aux amateurs des arts chacune son genre de beauté; mais la plus
ancienne est l'église Saint-Nazaire et Saint-Celse : on croit qu'elle remonte
au sixième siècle. Les grottes qui l'avoisinent servirent de retraite aux premiers chrétiens.

Vérone est remplie de palais dont les plus remarqnables sont ceux de
Canossa, de *Gran-Guardia,* de *Guasta-Verza* et de *Pompeï.* La Douane est

un édifice tout à fait monumental. La place aux Herbes est décorée d'une statue représentant la ville de Vérone, et d'une colonne qu'il suffisait autrefois de toucher pour être à l'abri des poursuites de ses créanciers. Le théâtre mérite d'être visité : sous son péristyle, ouvrage de Palladio, on voit la belle collection des inscriptions étrusques et des bas-reliefs grecs et romains, formée par le marquis de Maffei. La bibliothèque de la ville ne renferme que 10,000 volumes et n'a point de manuscrits, mais celle du Chapitre en possède plusieurs remarquables.

Nous ne citerons pas tous les établissements scientifiques de Vérone : on conçoit qu'il est naturel que cette ville ne soit pas, sous le rapport des institutions utiles, en arrière des autres cités italiennes. A côté des richesses modernes qu'elle possède, subsistent encore de vénérables témoins de son antique splendeur, dont le plus remarquable est un amphithéâtre d'une belle conservation. A la vue de ces monuments, on se rappelle que l'on est dans la patrie de Catulle, de Pline l'ancien et de Cornelius Nepos ; en admirant les tableaux qui décorent la plupart de ses églises, on ne peut oublier que la moderne *Vérone* a donné le jour à un peintre célèbre, à Paul Véronèse, dont cependant elle possède très-peu d'ouvrages. Cette ville est sur le chemin de fer de Milan à Venise, à 145 kilomètres de la première de ces villes et à 115 de la seconde. Dans ces derniers temps les Autrichiens en ont fait une des plus fortes places de l'Italie septentrionale. A droite du chemin de fer de Vérone à Venise, *Caldiero*, l'antique *Caldierum*, est renommée par ses eaux thermales sulfureuses et alumineuses ; en 1796, les Français s'y battirent contre les Autrichiens.

Au nord-ouest de Vérone, à 21 kilomètres de cette ville, et sur une hauteur, on aperçoit le petit village de *Rivoli*, illustré par la victoire remportée par les Français sur les Autrichiens, le 4 janvier 1797.

A environ 22 kilomètres à l'est de Vérone, on voit, près du village d'*Arcole*, sur le bord de l'Alpon, un obélisque mutilé qui fut érigé en mémoire de la victoire que remporta le général Bonaparte en 1796 sur les Autrichiens. Il est encore debout, mais il est dépouillé de ses inscriptions.

Voici comment les armées de la république agirent lors de la première campagne d'Italie pour assiéger Mantoue, une des places les plus avantageusement situées pour la défense — Mantoue dont nous allons aussi faire le siège prochainement.

LIVRE SEIZIÈME

§ 1

Voici comment le général baron de Omini, si savant en l'art de la stratégie, parle de Mantoue au point de vue de l'attaque et de la défense :

Si l'importance d'une forteresse, dit l'écrivain militaire, se mesurait à la
durée de sa résistance, Mantoue serait sans contredit mise au nombre des
premières de l'Europe ; mais une place doit avoir un autre but ; elle doit
être placée, située sur les deux rives d'un fleuve pour en assurer le passage, ou dans une position stratégique avantageuse pour protéger des
communications, former de grands dépôts ou enfin pour assurer à une armée battue une retraite avantageuse et un bon camp sous ses murs.

La première condition requise est de n'être pas dominé, la seconde
est d'avoir des débouchés faciles, soit pour seconder les opérations offensi-
ves d'un corps qui aurait été obligé d'y chercher un asile, soit pour que
l'ennemi ne puisse l'y bloquer qu'avec un corps de troupe nombreux. »

Ainsi parle le général, le stratégiste, et si nous donnons ici ces détails
tout militaires, c'est que les forts du quadrilataire ont toujours été les
auxiliaires qui ont aidé brutalement l'Autriche à dominer l'Italie. En étudiant à fond la question, — même au point de vue du combat et de la
résistance, comme nous l'avons étudiée au point de vue moral et politique,
nous restons dans le cadre que nous nous sommes tracé, — car ce n'est pas
seulement l'arme qui tue, c'est le bras qui la dirige !

On sait que Mantoue, ajoute Omini, ne remplit pas toutes ces conditions.

Les conditions énoncées ci-dessus.

Sa situation au milieu d'un lac et d'un pays coupé de canaux, qui offre
des obstacles pour un siége, en rend aussi le débouché très-difficile ; on
peut la bloquer avec peu de monde en élevant quelques ouvrages sur les
points accessibles.

Ainsi cette forteresse que les gazettes de Vienne nous représentent comme
invulnérable n'est donc pas imprenable comme elles osent le dire.

En avant soldats de la France et du Piémont !

En avant zouaves, fantassins, artilleurs, jeune garde qui es devenue aussi célèbre que la vieille garde ton aînée !

Courage ! si d'ici là l'Empereur d'Autriche refoulé à Solferino n'a pas réfléchi, vous prendrez Mantoue au son de nos fanfares, aux hourras mille fois répétés de « *Vive l'indépendance !* »

En avant ! vous diront vos chefs, qui combattent à votre tête, et vous vous élancerez contre le colosse de pierres et vous entrerez en vainqueurs dans le quadrilataire où hier vous avez déjà mis le pied !

Est-il pour vous rien d'impossible ?

Et l'Europe attentive s'écriera en vous regardant et en regardant notre aigle altière :

> Toi qui les as couvés sous l'aile maternelle,
> Regarde et sois joyeuse et crie, et bats de l'aile,
> Mère, tes aiglons sont éclos !...

Qui sait, Dieu touchera peut-être de son doigt le front du descendant de Hapsbourg !

Il aura des yeux pour voir.

Il aura des oreilles pour entendre.

Un cœur pour battre et s'émouvoir aux appels de la justice et de la raison !

Dieu est si grand !

§ II

L'air pestilentiel qui règne à Mantoue, joint aux circonstances que nous venons de signaler, en fera toujours un mauvais refuge pour une armée.

Le principal mérite de cette place n'est-ce pas d'être située sur la courte ligne du Mincio entre le lac de Garde et le Pô ?...

Que l'on puisse laisser un corps d'observation et passer outre, que notre armée soit en force suffisante, et bientôt les murs tomberont, les portes s'ouvriront devant nous. Ce fut la faiblesse numérique de nos troupes qui permit à la défense d'être si longue il y a soixante ans.

Cette conquête menaçait d'être disputée ; elle le fut.

Les Autrichiens firent plusieurs sorties dans l'espoir de troubler les travaux. Le 6 juillet, le général Wukassowich en exécuta une avec assez de succès. Le 16, ce général renouvela ses tentatives ; il sortit avec trois mille hommes par la porte de Pradella, tandis que quinze cents hommes débouchaient par celle de Cérése. Les postes avancés furent d'abord reployés suivant l'usage ; les Autrichiens arrivèrent jusqu'à portée du pistolet des batteries; le 5ᵉ bataillon de grenadiers les reçut avec valeur, les généraux Fiorella et Dallemagne firent marcher leurs troupes et attaquèrent à leur tour les assiégés, qui après deux heures de combat, furent forcés à rentrer dans la place. Cette affaire fut vive et la perte des deux partis balancée. Quelques jours après le (9 juillet), le gouverneur reçut un message de Wurmser, qui lui annonçait son arrivée à l'armée du Tyrol et lui promettait un prompt secours.

A cette époque, les travaux commencèrent à prendre plus d'activité sur les hauteurs de Zipata ou de Pompenaya, à celle de Belfiore, ainsi qu'à Montata, du côté de la citadelle.

Le 17, le général en chef voulut essayer un coup d'audace, dont la réussite lui eût assuré la place, et qui en échouant ne compromettait rien. Il ordonna à huit cents grenadiers de s'embarquer, à dessein de s'emparer de la porte Catena, et de donner ainsi le moyen d'introduire les colonnes qui devaient se tenir prêtes à pénétrer dans la place et à l'enlever de vive force; mais les eaux du lac se trouvant trop basses, il fallut renoncer à ce projet.

Le 18 juillet, tous les préparatifs étant achevés, l'on somma de nouveau la place avant d'ouvrir la tranchée. La garnison avait jusqu'alors conservé un petit camp retranché à Migliaretta, sous la protection des ouvrages. Le général Serrurier le fit emporter à huit heures du soir. Le général Murat avec deux mille hommes, l'attaqua par la droite; le général Dallemagne, avec une autre colonne l'escalada par la gauche. Le chef de bataillon Andréosi, avec cinq chaloupes canonnières qu'il avait armées, manœuvra de manière à attirer sur lui le feu des remparts et protégea cette entreprise. Ces dispositions eurent un plein succès; le général Roccavina fut contraint à rentrer dans la place; on le suivit jusque sur le chemin couvert, où quelques braves s'élancèrent même pour enlever les palissades, mais les Autrichiens ayant été renforcés, ces tentatives furent inutiles.

Pendant ce combat, le général Chasseloup faisait ouvrir la tranchée à cent toises de l'enceinte, sous la mitraille de l'ennemi. Au même instant, les batteries de Pradella, de Saint-George et de la Favorite, commencèrent à jouer contre la place. Les deux premières étaient composées de six pièces de gros calibre, qu'on tirait à boulets rouges, et de six mortiers; la dernière était de huit pièces et rompait la communication de la ville avec la citadelle. Le feu de ces batteries fut si bien dirigé, qu'elles répandirent la consternation dans la ville. En moins d'un quart d'heure, les incendies se manifestèrent en plusieurs endroits. Au point du jour, la parallèle ne se trouvant tracée qu'imparfaitement; la garnison réunit une partie de ses forces et chercha à déboucher sous la protection du feu des remparts. La bonne contenance des troupes françaises, rendit tous ses efforts inutiles ; les soldats, abrités par des ravins et par des digues, habiles à profiter de tous les avantages du terrain pour se mettre à couvert de la mitraille, attendirent l'ennemi sans tirer, et cette fermeté seule lui imposa assez pour le déterminer à rentrer dans ses murs.

Les jours suivants furent employés à perfectionner et augmenter les travaux. Le feu fut surtout très-vif d'une batterie élevée entre Saint-George et la citadelle, et qui cherchait à détruire les écluses pratiquées dans la digue, ce qui aurait mis à sec le terrain situé entre le Payola et la ville, depuis la porte Pradella jusqu'à la porte Cérèse, mais la solidité de la maçonnerie et le grand éloignement, rendirent ces tentatives inutiles.

Des batteries furent élevées sur la rive gauche du Mincio pour battre en écharpe le Migliaretta. Le 21, un bout de parallèle fut poussé à cinquante toises du chemin couvert des ouvrages avancés.

La place était vigoureusement pressée, et tout annonçait que sous peu de jours, elle succomberait, lorsque des évènements importants, dont nous allons rendre compte, vinrent contrarier le siége et augmenter les trophées de l'armée d'Italie.

De son côté, Bonaparte poussait le siége de Mantoue avec toute la vigueur possible, voulant après la prise de cette place, opérer de concert avec les armées de Jourdan et de Moreau, qui s'étaient avancées à Francfort et à Stuttgard.

Après cette expédition contre les États romains, la division Augereau était revenue prendre position sur le bas Adige.

L'armée française se trouvait à peu près dans ces positions, la division Serrurier au blocus de Mantoue, Augereau à Legnano, Masséna à Vérone et Rivoli, Sauret à Solo, Despinoy et Kilmaine à Valèje, Sahuguet en Lombardie, Ménard en Tortonais, Marquand à Céva et Coni, Vaubois en Toscane.

Dix mille hommes étaient occupés à faire le siége de Mantoue, et trente mille le couvraient. Ce corps d'observation avait la droite appuyée à Légnano, le centre à Vérone et à Rivoli, la gauche vers Solo. Cette ligne paraît, au premier abord, un peu étendue ; mais ce n'était qu'une position d'observation, le champ de bataille de l'armée devait être entre Vérone et le Mincio, ou entre le Mincio et Brescia, suivant ce que l'ennemi entreprendrait.

Aussitôt que les renforts furent arrivé à Trente, l'armée autrichienne, réorganisée s'avança pour délivrer le dernier boulevard de la monarchie sur cette frontière. Son plan d'attaque rédigé, dit-on, par le chef d'état-major Weyrother, fut basé sur les même errements qui caractérisent la plupart des opérations attribuées à cet officier ; il voulut envelopper l'armée française, et s'engagea à cet effet dans des mouvements trop étendus.

Avant de rendre compte des projets des Autrichiens et de leurs premiers mouvements, il ne sera pas inutile de jeter un coup-d'œil sur le théâtre de ces opérations.

Trois routes mènent du Tyrol en Italie, l'une passe à gauche par les gorges de la Brenta, en faisant le grand tour par Bassano ; l'autre conduit par la rive occidentale du lac de Garde sur Solo et Brescia ; enfin le débouché principal se trouve au centre, par la vallée de l'Adige et par la grande chaussée de Trente à Vérone.

La route de Bassora a l'inconvénient de venir heurter de front sur la ligne de l'Adige, et le passage de cette rivière serait difficile à exécuter entre Legnano et Vérone, tant que l'adversaire se trouverait maître de ces places et des deux rives du fleuve. Le général Augereau, chargé d'observer cette ligne n'avait qu'une faible division, parce que le rassemblement des forces impériales ne se faisait pas dans cette direction.

L'autre débouché conduit par le val de Sabbia Sola, et les montagnes de Gavardo sur Brescia ; quoiqu'on puisse y mener du canon de campagne, c'est une route très-difficile pour une armée : sans cet inconvénient elle serait de la plus haute importance pour les opérations militaires en Italie, puisqu'elle conduit sur les derrières des lignes du Mincio et de l'Adige, et que ces positions, prises à revers, ne seraient plus tenables pour une armée destinée à couvrir la Lombardie. Le général Sauret, chargé de flanquer l'armée, observait ces débouchés du Sola.

Enfin la grande communication de Trente sur Vérone et Mantoue, longe toujours la rive gauche de l'Adige, et passe dans plusieurs défilés, dont les plus connus sont ceux de Calliano et de la Chiusa. Ce dernier est formé vers le village de Caradina par des masses de rochers à pics qui resserrent les deux rives de ce fleuve. Son nom indique assez qu'il semble avoir été formé par le nature pour fermer les issues de l'Italie et du Tyrol ; un petit fort en maçonnerie, qu'on y a bâti, fermerait hermétiquement cette gorge, s'il n'était pas dominé par les hauteurs de Sainte-Anne et le monte Pastello. La défense de ce petit ouvrage n'est cependant pas impossible, et en parvenant à s'y maintenir, on forcerait une armée qui voudrait descendre l'Adige, à quitter cette route pour en chercher une autre en montant sur le plateau de Rivoli, par la rive droite de la rivière et par Incanale.

Cette opération n'est pas facile, et pour en juger les difficultés, il faut examiner avec attention le plan qui a été dressé pour la bataille de Rivoli. On voit que l'intervalle entre l'Adige et le lac de Garda, formant un espace de trois lieues dans la plus grande largeur, est couvert par les montagnes du Montebaldo : le Montemagnore, contre-fort de la chaîne principale, se détache du plateau de Rivoli, et resserrant l'Adige par ses flancs rocailleux, laisse à peine entre sa base et le lit de ce fleuve, l'espace nécessaire à la route; il va se rattacher au Montebaldo, vers Ferrara, présentant par cette réunion une barrière presque insurmontable lorsqu'on veut passer du Tyrol en Italie.

Dans l'espace compris entre la grande route de Trente et le lac de Garda, il n'y a qu'un seul chemin praticable pour l'artillerie; c'est celui qui longe la rive droite de l'Adige jusqu'à Ostena della Dugana, où, rencontrant des escarpements difficiles, il tourne à droite et monte sur le plateau de Rivoli par le défilé. Des petit sentiers s'élèvent par Corona et Ferrara sur le versant du Montebaldo au point de sa jonction avec le Montemagnone. Un troisième sentier passant par le revers occidental de la grande chaîne, longe le lac de Garda vers Dossi et Malsesina.

Le général Masséna, avec 18 mille hommes, gardait tous ces points de Vérone, Rivoli et Montebaldo ; on avait commencé à élever des retranchements pour en couvrir les avenues.

Des combinaisons assez compliquées naissaient de cet état des localités. On remarquera d'abord qu'une armée longeant la chaussée de Trente par la rive gauche de l'Adige, peut être arrêtée au défilé de la Chiusa : si elle parvient à le forcer en s'emparant du monte Pastello, et qu'elle continue sa marche sur Vérone, elle prête le flanc et laisse l'ennemi derrière elle. A cet inconvénient s'en joint encore un autre; elle est forcée de défiler en plusieurs endroits sous le feu de l'artillerie. En supposant qu'elle parvienne jusqu'à Vérone, elle rencontre là un obstacle plus difficile encore, puisque les deux châteaux forts de cette place, adossés aux montagnes, ferment la vallée de l'Adige, cette armée se trouverait ainsi dans un véritable cul de sac, dont l'ennemi fermerait, pour ainsi dire, la seule issue.

On observera donc qu'il y a trois partis à choisir lorsqu'on veut déboucher du Tyrol par la vallée de l'Adige. Le premier, qui consiste à forcer la Chiusa et Vérone, ne serait pas d'une exécution facile. Le second, qui est d'emporter la Chiusa seulement et de venir jeter des ponts vers Polo pour tourner le Montebaldo en évitant Vérone, serait un coup de force hardi, mais également douteux; parce qu'un passage de rivière de vive force ne réussit pas toujours, et qu'en cas de revers, l'ennemi se trouvant maître de Rivoli, pourrait s'emparer du défilé de l'Adige sur les communications de l'armée. Enfin, le troisième parti consiste à forcer le Montebaldo et le plateau de Rivoli pour descendre sur Villafranca ou Castelnuovo. Ce dernier semble le plus convenable et celui qui offrirait les plus grandes chances.

Tandis que Bonaparte exécutait si heureusement le premier acte de son entreprise, en accablant la droite de l'ennemi, et qu'il préparait contre sa gauche un coup non moins terrible, Wurmser prenait des mesures qui devaient accélérer sa perte. Informé de la marche des Français sur Roveredo, il calcula à sa manière lente et méthodique, les opérations que son adversaire exécuterait probablement sur Davidowich, et s'en tint au projet de marcher sur Mantoue, projet mal conçu dans le principe, et qui devenait encore plus dangereux depuis les échecs éprouvés par la droite de l'armée. Le 6 septembre, le général Mejaros, qui formait l'avant-garde, s'était avancé jusqu'à San-Olma, au-delà de la Vicence, et poussait des postes jusqu'à Montebello; le maréchal était encore à Bassora. Son entreprise qui eut été convenable, exécutée par toute l'armée, était une faute grave dès qu'il n'y employait que deux divisions; car cette manœuvre compromettait la gauche à Bassora si elle y était attaquée, et d'un autre côté, ce détachement de la moitié de l'armée devenait inutile, si l'ennemi portait ses forces ailleurs. Le seul parti convenable lorsqu'on apprit le mouvement des Français dans la vallée de l'Adige, était de se décider sur le champ à rassembler l'armée, soit à Bassora, soit dans le Tyrol, pour agir ensuite selon les circonstances; toute autre mesure était contraire aux principes.

Wurmser crut, dit-on, se tirer d'embarras par un coup d'audace; mais l'audace qui n'est pas secondée par de bonnes combinaisons, est ordinairement funeste; le maréchal en fit, dans cette occasion, une cruelle expérience.

Bonaparte adressa des proclamations menaçantes aux Tyroliens, dans la vue de les intimider, et lorsqu'il eut établi la division Vaubois dans une position d'observation sur le Lavis, pour contenir les débris de l'aile droite ennemie, il se rabattit par les gorges de la Brenta sur Bassora. La division Augereau s'était dirigée le 6 septembre de Levico sur Borgo de Val Sugana et Val Soivas; la division Masséna avait pris la même direction depuis Trente : toutes deux continuèrent leur marche le lendemain au point du jour.

Le général autrichien ayant gagné Mantoue avec une cavalerie assez nombreuse et sept à huit mille hommes d'infanterie, il était probable qu'il chercherait à tenir les dehors de la place, afin d'y faire entrer des subsistances, et notamment les fourrages dont il aurait besoin. On devait croire aussi qu'il conserverait ses communications libres, dans la vue d'aider aux efforts que l'on tenterait sans doute pour le délivrer. La présence d'un corps d'armée qui aurait eu Mantoue pour appui, bien qu'il se tînt sur la défensive gênait trop l'armée française pour qu'on ne cherchât pas à rejeter l'ennemi dans ses murs. Bonaparte n'ignorait pas combien la position de cette ville est défavorable à une troupe qui veut en déboucher, et une fois qu'il aurait forcé son adversaire à y rentrer, il était sûr de le cerner avec moins de monde qu'il n'y en avait dans la place. — Ces considérations le déterminèrent à diriger toutes ses forces disponibles contre Wurmser.

Ce fut dans la Lombardie que se développèrent les premiers germes de cet esprit national, qui devait régénérer les Italiens de nos jours. Cette province, si célèbre par les discordes civiles qui la déchirèrent pendant deux siècles sous ses ducs, et qui depuis avait été successivement la proie des Français, des Espagnols et des Allemands, naguère encore sous la puissance de la maison d'Autriche, dont elle n'aimait pas le gouvernement, parce qu'il n'était pas en harmonie avec les mœurs et le caractère de la nation, avait conçu l'espoir de recouvrer son indépendance sous la protection des armes françaises. Bonaparte ravi de trouver assez d'énergie dans les Milanais, pour entraîner par leur exemple les peuples voisins, n'hésita pas à fomenter cet esprit d'insurrection, en leur promettant son appui, c'en était assez; bientôt tous les pays situés sur les deux rives du Pô partagèrent les vues et l'enthousiasme des Lombards.

Comme nous terminons ce chapitre le canon gronde et la France apprend par la dépêche suivante que la paix vient d'être signée entre les deux empereurs.

11 juillet 1859

« L'EMPEREUR A L'IMPÉRATRICE.

La paix est signée entre l'Empereur d'Autriche et moi. Les bases de la paix sont:

Confédération Italienne, sous la présidence honoraire du Pape. L'Empereur d'Autriche cède ses droits sur la Lombardie à l'Empereur des Français qui les remet au roi de Sardaigne.

L'Empereur d'Autriche conserve la Vénétie, mais elle fait partie intégrante de la confédération Italienne.

Amnistie générale.

NAPOLÉON.

La Lombardie est cédée à la France qui la remet au Piémont.

N'est-ce pas l'Indépendance qui plante son drapeau sur le sol Lombard?

La liberté et l'égalité civiles vont donc protéger l'Italie !

FIN DE LA PREMIÈRE PARTIE.

DEUXIÈME PARTIE

LIVRE PREMIER

§ I

La paix. — Deuxième campagne d'Italie. — Passage du Mont Saint-Bernard. —
Bataille de Marengo. — Réflexions.

Nous disions dans notre introduction, au commencement de ce livre :

« A ceux qui tiennent une plume, jusqu'à l'heure où le pays en danger
« les appellerait sous le drapeau national, la mission d'ajouter une page
« à la grande histoire de la patrie. »

Cette mission, nous avons tenté de l'accomplir : la première partie de
notre ouvrage contient le récit des luttes qui ont été soutenues pour arracher l'Italie à la domination de l'Autriche.

Dans nos précédents livres, nous donnions le compte-rendu de la bataille
de Solferino et la topographie militaire au point de vue stratégique, de la
Lombardie et de la Vénitie.

Tout à coup une nouvelle est arrivée dans toute l'Europe étonnée.

La paix a remplacé la guerre.

Le bon ange a chassé le mauvais!

La paix qui permet de hâter le progrès!

La paix que nous appelions de tous nos vœux et qui nous inspirait naguère ces phrases que nous écrivions pendant la guerre :

La paix, qui change nos arsenaux en greniers, pour serrer les grains
récoltés!

La paix, qui sème ses fleurs au chevet du pauvre et fait que les épis
mûrissent dans les champs fécondés!

La paix, mère de l'industrie, fille de la liberté et du progrès!

C'est elle, la déesse bienfaisante et réparatrice, qui permet au vieillard
de mourir heureux et calme au seuil de sa chaumière, le regard fixé vers
le ciel, ce monde invisible!

Elle, — qui permet que la mère élève son enfant, suspendu à son sein
comme un fruit à une branche, et le voit plus tard homme, époux et père!

Elle, — enfin, la compagne du travail, de la science, de la poésie, de tous les arts, qui fait germer à la limite de chaque Etat voisin l'arbre emblématique que la colombe vint apporter à Noé au pied du mont Ararat.

Nous sommes heureux de savoir que les flots de sang humain vont cesser de couler, et que si nos soldats ont prouvé une fois de plus à l'Europe leur vaillance, ils vont pouvoir rentrer dans leurs foyers et reprendre la charrue qui sert à remuer le sol où poussent la vigne et le blé!

La France entière est satisfaite et nous citons ici les réflexions d'un écrivain auquel nous avons déjà fait plusieurs emprunts et qui sait toujours si bien rendre ce que pense la nation :

On est heureux de la paix, parce que le sang de nos braves soldats, toujours prêt à couler à l'appel de la patrie, est le garant de notre force, de notre sécurité, de notre grandeur. L'Europe le sait aujourd'hui, si elle avait pu l'oublier, tant qu'il y aura debout une armée française, une armée d'Afrique, de Crimée et d'Italie, notre pays occupera dans le monde la place que lui assignent ses souvenirs.

Economiser ce sang généreux, c'est donc ménager le trésor inappréciable de notre légitime influence dans les affaires générales de l'Europe et du monde.

On est heureux de la paix, parce qu'elle met fin aux chances redoutables que courait et qu'affrontait l'Empereur. On ne se fait pas une idée exacte, à Paris, de l'immense orgueil qu'inspire aux paysans la bravoure de leur Empereur. Ils savent et répètent tous les détails de l'épaulette enlevée par une balle, des chevaux de l'escorte blessés. Cette épopée de la guerre, à la fois familière et sublime, court de bouche en bouche dans les campagnes; et les jeunes, qui contemplent avec avidité les prisonniers d'aujourd'hui, consultent les anciens sur les prisonniers d'autrefois.

Enfin, on est heureux de la paix, parce qu'elle va rendre aux familles, enrichis de souvenirs glorieux, tant d'enfants qui en sont l'espoir et l'honneur; parce qu'elle va rendre aux champs et aux ateliers tant de bras nécessaires; parce qu'elle va rendre aux affaires cette sécurité de longue haleine, cette confiance aux grands horizons, qui sont l'âme et la vie de l'industrie et du commerce.

On sent s'ouvrir devant l'activité de la génération présente de vastes perspectives de prospérité, et l'on brûle de s'y engager sous d'aussi glorieux auspices.

En même temps que la joie de la paix, on voit éclater de toutes parts l'ivresse de la victoire. De même qu'il n'est pas de pays où l'on se batte mieux qu'en France, il n'en est pas un non plus où l'on se sente plus fier de s'être bien battu. Assurément les paysans savent qu'ils n'iront jamais en

Angleterre, en Prusse, en Allemagne ; mais ils sont heureux de penser que les soldats, leurs enfants, seront désormais aimés en Italie, et admirés partout.

Tels sont les résultats moraux d'une guerre juste, bravement entreprise, promptement terminée. Elle nous a, certes, coûté de grands et de douloureux sacrifices, tandis qu'elle n'a rien coûté ni à l'Angleterre, ni à la Prusse, ni à l'Allemagne ; et cependant, qui voudrait changer aujourd'hui la situation de la France contre celle d'aucune des nations neutres?

Tout ce qui est grand a un grand prix, et qui économise ses efforts et ses sacrifices, n'est pas toujours le meilleur ménager de sa situation et de sa fortune. On trouverait certainement en Angleterre plus d'un bon Anglais qui voudrait avoir été de la guerre d'Italie, afin d'être aussi de la paix.

Ce n'est pas un médiocre honneur d'avoir apporté l'ordre à un pays, la liberté à une nation, en s'assurant, avec sa gratitude naturelle, la sécurité de sa propre frontière. Pour les peuples, comme pour les individus, une renommée de justice, de générosité et de courage, est un fonds de richesse qui ajoute singulièrement aux autres. (1)

Pour nous notre rôle n'est pas fini, parce que les épées sont rentrées au fourreau.

Où s'arrête la mission du soldat, l'historien continue la sienne.

Le soldat combat — l'historien raconte.

§ II

Dans le courant du mois de Mai 1800 — 28 floréal an viii — le Mont Saint-Bernard fût le théâtre d'un spectacle magique et gigantesque, et qui ne devait pas se renouveler.

Couvert de précipices, le Mont Saint-Bernard était autrefois le tombeau de tous les voyageurs qui en tentaient le passage. Des malheureux périssaient ou entraînés dans un abîme ou engloutis sous les avalanches.

Et cependant il fallait le franchir !

Le franchir avec une armée, avec des canons et des affûts si l'on voulait chasser de nouveau les envahisseurs et rendre l'Italie indépendante de l'Autriche.

Quel homme — Quel mortel — Quel génie — Serait assez audacieux pour accomplir une pareille action ?

— Bonaparte, répond l'histoire,

Le 8 mai le général Marescat vit arriver un homme au regard de feu, à la parole brève, au geste prompt et dominateur.

(1) Granier de Cassagnac.

— Peut on passer? demanda cet homme d'un ton résolu.

— Oui, cela n'est point impossible, répondit le général Marescat.

— Eh! bien partons!

Telle fut la réponse de celui qui questionnait.

Et celui qui questionnait, c'était le premier consul.

§ III

Alors commença le défilé de cette armée qui devait parcourir le monde....

Dans des chemins arides, impraticables, presqu'inconnus on vit s'avancer, des soldats traînant des arbres creusés et contenant dans leurs flancs des canons et des obusiers.

Lorsqu'Annibal franchissait les Alpes, les ennemis fuyaient devant lui et il n'avait pas de matériel de guerre.

Bonaparte allait combattre contre ses adversaires qui l'attendaient et qui s'étaient préparés à la défense.

Et il amenait avec lui des canons et tout un attirail de campagne.

La neige, qui avait disparu des chemins, écroulant en avalanches avait rompu les ponts.....

Plus on avançait, plus la route devenait impraticable, mais rien ne pouvait arrêter l'armée dont le général — Consul dirigeait la manœuvre et la marche.

Ni fondrières, ni routes effondrées, ni chemins où le chamois ose seul poser son pied fin et vigoureux, ni précipice béant ouvert sous l'œil du voyageur, au flanc de la montagne escarpée, rien ne pouvait troubler l'âme du soldat, ni porter atteinte à sa volonté: Dieu ne semblait-il pas guider et conduire le général?

Ce fut en s'accroupissant sur la neige et en se laissant glisser au bas des pentes que l'armée descendit la montagne. C'était sur les genoux et sur les mains qu'elle l'avait gravie!

L'adjudant général s'exprimait ainsi dans son rapport:

Il ne restait de tout ce que l'art avait tenté pour vaincre la nature, que la rangée de trous dans laquelle avait été engagée l'une des extrémités de chaque pièce de bois : un des soldats les plus hardis, s'offre à mettre les deux pieds dans les deux premiers trous, puis à tendre une corde à hauteur d'homme, en marchant de cavité en cavité; et, lorsqu'il est parvenu à fixer la corde jusqu'à l'autre extrémité de l'intervalle, entièrement vide au dessus de l'abîme, c'est le général Bethencourt qui donne l'exemple de passer, ainsi suspendu par les bras à une corde même très-peu forte, et c'est ainsi que les Français ont franchi un intervalle de dix toises, chargés de leurs armes, chargés de leurs sacs !

On les avait vus se servir de leurs baïonnettes, employer des crochets pour pouvoir gravir les montagnes, dont l'escarpement semblait avoir banni à jamais les humains !

§ IV

Avons nous eu tort d'écrire que c'était un spectacle magique et gigantesque ?

Les voyez-vous par l'œil de la pensée, ces Français, ces intrépides, ces indomptables, se balançant au-dessus des abîmes, comme font les aigles altiers et se confiant à une corde fragile qui pouvait se rompre à chaque instant !

On frémit en lisant le rapport.

Les héros qui accomplissaient ces prodiges d'abnégation et de courage, ne pensaient pas à la mort qui les menaçait !

Ils allaient,… ils allaient… sans regarder au-dessous d'eux…

Méprisant les dangers, ils semblaient ignorer que le gouffre était ouvert sous leurs pas pour leur servir de tombe !…

Et si l'un d'eux pris du vertige lâchait la corde qui le soutenait et disparaissait dans des espaces inconnus et insondés, au cri qu'il poussait et qui était répété par les échos, nul ne s'arrêtait dans l'exécution du devoir, nul ne se disait que ce vivant qui devenait cadavre, n'aurait que la neige pour linceul !

Au loin mugissaient la Drôme et la Doris qui se brisaient en cascades dans les profondes excavations de la montagne,

Partout la nature se montrait dans sa sauvage nudité.

Et les soldats marchaient toujours.....

Les oiseaux à l'approche de nos troupes faisaient entendre des cris sinistres et semblaient effrayés en voyant au milieu des glaces aussi vieilles que le monde, des hommes s'élever à sept mille cinq cent quarante pieds au dessus du niveau de la mer !

Au loin, sur les crêtes des montagnes environnantes, les habitants de ces contrées alpestres regardaient d'un œil effrayé et curieux, les êtres assez audacieux pour s'aventurer dans des endroits où jusqu'alors, on n'avait vu que des animaux sauvages, et la terre elle-même semblait s'agiter sous les pas de nos troupes qui, nouveau Encelades, paraissaient vouloir escalader le ciel !…

En mai l'armée passa le mont Saint-Bernard !

En juin elle franchit le Tésin, vint occuper Milan et gagner la bataille de Montebello.....

Mais tous ces combats n'étaient que les préludes d'une bataille immense qui devait devenir un des grands noms de nos gloires et dont *Solferino* devait être la sœur.

— Marengo !

§ V

Marengo, bataille gigantesque où luttèrent des armées également courageuses, également entraînées par le désir de vaincre...

Marengo ! qui fit du Premier Consul, l'homme du destin, ainsi que le surnomma Mélas.

— Marengo, vaste plaine et petit village, où tant de faits glorieux furent accomplis !

N'est-ce pas sur ce champ de bataille qu'est tombé Desaix, le sous-lieutenant à quinze ans, qui mourut général en s'écriant :

— « Allez dire au premier consul que je meurs mécontent de ne pas avoir assez fait pour la postérité !

Là, encore, qu'un officier d'artillerie, se souleva pour voir le tir de sa batterie au moment où un boulet lui emporta la jambe et répondit stoïquement à ses hommes qui se précipitaient vers lui pour lui porter secours :

— Servez votre batterie et ayez soin de pointer un peu plus bas !

Enfin, et pour prendre un exemple dans tous les rangs, ce fut aussi dans cette mémorable journée, que Brabant, simple grenadier, doué d'une force herculéenne et d'un courage de lion, remit sur ses affûts une pièce renversée, la chargea et fit feu tout seul pendant plusieurs heures, sur les ennemis !

Marengo, bataille qui fut féconde en résultats et où nous fîmes sept mille prisonniers tout en prenant seize drapeaux à l'ennemi et douze pièces de canon !

En décrivant cette bataille, M. Thiers a semblé vouloir donner un démenti aux paroles de Henri IV.

Le Béarnais disait :

— Les meilleurs historiens des grands capitaines, sont les compagnons de leurs travaux.....

Thiers a fait un tableau émouvant de la lutte soutenue par nos armées et cependant il n'y combattait pas à côté du général Bonaparte.

A une description aussi complète que la description donnée par l'auteur *du Consulat*, on ne peut opposer que les rapports officiels; aussi nous bornerons-nous à citer des fragments de ces rapports :

VI

..... « Le 13 juin à huit heures du matin, Desaix se rend à Castel-
« Nuovo et fait battre la plaine de Marengo par la cavalerie légère. Il ap-
« prend que l'ennemi n'a point de postes à Saint-Guiliano, ni dans la
« plaine; il juge alors devoir se mettre en marche; il arrive à trois heu-
« res après midi; à quatre heures, on trouve à Marengo les avant-postes
« ennemis, aussitôt il ordonne l'attaque du village.

La résistance ne fut pas vive ; Marengo est pris, et l'ennemi acculé sur la Bormida...

Cependant l'ennemi passa la nuit du 14 dans la plus grande agitation. Il sentit combien sa position était pénible et quelle faute il avait commise de laisser prendre Marengo. Mais croyant tout projet de retraite désormais trop tardif et l'armée française trop près pour lui permettre d'échapper par le Pô ou par Gênes, il prend la noble résolution de s'ouvrir un passage à travers notre armée, et dans son dessein, son premier effort dut être de reprendre Marengo.

. . . .

Le village devenait le centre de l'attaque...

Dès l'instant que Bonaparte voit que la division du général Carra-Saint-Cyr est établie dans Castel-Ceriolo, il ordonne à la première ligne la retraite par échelons, la gauche en avant. Les échelons de gauche de la ligne exécutent ce mouvement au pas ordinaire, tandis que les échelons du centre le font au très-petit pas et seulement après que les premiers ont pris leur distance.

Le général ennemi apprécie mal cette manœuvre et croit l'armée en pleine retraite, lorsqu'en réalité elle ne fait qu'un mouvement de conversion. Il cherche, avec une nouvelle confiance, à exécuter son projet de tourner notre gauche et de nous couper le chemin de Tortone. C'est dans ce dessein qu'il forme une colonne de cinq mille grenadiers qui se portent sur la grande route, afin de prévenir et d'empêcher le ralliement des corps de l'armée française, qu'il suppose en désordre.

Cependant, durant les quatre heures que notre armée mit à faire ce mouvement de conversion, elle offrit le spectacle le plus majestueux et le plus terrible.

Quand ce mouvement rétrograde fut achevé, il était six heures du soir.

Bonaparte traverse alors les rangs avec cet air de confiance qui est le garant le plus sûr de la victoire, et s'adressant aux soldats :

— Français, s'écria-t-il, c'est avoir fait trop de pas en arrière, le moment est venu de faire un pas décisif en avant ; souvenez-vous que mon habitude est de coucher sur le champ de bataille (1)! Alors ce fut quelque chose d'impossible à décrire, quelque chose qu'on ne saurait rêver : un carnage sublime, du sang, partout du sang, de la fumée, des cris, des blessés, des morts !

Au commandement du premier Consul, et à ce mot : en avant! qu'il prononça de manière à dominer le bruit, l'artillerie française se démasqua et fit un feu si terrible que l'ennemi, surpris, s'arrêta !

Sur toute la ligne, on battit la charge ; les colonnes s'ébranlèrent, et le torrent dévastateur passa comme l'éclair, prompt et mortel comme la foudre !

Le soir, la bataille était gagnée, et le lendemain un armistice était conclu.

Par cet armistice, signé le 15 juin, les Français arrachaient à la domination autrichienne Tortone, Alexandrie, Milan, Turin, Arona, Plaisance, Cera, Coni, Savone, Gênes,—qui n'était plus la superbe fiancée des Doges, — et le fort Urbain.

Et la maison de Hapsbourg dut comprendre que le poète a eu raison de dire que

« Le destin des États dépendait d'un moment! »

Le Piémont, la Ligurie, la Lombardie furent arrachées des mains de l'Autriche.

Marengo eut le même résultat que Solferino vient d'avoir.

Puisse cette bataille être la dernière !

Puisse l'épée être pour toujours remise dans le fourreau !

(1) Narration du général Lannes.

Montmartre. — Typ. Pilloy.

Bataille de Marignan

LIVRE DEUXIÈME

Aperçu historique. — Comparaison entre Marengo et notre dernière victoire. — Coup
d'œil rétrospectif.

§ 1

Une partie de l'Italie est libre.

Le combat de Solferino a eu les mêmes résultats que la bataille de Marengo.

Le Général-Consul eût plus tard à poursuivre le cours de ses triomphes.

L'époque à laquelle il vivait était une époque de guerre, aujourd'hui tout est changé, nous sommes dans un siècle de paix et de diplomatie.

En s'arrêtant, vainqueur, devant Mantoue, Napoléon III a été inspiré par un excellent esprit, l'esprit de sagesse et de conciliation.

L'avenir, qui n'est à personne, dira combien a été humain, fort et grand, le vainqueur qui a su s'arrêter au milieu de ses succès, et si l'Europe n'a pas compris le Chef de la France, elle se repentira de ses injustes reproches : l'avenir n'appartient-il pas aux gens phlégmatiques !

Le cœur rempli de regrets amers le général Bonaparte visita le champ de bataille où il venait de donner la consécration de son génie.

Ce grand capitaine soupira en présence de tant de cadavres !

C'est qu'il était généreux lui aussi, et que le sang répandu, bien que ce sang fît pousser ses lauriers, laissait s'élever une rouge vapeur qui semblait remplie de voix humaines qui formaient un concert sauvage de cris et de détresse !

A Sainte-Hélène Napoléon fut poursuivi par ces cris douloureux et il s'écria dans sa sincérité :

— Rien ne se vole ici-bas, tout se paie...

Oui, tout se paie.

Et le martyr glorieux de l'Angleterre avait le droit de jeter ce cri à la face des nations.

Marengo porta un coup terrible à l'Autriche.

La vieille maison d'Hapsbourg comprit que son rôle d'envahissement était interrompu s'il n'était pas fini, et les principautés italiennes tendirent les mains aux libérateurs et leur demandaient de les délivrer du joug de François-Joseph et de les gouverner.

Alors on organisa la liberté comme on avait organisé la victoire, et les vers de Dante furent mis en action, et firent comprendre enfin que les poètes sont de grands politiques parce qu'ils sont près de Dieu!

Ces vers :

> Ahi serva Italia, di dolore ostello
> O patria degna di trarital fama!

et dont voici la traduction .

> Ah! Italie esclave, hôtellerie de douleur
> O patrie digne d'une renommée triomphale!

semblaient avoir été inspirés par la situation.

Le Général-Consul fut convaincu que « *cette hôtellerie de douleur* » devait avoir une renommée triomphale, et il organisa l'administration chez des peuples désorganisés.

La joie des Piémontais, des Génois, des Italiens ne saurait être interprétée par la plume.

Ne se voyaient-ils pas rendus libres sans passer par les horreurs de la guerre civile?

§ II

Un écrivain, qui par modestie a caché son nom, vient de publier une brochure à laquelle nous empruntons les passages les plus saillants; on verra par ces citations que nous nous rallions à tous ceux qui écrivent pour l'indépendance, la liberté et la raison, sans cacher nos sympathies pour tout ce qui est bien, juste et grand. (1)

Le général Bonaparte disait après Marengo : « Nous formons une nouvelle « époque, il ne faut nous souvenir dans le passé que du bien et oublier le « mal. »

Ne savons-nous pas agir de même?

Qui n'eut pensé que l'Italie était libre après Mondovi, Montenotte, Millesimo, Dego, Lodi, Castiglione, Roveredo, Bassano, Arcole, Rivoli, Mantoue, Marengo.

(1) Dentu, à Paris.

Hélas! la vérité a bien de la peine à se faire jour, et les plus intéressés ne sont pas toujours les plus clairvoyants.

L'ombre d'Italus, ce successeur d'Œnotrus, n'a-t-elle pas dû tressaillir en entendant les canons de Magenta?

Les Pelages, les Hellènes, les Aborigènes, les Liburnes, n'ont-ils pas versé des larmes tombées glacées de leurs yeux éteints en apprenant par les voix souterraines qui se répercutent jusqu'à eux, que l'on combattait encore pour la nationalité des peuples dont ils étaient les pères.

Les conférences qui vont avoir lieu à Zurich rendent indispensable de jeter un coup d'œil sur la position de l'Italie depuis le commencement de l'histoire.

§ II

Le caractère particulier du quinzième siècle est d'avoir travaillé à la centralisation, soit dans les relations sociales, soit dans les idées. Ce mouvement, on pourrait dire cette révolution, n'a pas lieu en France seulement; elle s'opère : en Allemagne sous Maximilien ; en Espagne, avec Ferdinand d'Aragon et Isabelle de Castille ; en Angleterre, sous Henri VII, après les guerres intestines des deux roses. Partout le pouvoir se concentre : partout le pouvoir public prend la place des pouvoirs féodaux ; au sein de toutes les nations il n'y a, pour ainsi dire, plus qu'un gouvernement et qu'un peuple.

l'Italie seule restait divisée; elle n'était pas même fédérative. Ces républiques, ces principautés si puissantes au moyen âge et qui alors pouvaient se suffire à elles-mêmes, se trouvèrent faibles, comme nous allons le voir, en face de nationalités fortement constituées.

Cependant l'Italie offrait en ce temps-là un magnifique spectacle de civilisation au milieu de l'Europe, qui portait encore l'empreinte de la barbarie : cette multitude de petits États que la rivalité et la liberté civilisent plus vite; ces princes nouveaux, qui cherchent dans la protection des lettres un moyen de séductions et de pouvoir; ce reste de culture romaine, jamais détruite en Italie ; enfin, et surtout l'influence pontificale, voilà ce qui devait hâter les progrès de l'Italie.

« Et c'est ici, dit M. Villemain, que le principe d'élection se montre dans toute sa force salutaire. — Quels hommes étaient nommés papes? souvent un pauvre clerc, un obscur étudiant élevé par hasard dans l'école de quelque église cathédrale ou collégiale. Élu pape, cet homme aimait les lettres

auxquelles il devait tout, il les protégeait avec ardeur et préparait l'émancipation laïque par ce même éclat de savoir et d'éloquence qui relevait en
lui la majesté pontificale. Le pape Nicolas V, dans sa jeunesse, sous le nom
obscur de Thomas de Sarzane, avait été copiste de manuscrits grecs et latins ; Pie II avait été le docte Œneas Sylvius.

« Les autres puissances de l'Italie ne secondaient pas ce mouvement des
esprits avec moins d'ardeur. Les Sforze, élevés par la violence sur le trône
de Milan, ces héritiers de soldats farouches, ne songeaient qu'à honorer les
lettres, à encourager les savants. Un petit duc de Mantoue avait établi dans
ses États une magnifique école nommée *Maison-Joyeuse*, parce qu'elle offrait un système d'éducation où la gymnastique la plus salutaire, l'hygiène
la plus agréable, étaient mêlées habilement à l'assiduité de l'étude. »

Ce qui nous reste à dire sur les faits vraiment caractéristiques de l'histoire
générale de la Péninsule sera certainement mieux compris si, préalable-
ment, nous mettons sous les yeux de nos lecteurs le tableau des principaux États qui la composaient au moyen âge et qui la composent encore
aujourd'hui. l'Italie comprenait et comprend encore : au nord, le Piémont,
le Milanais, qui, aujourd'hui, avec Venise, forme le royaume Lombard-Vénitien ; au centre, la Toscane et les États romains, et au midi le royaume
des Deux-Siciles

Le Piémont, qui aujourd'hui avec la Savoie forme le noyau des États
sardes, avait fait partie du royaume de Lombardie. La noble maison de
Savoie a pour chef *Humbert aux blanches mains*. Ce premier comte de Savoie naquit, dit-on, vers 985 et mourut en 1048. Amédée Ier, son petit-
fils et son successeur, eut pour héritier son neveu Amédée II, fils d'Odon,
qui avait épousé Adélaïde, héritière des marquis de Suze. Amédée II augmenta les possessions des comtes de Savoie en y joignant l'héritage de sa
mère, qui comprenait presque tout le Piémont (1060-72).

Au XIIIe siècle, en 1226, Thomas Ier reçut de Frédéric II, qu'il avait soutenu contre les Milanais, la dignité de vicaire de l'Empire en Piémont ; son
fils Amédée IV soumit Turin et reçut dans cette ville Frédéric II, avec lequel il combina toutes les opérations de la guerre contre les guelfes. Cependant Amédée IV céda tout ce qu'il possédait en Italie à son frère Thomas II, qui s'intitula prince de Piémont. De ses deux fils, Thomas III et
Amédée V, sortirent deux lignes, l'une des princes de Piémont, l'autre des
comtes de Savoie. Amédée VIII, crée duc de Savoie en 1416 par l'empereur Sigismond, réunit les possessions des deux lignes à la mort de Louis,
son beau-père ; depuis, le Piémont n'a plus été séparé de la Savoie.

C'est Amédée VIII qui fut nommé pape sous le nom de Félix V (1439) ar les prélats du concile de Bâle. Dix ans après, il renonçait à la tiare pour faire cesser un schisme scandaleux. Il se retira au couvent Ripaille, où il mourut en 1451 ; l'ordre de chevalerie de Saint-Maurice fut institué par ce premier duc de Savoie.

Louis Ier, fils d'Amédée VIII, donna sa fille en mariage à Louis XI, et Yolande, sœur de ce roi, épousa Amédée IX, fils de Louis Ier. C'est alors que l'astucieux monarque français s'immisça dans les affaires des ducs de Savoie. Le prince de Piémont Victor-Amédée II fut le premier roi de Savoie et de Piémont (1675-1730).

Le Milanais, que vous avez vu s'ériger, pendant les guerres entre la papauté et l'Empire, en une sorte de république vassale de l'Empire, tout en luttant contre les empereurs, fut régie par plusieurs grandes familles, notamment par les Della Torre à partir de 1257, et par les Visconti dès 1277. Sous ces derniers (1395), l'empereur Wenceslas donna au Milanais le titre de duché en faveur de Jean-Galéas Visconti. Aux Visconti succédèrent les Sforze (1450), en la personne de François Sforze. De 1502 à 1547 nous verrons les rois de France, Louis XII et François Ier, disputer aux empereurs la possession du Milanais, sur lequel ils avaient des droits du chef de Valentine Visconti, femme de Louis Ier d'Orléans, frère de Charles VI. Après la mort du dernier Sforze (1535), Charles-Quint investit de ce duché son fils, Philippe II (depuis roi d'Espagne), 1540, et les successeurs de ce prince le possédèrent jusqu'en 1700. Dans la guerre de la succession d'Espagne, l'Autriche s'empara du Milanais, et des traités lui en confirmèrent la possession. Elle en céda néanmoins au roi de Sardaigne plusieurs parties pour prix de son concours aux deux guerres de succession d'Espagne et d'Autriche. On peut voir par ce qui se passe aujourd'hui combien les choses changent dans ce monde.

§ V.

Le Milanais fut envahi par les Français, vers la fin xviiie siècle, et le traité de Campo-Formio le fit entrer dans la république Cisalpine (1797), d'où il passa dans le royaume d'Italie en 1815 ; il forma la plus grande partie du gouvernement de Milan dans le royaume Lombard-Vénitien.

Venise, fondée en 452, jeta les fondements de sa puissance en soumettant les villes maritimes de l'Istrie et de la Dalmatie. Dès le xiie siècle, sous le doge Henri Dandolo, la république de Venise affectait l'empire de l'Adriatique. Nous avons vu en quoi et comment les croisades lui furent profitables. Après la prise de Constantinople par les Turcs (1455), Venise s'honora par une courageuse résistance (1461-77); néanmoins, elle se vit enlever par Mahomet II beaucoup d'îles de l'Archipel. En 1469, elle se fit céder le royaume de Chypre par Catherine Cornaro. Venise était alors la première puissance commerçante de l'Europe; elle commandait à tous les ports maritimes par ses provéditeurs. Mais la découverte du passage aux Indes (1497) et celle de l'Amérique (1492) lui portèrent un coup mortel; la ligue de Cambrai, formée contre elle en 1508 par l'empereur, le pape, les rois de France et d'Aragon, la mit à deux doigts de sa perte. Sous Mahomet IV, une guerre ruineuse lui arracha Candie (1669). En vain elle recouvra quelques places en Morée (1683-99) : elle les reperdit encore en 1739. Enfin Venise fut occupée en 1797 par Bonaparte, qui, par le traité de Campo-Formio, livra tout son territoire à l'Autriche (ne gardant que les îles au S.-E.), contre la cession du duché de Milan et de la limite du Rhin. En 1805, la paix de Presbourg joignit Venise et les provinces italiennes de Venise au royaume d'Italie. Le tout revint à l'Autriche en 1815.

Après Charlemagne, la Tuscie devint un margraviat ou marquisat indépendant. La grande-comtesse Mathilde, en qui finit la maison des marquis de Tuscie, ayant légué une grande partie de ses domaines au Saint-Siége, les papes finirent par avoir la Tuscie méridionale; le reste prit peu à peu le nom de Toscane. Bientôt les villes de cette contrée : Pise, Florence, Sienne, Lucques, Pistoie, etc., devinrent de riches et puissantes républiques. Pise était la première aux IX⁰ et XII⁰ siècles; mais au XIII⁰ elle fut dominée par Florence. En 1407, il ne restait plus en Toscane que trois États indépendants : Florence, Lucques, Sienne; Florence, où dominèrent les Médicis depuis 1421, était le plus puissant.

Aucune maison dans ce monde n'a jamais acquis la puissance par des titres plus justes : elle l'obtint à force de bienfaits et de vertus. C'est au XV⁰ siècle que les Médicis commencèrent à être célèbres dans toute l'Europe. Jean posséda toutes les charges de la république sans les avoir briguées. Son fils Cosme fut un des plus grands hommes et des plus habiles politiques de son siècle, et mérita le beau titre de *père de la patrie*. Sa réputation valut à ses descendants la principale autorité dans la Toscane. Son fils l'administra sous le titre de Gonfalonier. Ses deux petits-fils, Laurent et Julien, maîtres de la république, furent assassinés dans une église par des conjurés de la famille de Pazzi, Florentins, favoris de Sixte IV, au moment où l'on élevait l'hostie. Julien en mourut : Laurent échappa. Ils furent vengés par leurs concitoyens, qui massacrèrent tous les conspirateurs qu'ils rencontrèrent. Laurent fut surnommé le *père des Muses*. Il égala le grand Cosme par ses bienfaits et le surpassa par sa magnificence. Ce fut alors que Florence fut comparable à l'ancienne Athènes. On vit à la fois le prince *Pic de la Mirandole, Politiano, Lascaris, Calcondile, Mareil*, que Laurent rassemblait autour de lui. Pierre, son fils, eut comme lui l'autorité principale et presque souveraine dans la Toscane.

L'invasion de Charles VIII (1494) chassa momentanément de Florence les Médicis, et fit révolter Pise contre sa rivale. Pise ne fut soumise qu'en 1509, et les Médicis ne revinrent à Florence qu'en 1513. En 1561 fut érigé par Charles-Quint, en faveur d'Alexandre Médicis, le duché de Florence ou de Toscane, qui en 1569, prit le titre de grand-duché. A l'extinction des Médicis (1737), le grand-duché fut donné à la maison de Lorraine, qui bientôt après devint nouvelle maison d'Autriche, et qui le possède encore aujourd'hui ; mais en 1790 il forma, non plus une des provinces de la monarchie autrichienne, mais un Etat particulier régi par une ligne cadette de la maison.

Nous savons comment Pepin le Bref et Charlemagne jetèrent les fondements de la puissance temporelle des papes. Par une donation célèbre de l'an 1077, la comtesse Mathilde, souveraine de la Toscane, ajouta aux Etats de l'Eglise les villes de Bolsena, Bagnara, Montefiascone, Viterbe, Civita-Castellana, Civita-Vecchia, Corneto, Bracciano, etc., qui formèrent le *Patrimoine de Saint-Pierre*. Toutefois, les papes ne jouirent pas en paix de ces possessions. A différentes époques, les empereurs d'Allemagne prétendirent exercer sur Rome et sur tous les Etats ecclésiastiques un droit de suzeraineté ; quelques-uns même chassèrent les papes de Rome où les nommèrent à leur gré, et les réduisirent à une sorte de vasselage. Innocent III fit disparaître les dernières traces de dépendance en se faisant rendre hommage par le préfet de Rome, qui jusque-là avait été nommé par l'empereur (1198).

Nous avons parlé des successeurs d'Innocent III ; nous avons vu que pendant le séjour des papes à Avignon, Rome s'était érigée un instant en république. Presque toutes les villes importantes étaient devenues de petites principautés appartenant chacune à une famille. Elle ne furent réunies que successivement et après diverses révolutions.

L'Etat ecclésiastique perdit Avignon et le Comtat en 1791, et le traité de Tolentino, passé entre Bonaparte et Pie VI, en ratifiant la cession de ces pays à la France, donna à la république Cisalpine : Bologne, Ferrare, la Romagne (1797). En 1798, le reste de l'État pontifical fut érigé en république romaine, mais en 1799, le gouvernement papal fut rétabli : la paix de

Lunéville, en **1801**, rétablit les stipulations de Tolentino. Bonaparte, en **1808**, par deux décrets, réunit à son royaume d'Italie les provinces situées sur l'Adriatique, et à l'empire français toutes les autres. La paix de Paris de 1814 a rendu aux papes toutes leurs possessions, moins Avignon et le Comtat.

Malgré la rapidité de notre course nous avons, avec quelques détails, exposé les faits les plus intéressants de l'histoire de ce royaume de Naples et de Sicile, fondé par ces héros normands, dont les prouesses donnent à l'histoire l'air de la fable ; nous avons déjà parlé des différentes réunions et séparations des deux royaumes.

Montmartre. - Typ. PILLOY, boulevart Pigalle, 30.

LIVRE TROISIÈME

Coup d'œil rétrospectif (suite). — Citations historiques.

§ I

Ainsi quand toutes les nations de l'Europe vinrent fondre sur l'Italie, le Piémont était gouverné par des princes qui souvent firent admirer leur courage et leur sagesse. La lombardie offrait par sa culture le plus ravissant spectacle à l'œil de l'étranger qui franchissait les monts. A Milan, les Sforze, ces héritiers de condottieri, se faisaient gloire d'honorer les lettres. Venise était dominante par le commerce, source de ses richesses et de sa puissance; par les arts, cause de ses gloires et de ses magnificences. Florence pouvait croire à la liberté sous ces Médicis qui, sur les mêmes vaisseaux, faisaient venir les manuscrits, les statues de la Grèce et les marchandises de toutes les contrées; qui élevaient des édifices utiles à l'industrie et des monuments que nous admirons encore, entre autres cette coupole de Sainte-Marie, en face de laquelle Michel-Ange demandait qu'on plaçât son tombeau. A Rome, la science était assise sur le trône de saint Pierre.

Quant aux Napolitains, toujours faibles et remuants, incapables de se gouverner eux-mêmes, de se donner un roi et de souffrir celui qu'ils avaient, ils étaient au premier qui arrivait chez eux avec une armée. Fernando ou Ferdinand Ier avait reçu comme roi de Naples l'investiture du pape, au préjudice de la maison d'Anjou, mais il n'était aimé ni du pape, son suzerain, ni de ses sujets. Il mourut en 1494, laissant une famille infortunée à qui Charles VIII ravit le trône sans pouvoir le garder.

« Cependant Milan, Florence, Sienne, allaient voir reparaître ces noms qu'ils avaient bien connus au temps de la conquête des Normands et de Charles d'Anjou: les la Palisse, les Nemours, les Lautrec, les Vieilleville, ne trouvèrent plus, comme leurs pères, une terre demi-barbare, mais une terre classique, où le génie d'Auguste s'était réveillé, où, comme les vieux Romains, ils adoucirent leurs rudes vertus à la voix des arts accourus une seconde fois de la Grèce. Quand Bayard acquérait le haut renom de prouesse, c'était au milieu de l'Italie moderne, de l'Italie dans toute la fraîcheur de la civilisation renouvelée; c'était au milieu de ces palais bâtis par Bramante, Michel-Ange et Palladio, de ces palais dont les murs étaient couverts de tableaux récemment sortis des mains des plus grands maîtres, c'était à l'époque où l'on déterrait les statues et les monuments de l'antiquité, tandis que les Gonzalve de Cordoue, les Trivulce, les Pescaire, les Strozzi combattaient, que les artistes se faisaient justice de leurs rivaux à coups de poignard, que les aventures de Roméo et de Juliette se répétaient dans toutes les familles, que l'Arioste et le Tasse allaient chanter cette chevalerie dont Bayard était le dernier modèle. »

Lorsqu'on traverse aujourd'hui les Maremmes de Sienne, dit M. Michelet, et que l'on retrouve en Italie tant de traces des guerres du seizième siècle, une tristesse inexprimable saisit l'âme, et l'on maudit les barbares qui ont commencé cette désolation. Ce désert des Maremmes, c'est un général de Charles-Quint qui l'a fait; ces ruines de palais incendiés sont l'ouvrage des landskenechts de François Ier. Ces peintures dégradées de Jules Romain attestent encore que les soldats du connétable de Bourbon établirent leurs écuries dans le Vatican. Ne nous hâtons pas cependant d'accuser nos pères. Les guerres d'Italie ne furent le caprice ni d'un roi ni d'un peuple. Pendant plus d'un demi-siècle, une impulsion irrésistible entraîna au-delà des Alpes tous les peuples de l'Occident comme autrefois ceux du Nord. Les calamités furent presque aussi cruelles, mais le résultat fut le même : les vainqueurs furent élevés à la civilisation des vaincus.

Ludovic le More, alarmé des menaces du roi de Naples, dont la petite fille avait épousé son neveu, Jean Galéas, se détermina à soutenir son usurpation par le secours des Français; mais il était loin de savoir quelle puissance il attirait dans l'Italie. Il fut lui-même saisi d'étonnement et de terreur lorsqu'il vit descendre du mont Genève (septembre 1494) cette armée formidable, qui, par la variété des costumes, des armes et des langues, semblait à elle seule l'invasion de toutes les nations de l'Europe : Français, Basques, Bretons, Suisses, Allemands, et jusqu'aux Écossais, et cette invincible gendarmerie, et ces pesants canons de bronze que les Français avaient rendus aussi mobiles que leurs armées. Une guerre toute nouvelle commençait pour l'Italie. L'ancienne tactique, qui faisait succéder dans la bataille, un escadron à l'autre, était vaincue d'avance par l'impétuosité française, par la froide fureur des Suisses.

A l'approche des Français, les vieux gouvernements d'Italie s'écroulent d'eux-mêmes. Pise se délivre des Florentins; Florence, des Médicis. Savonarole reçoit Charles VIII comme le *fléau de Dieu*, envoyé pour punir les péchés de l'Italie. Le pape Alexandre VI, qui, jusque-là négociait à la fois avec les Français, avec les Aragonnais, avec les Turcs, entend avec effroi les mots de concile et de déposition, et se cache dans le château de Saint-Ange. Il livre en tremblant le frère de Bajazet II, et ont Charles VIII croit avoir besoin pour conquérir l'empire d'Orient; mais il le livre empoisonné. Cependant le nouveau roi de Naples, Alphonse II, s'est sauvé dans un couvent de Sicile, laissant son royaume à défendre à un roi de dix-huit ans. Le jeune Ferdinand II est abandonné à San-Germano, et voit son palais pillé par la populace de Naples, toujours furieuse contre les vaincus. Les gens d'armes français, ne se fatiguant plus à porter d'armures, poursuivent cette conquête pacifique en habit du matin, sans autres peines que d'envoyer leurs fourriers devant eux pour marquer les logements. Bientôt les Turcs voient flotter les fleurs de lis à Otrante, et les Grecs achètent des armes.

§ II

Cependant une ligue presque universelle s'était formée contre Charles VIII. Il fallait qu'il se hâtât de regagner la France, s'il ne voulait être enfermé dans le royaume qu'il était venu conquérir. En redescendant les Apennins, il rencontra à Fornovo l'armée des confédérés, forte de quarante mille hommes : les Français n'étaient alors que neuf mille.

Après avoir demandé inutilement le passage, ils le forcèrent, et l'armée ennemie, qui essaya de les arrêter, fut mise en fuite par quelques charges de cavalerie. Ainsi le roi rentra glorieusement en France, ayant justifié toutes ses imprudences par une victoire.

Les Italiens, se croyant délivrés, demandèrent compte à Savonarole de ses sinistres prédictions. Un moine franciscain, voulant, disait-il, prouver que Savonarole était un imposteur, et qu'il n'avait le don ni des prophéties ni des miracles, offrit de passer avec lui dans un bûcher ardent. Au jour marqué, lorsque le bûcher était dressé, et tout le peuple dans l'attente, les deux partis firent des difficultés, et une grande pluie qui survint mit le comble à la mauvaise humeur du peuple. Savonarole fut arrêté, jugé par les commissaires du pape, et brûlé vif. Lorsqu'on lui lut la sentence par laquelle il était retranché de l'Église : *De la militante*, répondit-il, espérant appartenir dès lors à l'Église triomphante (1498). L'Italie ne s'aperçut que trop de la vérité de ses prophéties. Le jour même de l'épreuve du bûcher, Charles VIII mourait à Amboise, et laissait le trône au duc d'Orléans, à Louis XII, qui revendiquait le duché de Milan, parce qu'il comptait parmi ses grand'mères une sœur d'un Visconti, lequel avait eu cette principauté. On lui opposait la prescription et l'investiture que Maximilien avait donnée à Ludovic le More. Le droit féodal, toujours incertain, ne pouvait être interprété que par la loi du plus fort.

De concert avec les Vénitiens, Louis XII envahit le Milanais. On vit encore ce que pouvait l'impétuosité française contre la sagacité italienne. L'armée du roi s'empara en vingt jours de l'État de Milan et de celui de Gênes, tandis que les Vénitiens occupèrent les Crémonois (1500). Louis XII, après avoir conquis cette belle province, fit son entrée dans Milan, y reçut les députés de tous les États d'Italie en prince qui était leur arbitre ; mais à peine fut-il retourné à Lyon, que la négligence qui suit presque toujours la fougue fit perdre aux Français le Milanais comme ils avaient perdu Naples. Ludovic le More, dans son rétablissement passager, payait un ducat d'or pour chaque tête de Français qu'on lui apportait. Alors Louis XII fit un nouvel effort ; Louis de la Trimouille va réparer les fautes qu'on avait faites. On rentre dans le Milanais : Ludovic le More, trahi par les Suisses, mourut captif.

§ III

.   .   .   .

La suite des guerres des Français en Italie, la splendeur du pontificat de Léon X, l'énergie de celui de Sixte-Quint caractérisent le xvie siècle.

Le pape Jules II, né à Savone, domaine de Gênes, ne pouvait supporter de voir sa patrie sous le joug de la France ; à son instigation, sans doute, Gênes se révolta. Louis XII parut bientôt sous les murs de cette ville avec une brillante armée ; le chevalier Bayard gravit sans peine les montagnes qui couvrent Gênes, et criait aux révoltés : « Ores, marchands, défendez-vous avec vos aulnes, et laissez les piques et lances, lesquelles vous n'avez accoutumées. » Le roi, ne voulant pas ruiner une ville si riche, se contenta de faire brûler les priviléges de la cité, et fit construire une forteresse qui commandait l'entrée du port (1507).

Jules II qui, comme ses prédécesseurs, aurait voulu chasser tous les étrangers de l'Italie, tenait cependant à ce que la puissante république de Venise lui remît nombre de villes que le saint-siége réclamait.

Il faut bien dire que le gouvernement de Venise avait su profiter des fautes et des malheurs de toutes les autres puissances ; il avait gagné à la chute de Ludovic le More, à l'expulsion des Français de Naples, à la ruine de César Borgia. Tant de succès excitaient la crainte et surtout la jalousie des puissances italiennes elles-mêmes, qui auraient dû souhaiter la grandeur de Venise. « Vos Seigneuries, écrivait Machiavel aux Florentins, m'ont toujours dit que c'étaient les Vénitiens qui menaçaient la liberté de l'Italie. »

Jules II se servit contre Venise des Français mêmes, contre lesquels il eût voulu s'armer. Ce ne fut pas assez des Français, il fit entrer toute l'Europe dans la ligue dite *de Cambrai contre Venise* (1508).

Cette rapidité de fortune qui avait accompagné les Français dans les commencements de toutes leurs expéditions ne se démentit pas ; Louis XII, à la tête de son armée, détruisit les forces vénitiennes à la célèbre bataille d'*Agnadel* (1509). Alors chacun des prétendants se jeta sur son partage ; Jules II s'empara de toute la Romagne. Ayant alors réussi dans son premier projet, il songea au second, celui de chasser de l'Italie ce que tous les Italiens appelaient dédaigneusement *les barbares.*

Louis XII était retourné en France, prenant toujours, ainsi que Charles VIII, moins de mesures pour conserver qu'il n'avait eu de promptitude à conquérir. Il faut d'ailleurs reconnaître là le caractère, nous pourrions dire le génie de notre nation. Le Français donne volontiers quittance de ses conquêtes ; on peut dire qu'il veut la gloire pour elle-même, il la recherche par amour pour elle. Il en fait, si nous pouvons dire ainsi, comme le véritable artiste fait de l'art pour l'art, sans trop s'inquiéter de ce que la chose peut rapporter.

Les familles nobles, enrichies par le commerce, ayant acquis peu à peu toute influence dans Venise, enlevèrent au peuple le droit de nommer le doge, ou chef de la république ; elles firent décider que les membres du Grand-Conseil, qui réglait les affaires de l'État, seraient tous pris dans leur sein ; enfin, elles instituèrent un tribunal terrible, le fameux conseil des Dix, qui avait pour principale mission de réprimer les tentatives d'insubordination, et qui, dans ce but, était investi d'un pouvoir absolu. Les Dix avaient le droit de condamner et de faire exécuter, sans aucune formalité, tous les citoyens qu'ils jugeaient dangereux pour la république, fût-ce le doge lui-même. Les malheureux qu'ils avaient déclarés coupables, ne pouvaient échapper ou à la mort ou aux tortures.

Le doge de Venise, Marino Faliero, vieillard de quatre-vingt-quatre ans, ayant reçu un sanglant outrage d'un jeune noble vénitien, demanda vengeance au conseil des Dix, qui n'infligea au coupable que quelques jours de prison. Faliero dissimula sa colère, et s'unit au parti démocratique pour former une conjuration dont le but était la mort des patriciens et l'anéantissement de l'aristocratie. Six cents conjurés convinrent de se rassembler, le 15 avril 1355, sur la place Saint-Marc, lorsque le doge ferait sonner la cloche d'alarme, et de massacrer les nobles, à mesure qu'appelés par ce signal, ils accourraient vers la place pour se ranger autour du chef de la république. La veille du jour où devait éclater le complot, il fut découvert à un membre du conseil des Dix. Les conjurés furent livrés au supplice, et le doge lui-même fut décapité sur le grand escalier du palais ducal, au lieu même où il avait reçu la couronne.

Florence, fondée par les Étrusques, ne commença à être célèbre que quand Sylla en fit une colonie romaine. Prise et reprise par Totila et Narsès, ruinée de fond en comble, puis relevée par Charlemagne, elle parvint à une haute prospérité, tandis qu'autour d'elle les factions déchiraient l'Italie. Mais, en 1215, elle prit part à ces discordes et devint dans l'Italie centrale le centre de la puissance des guelfes : son gouvernement varia souvent ; en général pourtant sa tendance fut éminemment démocratique, et la constitution dite ***Ordinamenti di giustizia*** (1282) fut la base des organisations postérieures. Souvent en guerre avec l'Empire, avec Milan, avec les Pisans, avec les papes ; soumise à Naples de 1314 à 1317, puis de 1326 à 1328 ; à Gauthier de Brienne de 1342 à 1343 ; gibeline un instant, de 1378 à 1383, elle acquit au milieu des guerres Pistoie, Arezzo, Pise. Elle tomba, à partir de 1421, sous l'influence de Médicis, et finit par devenir le patrimoine de cette famille.

Dante Alighieri, ce poète inimitable, cet Homère toscan, est né au milieu de toutes les passions de guerre et de vengeance qui divisaient les guelfes et les gibelins. Il sortait d'une famille remplie de ces passions, la famille Algihieri, attachée au parti guelfe, à ce parti qui, soulevé contre l'empereur d'Allemagne, cherchait dans la défense des papes la liberté de l'Italie. Tout jeune, il porta les armes pour cette cause ; il était à la bataille de Campaldino, où les guelfes de Florence furent vainqueurs des gibelins. Le crédit de sa famille, son génie naissant, tout l'appelait à ces honneurs civiques qui, dans l'Italie du moyen âge, renouvelaient les périls et les grandes ambitions de la Grèce et de Rome. Il fut successivement officier, ambassadeur et prieur, c'est-à-dire un des six magistrats suprêmes de Florence. Il y avait dans la constitution de cette ville de quoi nous expliquer le développement précoce du génie italien ; elle était fondée sur la liberté, les sciences et les métiers. Le Dante était inscrit sur les registres de Florence dans la sixième classe, sous le titre de physicien, c'est-à-dire médecin ; c'est de là qu'il fut bientôt élevé à la dignité de prieur, et c'est alors que commencèrent tous ses malheurs.

Le parti guelfe vainqueur s'était partagé entre deux familles puissantes, les *Cerchi* et les *Donati*. Tout parti qui se divise envoie des recrues à ses ennemis. La minorité invoque ceux qu'elle combattait autrefois contre ceux qui l'oppriment aujourd'hui.

Un accident, commun alors dans les villes d'Italie, vint aider aux troubles de Florence. Les guelfes de Pistoie s'étaient également divisés en deux partis ennemis. Après des luttes longues et sanglantes, les principaux de ces deux factions vinrent s'établir à Florence. Ils y trouvèrent des alliances toutes prêtes dans les haines des *Cerchi* et des *Donati ;* ils rajeunirent et enflammèrent ces haines, donnant leurs noms de *Blancs* et de *Noirs* aux deux partis, et chaque jour les mettant aux prises. Aux promenades publiques et dans les cérémonies des funérailles, dans tous les lieux où l'on se rencontrait, le sang coulait. Le Dante était favorable aux *Blancs*. Cependant, magistrat de Florence, il voulait rétablir la paix; il fit bannir les chefs des deux partis. Mais les *Blancs* furent bientôt rappelés, et les *Noirs* conspirèrent. Désigné comme *Blanc* par les *Noirs*, le Dante eut sa maison pillée et fut condamné au bannissement, et au feu s'il était pris.

§ IV

.   .   .   .

Le pape *pardonna aux Vénitiens*, qui, revenus de leur première terreur, résistaient aux armes impériales. Enfin, Jules II se ligua avec cette même république contre ces mêmes Français dont il s'était servi contre elle. Il voulait chasser de l'Italie tous les étrangers, exterminer les restes alors languissants de l'autorité allemande, et faire de l'Italie un corps puissant dont le souverain pontife serait le chef. Il n'épargna dans ses desseins ni négociations, ni argent, ni peine. Il fit lui-même la guerre, plus d'une fois il affronta la mort. « Nos historiens, dit Voltaire, blâment son ambition, mais il fallait au moins rendre justice à son courage et à ses grandes vues. »

Cependant l'ardeur de Jules II, la politique des alliés, furent un instant déconcertées par la courte apparition de Gaston de Foix, neveu de Louis XII, à la tête de l'armée française. Ce jeune homme de vingt-deux ans arrive en Lombardie, remporte trois victoires en trois mois, et meurt vainqueur à Ravenne, laissant la mémoire du général le plus impétueux qu'avait vu l'Italie. Mais si son courage peut être comparé à celui de Bayard, il n'en est pas ainsi de sa générosité; s'il fut sans peur, il ne fut pas sans reproche. Les hommes hauts placés ne s'inquiètent jamais assez peut-être de ce que l'histoire dira de leur grandeur d'âme. Leur responsabilité est si grande, cependant, qu'ils devraient en être effrayés.

L'Europe croyait la France abattue, et elle déploie des ressources inattendues sous le jeune François Ier, qui vient de succéder à Louis XII (1er janvier 1515). Les Suisses, qui pensent garder tous les passages des Alpes, apprennent avec étonnement que l'armée française a débouché par la vallée de l'Argentière. Deux mille cinq cents lances, dix mille Basques, vingt-deux mille landsknechts ont passé par un défilé qui n'avait jamais été pratiqué que par les chasseurs de chamois. L'armée française avance en négociant jusqu'à Marignan : là, les Suisses, qu'on avait crus gagnés, viennent fondre sur les Français avec leurs piques de dix-huit pieds et leurs espadons à deux mains, sans artillerie, sans cavalerie, n'employant d'autre art militaire que la force du corps, marchant droit aux batteries, dont les décharges emportent des files entières, et soutenant plus de trente charges de ces grands chevaux de bataille couverts d'acier comme les gens d'armes qui les montaient.

Enfin, après vingt-huit heures de combat, les Suisses se retirèrent avec une contenance si fière qu'on n'osa pas les poursuivre.

« ... Croyez, madame, écrivait le roi à sa mère, que nous avons été vingt-huit heures à cheval, sans boire ni manger... Depuis deux mille ans en ça n'a point été vue une si fière ni si cruelle bataille, ainsi que disent ceux de Ravenne... (Écrit au camp de Sainte-Brigide, le vendredy 14e jour de septembre mil cinq cent quinze). »

François Ier jouit de sa victoire au lieu de l'achever. Le traité de Noyon rendit un instant de repos à l'Europe, et donna aux deux rivaux, François Ier et Charles-Quint, le temps de préparer une guerre plus terrible (1516).

Cette fois, le traité de Solferino n'a pas été conclu dans les mêmes circonstances, et loin de préparer une guerre terrible pour l'Europe, il est à croire et à espérer qu'il lui prépare une paix glorieuse et durable.

Montmartre. — Typ. Pillet

I

Avant d'entreprendre le récit de l'immortelle campagne d'Italie
en 1859, qui doit servir de couronnement à cette histoire, il nous
parait utile de le faire précéder de quelques considérations sommaires.

Et d'abord peut-être devrions-nous, pour en mieux rehausser l'absolue nécessité, comme le succès et la gloire éclatante, peut-être
devrions-nous retracer le tableau des faits politiques, civils ou administratifs qui l'ont nécessitée.

Mais, outre que ces récriminations et ces critiques ne conviennent
point au rôle d'historien impartial, nous ne devons pas oublier non
plus qu'au moment où nous écrivons, la paix de Villafranca est depuis
longtemps signée ;

Que l'exemple de la bienveillance et de la magnanimité nous a été
donné par les héros eux-mêmes de l'armée alliée, qui après la lutte
rivalisaient de zèle et de soins pour les blessés autrichiens, comme aussi
de douceur vis-à-vis des prisonniers.

Ainsi donc il serait à tous égards de mauvais goût de revenir sur un
passé dont nos armes victorieuses ont effacé le souvenir.

En un mot, nous n'avons plus à attendre que les heureux résultats
de notre puissante médiation.

De même que l'Italie libre saura sauvegarder ses droits, son territoire et sa liberté de toute atteinte, de même l'Autriche saura puiser dans les revers qu'elle vient d'essuyer une plus exacte idée du droit des gens, de l'inviolabilité nationale et du respect de l'indépendance.

Ce sont en effet là les grands éléments de concorde qui doivent désormais assurer la paix de l'Europe, ceux au nom desquels elle va consacrer le rétablissement indispensable qui avait amené la lutte.

Mais si nous ne disons rien de l'arbitraire qui a présidé à tous les actes de la domination autrichienne; si nous passons sous silence l'étrange attitude des fonctionnaires du cabinet de Vienne en Italie, qu'il nous soit au moins permis de rappeler sans aigreur un fait qui domine les années précédentes par son caractère grave et tout spécial.

Nous voulons parler des mouvements auxquels la captivité de Silvio Pellico sert de titre et de giron historique.

Ce regrettable chapitre des annales européennes servira ici, non de foment de haine, mais bien d'enseignement aux grandes nations. C'est au moins notre envie et nos souhaits. Dieu veuille que, dans la mesure de nos moyens, nous apportions une pierre utile à l'édifice du progrès politique.

II

Lors du démembrement de l'Empire, la Sainte-Alliance prétendit rentrer aussitôt dans les territoires dont elle avait été dépossédée.

En ce qui touche les provinces homogènes, à chacune des nations qui les composaient, la chose pouvait paraître naturelle; mais pour celles qui n'étaient tenues elles-mêmes antérieurement que de la conquête, il y eut contestation sur plusieurs points.

Cela était d'autant plus légitime, que la moindre récompense de la guerre pour la France devait être au moins de voir l'affranchissement des peuples, qu'elle n'aurait alors arrachés momentanément au joug étranger que pour qu'elles subissent le sien.

C'est en Italie que la contestation devait être la plus grave.

En effet : d'une part, les Murat, les Beauharnais, bien que rois nés d'une révolution, revendiquaient leurs droits sur les peuples qu'ils gouvernaient depuis longtemps.

D'autre part, ces mêmes peuples, cédant à une majorité libérale jalouse de leur indépendance complète, résistaient aux prétentions.

D'autre part enfin, ils étaient menacés par leurs ex-suzerains les Autrichiens, qui s'empressaient de profiter de la facilité de leur rentrée en Lombardie.

Ce fut cette dernière combinaison qui prévalut pour ce pays.

Il rentra dans les anciens errements qui furent sanctionnés par des traités contemporains dits : de 1815.

Cependant le parti libéral n'avait pas abandonné tout espoir.

L'agitation, qui est son caractère distinctif en tous lieux, lui rallia des prosélytes. La crainte du retour à l'ancien état de choses, peut-être plus encore que toute autre considération, le fortifia bientôt tellement, qu'il se décida à quelques démonstrations violentes.

Or, c'est dans ce mouvement politique que se déroule la pénible histoire de Silvio Pellico, qui peut servir de type au martyrologe italien.

Ab uno disce omnes.

Le comte Porro, l'âme du parti libéral, avait pensé avec raison qu'avant toute entreprise importante, il était intéressant de s'assurer le plus universellement possible l'appui de l'esprit public.

Il s'était donc servi de la première arme des opprimés, c'est-à-dire de la parole; puis il fonda un journal, *le Conciliateur*, dans lequel il s'attachait à développer chez la jeunesse italienne les sentiments d'honneur, de patriotisme et de vertu.

Quoique ces chaudes instructions fussent présentées sans antagonisme bien accusé, elles n'en devaient pas moins porter fruit par le contraste qu'elles suscitaient aux tendances du gouvernement autrichien.

C'est précisément dans la maison du comte Porro que se trouvait, en 1819, Silvio Pellico.

Poëte et citoyen ardent, ce jeune homme (il avait alors trente ans) devait, plus que tout autre, s'associer aux idées de son hôte.

III

Silvio Pellico, né à Saluces en Piémont en 1799, fut emmené dans un âge encore tendre, par son père, Honorato Pellico, à Pignerol, où ce dernier dirigeait une filature de soie.

Il est curieux de rapprocher ce souvenir de celui du séjour de l'homme au masque de fer dans la forteresse de cette localité.

Les premiers goûts qui se développèrent chez l'enfant devenu adolescent, furent ceux de la scène et des compositions dramatiques.

Le père, loin de contraindre ces penchants, les favorisa; car nous retrouvons, quelques années plus tard, la famille Pellico établie à Turin, et dans la maison paternelle un petit théâtre particulier établi et fonctionnant à l'aide d'interprètes, tous de l'âge de Silvio; entr'autres, dit un des biographes de celui-ci, une jeune fille nommée Carlottina, morte à peine âgée de quatorze ans, et qui laissa au cœur du célèbre infortuné des souvenirs qui le brûlaient encore dans les cachots du Spielberg : — les souvenirs de la jeunesse, de la patrie lointaine, de l'ignorance des maux qui devaient suivre.

Bien qu'Honorato Pellico n'eût point foncièrement de sympathie pour le parti libéral, il n'en était pas moins contraint par bienséance, peut-être aussi parce que là, mieux qu'ailleurs, il retrouvait des sentiments généreux, de suivre les courants d'idées d'indépendance. Il participait donc aux assemblées démocratiques et y emmenait Silvio.

Les discours ardents qui s'y prononçaient, l'atmosphère passionnée qu'on y respirait, enthousiasmèrent l'enfant plus énergiquement encore que Jean-Jacques Rousseau ne l'avait été pour ses nobles instincts, à la suite de la lecture de Plutarque.

Il était organiquement d'un tempérament faible, irritable, maladif; il devait être plus sensible qu'un autre aux impressions, et fut par conséquent tout à fait remué par l'habitude fréquente de ces assemblées.

Vers l'âge de seize ans, de nouvelles conditions et des incidents, bien banals en apparence, devaient encore surexciter cet entraînement et en affranchir la direction.

Il avait été envoyé à Lyon dans la famille d'un cousin. Dans la compagnie que fréquentait son parent, se rencontra un prêtre apostat avec lequel Silvio lia commerce d'intelligence et d'amitié.

Cet ecclésiastique, délivré de l'influence cléricale, affectait les principes de la liberté philosophique la plus avancée, notamment à propos de la religion, dont il répudiait tous les dogmes.

Son jeune auditeur ne tarda pas à se trouver imbu de ces idées, nouvelles pour lui, et qu'il accueillit avec toute la fougue qu'on met à son âge à accepter sans contrôle même les exceptions.

Il perdit alors le sens religieux, et sans abandonner pour cela la croyance à la Divinité, il ne s'en ressentit pas moins dans ses mœurs *intellectuelles*, si l'on peut s'exprimer ainsi, des écarts que devait lui faire faire le système qu'il venait d'adopter.

Il passa toutes entières en France les quatre années qui suivirent, et ne revint en Italie qu'à la suite de la lecture d'un poëme de Foscolo, qui lui transmit la nostalgie.

Son père, Honorato Pellico, habitait alors Milan en qualité de commis au département de la guerre.

Silvio vint le joindre, et se lia dès son arrivée avec la plupart des gens de lettres, auprès desquels son mérite naissant fut bientôt un titre à la confraternité, malgré son âge.

Milan en Italie est non-seulement un foyer politique, mais encore c'est le centre le plus important des artistes, des gens de lettres, en un mot de tous ceux qui se vouent au culte des idées.

Notre héros se signala promptement, et avec éclat, par des compositions pleines de chaleur et des poésies toutes remplies de lyrisme, et enfin par sa *Léodamie*, ainsi que le plan de Francesca de Rimini.

Mais cette période purement littéraire de la vie de Silvio Pellico s'effaçait chaque jour devant son initiation à la vie politique.

IV

Il avait quitté la maison du comte de Briche, où il vivait en qualité de professeur du fils de la maison, pour entrer chez Porro avec le même emploi.

24.

C'est là qu'il se rencontra avec les carbonari les plus intrépides ; c'est là qu'il s'inspira des opinions et des doctrines de Grossi, de Romagnesi, de Confalonieri, de Ludovico de Brême, de Manzoni.

Une démonstration libérale qui venait de se produire à Naples, dut entraîner toutes ces brillantes intelligences à l'action.

Déjà une des tragédies de Silvio Pellico avait été mise en interdit. Le journal *le Conciliateur*, dont il était un des plus rudes champions, était constamment l'objet de suspension de la part du gouverneur autrichien. Les conjurés, exaspérés par de récentes vexations, n'hésitèrent plus.

Ils s'embarquèrent pour Venise, accompagnés de la jeunesse milanaise la plus impétueuse.

Cependant les projets de cette poignée de patriotes ne purent échapper à la vigilance des sbires.

Porro échappa à l'arrestation, mais Confalonieri, Giosa, Silvio Pellico et quelques autres tombèrent aux mains de la police.

Pour donner une idée exacte de l'esprit de cette conspiration, nous citerons les paroles de Silvio, paroles prononcées bien longtemps après cet événement, mais qui donneront une idée exacte de l'intensité des sentiments dont elles étaient le mobile.

« Depuis le moment où j'ai cessé de douter de la religion et où j'ai
« cru fermement à la vérité de la foi catholique, j'ai cessé de croire que
« l'amour de la patrie puisse avoir une autre inspiration que le chris-
« tianisme, c'est-à-dire une haine profonde contre l'injustice unie à
« l'amour de l'utilité publique, mais avec la résolution de ne point
« commettre le mal dans l'espoir d'en obtenir un bien. Un gouverne-
« ment est-il mauvais, il faut s'en aller ou rester soumis à ses lois...
« Au reste, si dans ma jeunesse mes principes politiques étaient plus
« aventureux, je ne les avais jamais poussés jusqu'à la démagogie.
« L'amour dont je brûlais pour ma patrie n'allait qu'à désirer pour
« elle un gouvernement national et l'expulsion des étrangers maîtres
« chez elle. »

C'est surtout cette sorte de profession de foi qui attriste l'étude de cet épisode de l'histoire moderne de l'Italie.

Quelle cause plus sainte, plus avouable, pouvait être plaidée, défendue par des gens plus pleins d'activité, de courage ou d'intelligence et de raison, que ceux dont nous esquissons en ce moment la catastrophe?

Pourquoi faut-il que l'Autriche, après de grandes fautes politiques, ait eu la mauvaise chance de réprimer la réaction qu'elles avaient amenées en la personne d'un poëte enthousiaste et patriote, d'un homme dont l'illustration fait éclater d'une façon plus célèbre encore tout à la fois les malheurs de son pays et l'injustice de ses oppresseurs?

C'est être doublement, triplement malheureux pour une nation, que d'user d'une sévérité excessive vis-à-vis de gens bien fondés dans leur droit.

Passons maintenant à la douloureuse période de captivité.

V

C'est en novembre 1820 que Silvio Pellico fut arrêté et conduit dans la prison de Sainte-Marguerite.

Là se trouvaient déjà ou allaient bientôt être écroués ses amis politiques Maroncelli, Oroboni, etc.

A partir de cette époque, et durant près d'un an et demi que dura l'instruction de leur procès, les prisonniers, transférés à Venise, et à Venise transportés de prison en prison, eurent à souffrir des maux inouïs.

Cette première période, ainsi que tout le temps de sa captivité, dont il a consigné plus tard les annales dans un livre admirable intitulé *Mes Prisons*, cette période, disons-nous, pour n'avoir point été au point de vue matériel la plus cruelle de sa détention, n'en est pas moins une des plus anxieuses.

Constamment inquiété par l'issue probable de son incarcération, il vécut à la lettre entre la vie et la mort.

Toute communication avec sa famille, l'objet le plus cher de ses pensées, lui était interdite.

L'instruction secrète du procès, suivant les coutumes austro-lombardes, lui enlevait non-seulement l'appui de l'opinion publique, mais aussi le bénéfice des avocats et de la libre défense personnelle.

Cette législation, surtout en matière politique, procède par interrogatoires au-delà ou en deçà desquels le prévenu ne peut rien ajouter.

Quelles ne durent pas être ses angoisses durant la procédure!

Ce n'était pas seulement la crainte de la mort qui le préoccupait, mais, on se l'imagine, le souci du sort de ses frères libéraux. Qu'allait-il en être? Quel serait le résultat de tant de soins généreux, de patriotisme et d'audacieux courage? — La mort sans doute, ou la prison éternelle.

Et dans l'un et l'autre cas, que penser des mères, des sœurs, des épouses de tant de jeunes hommes pleins de séve, et dont le secours allait leur échapper?

Ces réflexions l'accablaient.

Mais si elles se tournaient sur lui-même, alors il ne trouvait plus de larmes pour éteindre le feu qui s'allumait dans son être.

Son vieux père, dans l'ignorance de l'importance du complot, croyait sans doute le serrer bientôt dans ses bras, tandis qu'en réalité peut-être devaient-ils ne jamais se revoir.

Toute communication était interdite. — Cette situation était intolérable.

Ce n'est qu'à force de piété et de fermeté chrétienne que Silvio Pellico put la supporter.

Dans le livre dont nous avons parlé plus haut, et d'une douceur angélique, d'une patience céleste, se trouvent décrites toutes ces réactions religieuses. Elles semblent, en raison de la situation de l'auteur, faire l'apothéose le plus glorieux à la vertu consolatrice.

Cependant là ne se bornaient pas ses maux. Silvio Pellico passait les jours de l'instruction sous les plombs de Venise, assailli par tous les tourments qui les ont rendus si célèbres et si épouvantables.

Une chaleur ardente, des cousins, des insectes innombrables, tout conspirait à lui rendre l'existence encore plus horrible.

Il était obligé de s'entourer les poignets, les mains et le visage de linge, pour résister aux piqûres, tandis que la température de son cabanon lui rendait tout vêtement insupportable.

Le dégoût des aliments, la maladie, tout, au physique et au moral, lui faisait présager la mort.

Mais sa vie intérieure, pleine de dévouement et de puissance virile, combattait ces misères. L'idée du suicide était sans cesse repoussée par le même sens moral qui lui avait fait haïr l'injustice et détester la domination étrangère.

Il vécut donc, — pour souffrir il est vrai, — mais il vécut.

L'effort de l'adversité, l'horreur de son martyre et des épreuves qui l'attendaient, ne purent rien sur lui.

Est-il besoin d'ajouter un mot pour faire comprendre l'intensité qu'il fallait à cette résignation ?

Enfin sa sentence lui est lue après un an et demi de tortures ; elle porte sa condamnation à mort, ainsi que celle de quelques-uns des conjurés, mais commuée en quinze années de *carcere duro* dans la forteresse du Spielberg en Moravie.

VI

A Venise, quelque atroce qu'ait été la captivité, elle avait été cependant adoucie par quelques-unes de ces consolations que les prisonniers seuls peuvent trouver : la vue de la ville à travers les barreaux du cabanon, la conversation avec des compagnons d'infortune, et enfin la douce amitié avec la jeune Zanze, fille du geôlier, que sa compassion pour Silvio Pellico a immortalisée dans les écrits de l'auteur de *Mes Prisons*.

Dans la forteresse du Spielberg, au contraire, l'isolement sera complet. La maladie, la faim, qui déciment les prisonniers qui l'avoisinent, seront les seuls spectacles qui feront diversion à sa triste vie.

Avant de quitter Venise, le héros du carbonarisme devait cependant servir d'acteur à un spectacle d'intimidation propre à inspirer une sainte terreur à la rébellion.

Un matin, un chef de sbires vient dans sa chambre lui mettre les menottes, et le conduit, à travers une haie de soldats autrichiens, jusque sur la Piazzetta.

Un échafaud y est dressé, et alentour des canons chargés à mitraille ont été amenés. Silvio Pellico monte, avec une autre victime du despotisme, les degrés, et la sentence et la commutation de peine leur sont lues:

Le plus profond silence règne pendant toute la durée de cette lamentable cérémonie. Bien certainement ce silence devait cacher de grands sentiments de sympathie; mais les deux conjurés furent ramenés dans leur cachot sans avoir pu recueillir un signe, un geste qui adoucît leur émotion, sur lequel leur souvenir pût se reposer durant le séjour au Spielberg.

Le délai fixé pour leur départ fut de courte durée. Un commissaire envoyé exprès de Vienne, qui venait déjà de conduire un convoi de condamnés politiques, arriva bientôt.

Silvio Pellico et ses compagnons furent garrottés et déposés dans une voiture. A chaque pas des chevaux c'était un peu de la patrie qu'on quittait. Les marques de pitié dont les prisonniers étaient l'objet sur leur passage, le leur faisaient encore plus cruellement sentir.

Enfin ils entrèrent en Allemagne, et à partir de ce moment un sentiment de profonde tristesse envahit leur cœur.

VII

La forteresse du Spielberg n'est consacrée aux prisonniers que depuis la bataille d'Austerlitz, durant laquelle elle fut canonnée et presque démantelée.

Elle fut alors restaurée en partie et reçut sa destination nouvelle.

Le régime pénitentiaire y est d'une sévérité extrême pour les deux classes de détenus, car les condamnés politiques et criminels y sont confondus.

L'expiation y est subie sous deux modes différents, qui sont le *carcere duro* et le *carcere durissimo.*

Le premier, dit Silvio Pellico lui-même, consiste à être obligé au travail, à porter la chaîne au pied, à dormir sur de simples planches et à manger la plus misérable nourriture que l'on puisse imaginer.

Le second, le *carcere durissimo,* consiste à être enchaîné d'une manière plus affreuse encore avec un cercle de fer autour du corps, et une chaîne fixée dans le mur, de manière que l'on peut à peine marcher le long de la triste planche qui sert de lit. La nourriture est la même, quoique la loi dise : le pain et l'eau.

En tant que prisonnier d'État, c'est au *carcere duro* seulement que Silvio Pellico devait être astreint ; mais aussi, et pour la même raison, il était soumis au secret, à de perpétuelles perquisitions, en un mot à tout ce que l'isolement et la défiance ont de plus cruel.

Là, sous un ciel septentrional, loin de sa chère Italie, privé d'air pur et d'une nourriture suffisante, Pellico fut bientôt dans l'état le plus désespéré.

Il crachait le sang, était en proie à une fièvre intense et dévastatrice qu'aggravaient son malaise et ses chagrins. Cependant, pour lui donner une paillasse, pour changer sa nourriture, il fallait écrire à Vienne et obtenir une à une des permissions toujours lentes et tardives.

Sans le dévouement et la pitié d'un vieux geôlier, bien certainement il serait mort d'angoisses et de douleur sous l'influence d'un régime mortel. Ce brave homme prenait sur sa propre nourriture, sur son linge, pour l'arracher à la mort.

Pour les âmes tendres et délicates comme celle de Silvio, la compassion est aussi un remède puissant. C'est sans doute à ce sentiment du bon Schiller, son geôlier, qu'il faut attribuer la force et le courage qui maintinrent le prisonnier durant les premières années de sa longue captivité.

L'Empereur, lors de l'incarcération des prisonniers, avait dit que pour eux les journées seraient de douze heures au lieu de vingt-quatre, ce qui signifiait qu'il avait l'intention de les gracier après sept ans et demi de réclusion, la moitié du temps auquel avait été fixé le *carcere duro*.

L'espérance renaquit un peu pour eux. Ce terme approchait et devait échoir dans un an. Mais l'année s'écoula sans que l'ordre d'élargissement parvînt au Spielberg, et tous les termes probables d'amnistie s'écoulèrent également, laissant les malheureux dans la plus vive anxiété.

Ils appelèrent de nouveau à eux tous les secours qu'ils pouvaient attendre d'une pieuse résignation, et s'entretinrent plus que jamais de leurs vertueux sentiments, la seule consolation dans le désespoir, mais aussi la plus forte et la plus imprescriptible.

VIII

Enfin parut le 1er août 1830, jour durant lequel ils devaient être instruits de leur grâce.

Ils quittèrent le Spielberg après quelques jours. Il y avait huit ans et demi qu'ils subissaient le *carcere duro*, et dix ans qu'ils avaient perdu leur liberté, si l'on compte le temps de prévention qui s'était écoulé sous les plombs de Venise.

De retour à Turin, après mille émotions durant le trajet, Silvio Pellico s'adonna complétement aux travaux littéraires et philosophiques, au milieu de sa famille, qu'il eut le bonheur de retrouver complète, à l'exception d'une sœur qui s'était faite religieuse, et qui était morte neuf mois auparavant.

LIVRE VINGTIÈME

Bataille de Montebello.

I

L'éloquente proclamation de l'empereur Napoléon III (mai 1859) fut le signal de l'enthousiasme pour la nation française. Bien que préparée depuis longtemps à l'idée de la guerre par l'inconciliable politique autrichienne, ce n'est qu'à dater de ce jour que l'élan patriotique prit ouvertement son essor. L'Italie, encore plus intéressée que la France à cette déclaration de guerre, n'en fut pas moins émue. Elle frémit en apprenant qu'un puissant auxiliaire allait l'aider à chasser ses oppresseurs.

Avant d'entrer dans le récit des événements qui, à partir de cette époque, se succèdent et se pressent avec rapidité, résumons en quelques mots les événements antérieurs.

Dès le 21 avril précédent, le bruit se répandit à Paris que la guerre entre l'Autriche et le Piémont allait éclater. L'Autriche s'était refusée au désarmement général proposé par l'Angleterre. Le lendemain les journaux officiels, en même temps qu'ils annonçaient ces hostilités, publiaient des ordonnances de l'Empereur qui avaient pour effet de réunir plusieurs divisions militaires sur les frontières du Piémont.

Cette concentration s'accomplit avec une prestesse inouïe.

Dans la capitale et les grandes villes de province d'où partaient les régiments, chacun voulait apporter son humble tribut; les uns, les jeunes gens, portaient les fusils de nos soldats, les autres, les vieillards, les acclamaient à leur passage, les femmes pleuraient de joie et les petits enfants regardaient silencieusement le défilé.

Sur les routes, les paysans encombraient leurs voitures des piétons qui rejoignaient le bataillon; le curé les bénissait à leur passage; pour eux, les maisons, les auberges, les fermes, tout était ouvert, hospitalier, cordial; un vœu universel les accompagnait.

De leur côté, les employés de l'administration, ceux des chemins de fer, des municipalités et des ports de mers, rivalisaient de zèle.

C'est qu'aussi la cause était sainte !

En moins de trois jours, les 34ᵉ, 37ᵉ, 71ᵉ régiments de ligne et la division étrangère s'embarquent à Toulon.

Les 74ᵉ, 84ᵉ, 91ᵉ et 98ᵉ de la même arme, ainsi que le 17ᵉ chasseurs à pied, les suivent à peu de distance sur des bâtiments à vapeur sardes.

En telle sorte que le délai de l'ultimatum autrichien courait encore et que déjà des forces considérables se rendaient à Turin et à Alexandrie pour prévenir toute surprise de la part des ennemis.

La réception de ces troupes, venues par mer à Gênes (26 avril), fut pour elles un véritable triomphe.

Des barques, s'élançant au-devant des frégates, en ramenaient à chaque instant sur le quai des flots de soldats.

Là ils étaient chaudement accueillis aux cris mille fois répétés de : *Vive la France! Vive l'Empereur!* auxquels ils répondaient à leur tour par ceux de : *Vive l'Italie! Vive Victor-Emmanuel.*

Alors les femmes agitaient leurs mouchoirs, le chemin se jonchait de fleurs, et la ville entière, ivre d'espérance, saluait les sauveurs, les Français.

D'un autre côté, par terre, plusieurs régiments arrivaient à Grenoble et à Briançon.

Ces troupes descendaient par le mont Cenis à Suse, où les rejoignait un second corps d'armée, venu de Chambéry et de Saint-Jean-de-Maurienne par le mont Genèvre.

Cette division fut reçue à Turin par les généraux de Sonnaz et Visconti aussi sympathiquement que l'avait été celle débarquée à Gênes.

Même explosion de vivat à la vue du drapeau français, mêmes larmes d'attendrissement à la vue des libérateurs.

Le seul trouble apporté à ces scènes d'ardeur et d'exaltation fut la mort du général Bouat. Cette perte douloureuse arriva le 2 mai à Suse. L'éminent officier avait été enlevé par une attaque d'apoplexie foudroyante.

Il était né en 1802 et pouvait, par conséquent, compter à bon droit sur une longue et glorieuse carrière à ajouter à son renom stratégique bien connu.

II

Ainsi l'armée française se retrouvait, pour la seconde fois et à la même place, dans cette Italie où s'étaient immortalisés ses pères de génération en génération. Le nom du chef était le même que celui du vainqueur d'Arcole : le succès devait être infaillible.

C'est de cette coïncidence sans doute que s'inspira le maréchal Baraguey-d'Hilliers dans sa proclamation à l'armée.

En voici le texte :

« Soldats,

« En 1796 et en 1800 l'armée française, sous les ordres du général Bonaparte, remporta en Italie de glorieuses victoires sur les mêmes ennemis que nous allons combattre ; plusieurs demi-brigades y acquirent les surnoms de *Terrible* ou d'*Invincible*, que chacun de vous par son courage, sa ténacité et sa discipline, s'efforcera de faire donner à son drapeau.

« Soldats, ayez confiance en moi comme j'ai confiance en vous ; montrons-nous dignes de la France et de l'Empereur, et qu'un jour on dise de nous ce qu'on disait de nos pères, comme résumant tous les titres de gloire.

« *Il était de l'*Armée d'Italie.

« Au quartier général à Gênes, etc. »

L'armée avait été divisée en quatre corps, dont l'Empereur s'était réservé le commandement en chef, mais qui, chacun en particulier, devaient agir sons les ordres d'un général.

Le maréchal Baraguey-d'Hilliers était à la tête du premier, le général Mac-Mahon à celle du deuxième, le maréchal Canrobert à celle du troisième, et enfin le général Niel à celle du quatrième.

Les quatre corps furent échelonnés et répartis, dès le début, dans la

vallée de la Scrivia, des envrions de Tortone et de Novi à ceux d'A-
lexandrie.

L'armée piémontaise, un peu plus au nord et en suivant ce cordon
longitudinal de campement, s'étendait d'Alexandrie à Casale. Avec
Valenza, qui est fortifiée comme ces deux dernières villes, ce point
est un des plus importants de la Sardaigne en ce qui concerne la
défense.

Telle était la position des armées alliées.

Maintenant et pour donner une idée exacte des situations respectives, disons en quelques mots quel était le résultat des manœuvres
opérées par les Autrichiens avant que les deux armées fussent en
présence.

De Pavie, où le cabinet de Vienne avait accumulé de longue main
et en prévision de la guerre des forces considérables, les Autrichiens se
dirigèrent d'abord sur Novare et Verceil, qu'ils occupèrent immédiatement.

Par suite de tergiversations trop communes dans les mouvements
de troupes autrichiennes, les généraux ne profitèrent pas de leur
proximité avec Turin, pour marcher immédiatement sur cette capitale, aussitôt le délai de l'ultimatum expiré. Il en résulta, comme nous
l'avons dit plus haut, la jonction des armées alliées avant une détermi-
nation de l'ennemi, et force fut aux généraux de redescendre au midi
pour faire face à nos troupes. Ils avaient perdu l'avantage de l'offensive.

Ce fut par Voghera et Tortone que prirent les ennemis pour nous
joindre.

Pour ce faire, il leur avait été nécessaire d'établir des ponts de passage sur le Pô, et, pour en protéger la construction, d'ouvrir le feu.

Une vive canonnade, en effet, retentit dans les environs de Valence,
d'une part, et de Frassinetto, d'autre part.

Cette affaire fut la première où se choquèrent les parties belligérantes
et fut suivie d'un insuccès complet pour les Autrichiens.

Malgré cet échec, les ennemis entreprirent de nouveau, la nuit suivante, d'établir leur pont de bateaux, mais cette seconde tentative eut
la même issue que la première, grâce à l'intrépidité des Piémontais,
qui n'y perdirent que fort peu de monde.

A partir de ce moment, l'ennemi dut constamment reculer. C'est ainsi que Tortone, jusqu'où il s'était avancé, est évacué, puis successivement Ponte-Curone et Voghera.

En outre, revenant sans doute au projet de se porter sur Turin, il en reprend le chemin par Ivrée et Saluzzola.

Mais cette nouvelle décision est abandonnée à son tour, et, cette fois encore, les Autrichiens abandonnent toutes les villes qu'ils occupent dans la direction de Turin, pour s'agglomérer tout à fait vers Verceil.

Ces continuelles hésitations, comme on voit, n'offrent qu'un médiocre intérêt et ne sont relatées, à proprement parler, que pour mémoire.

III

Mais voici venir enfin le moment d'un combat important, à dater duquel les événements prennent plus d'intérêt.

Ce combat est celui de Montebello, village dont le nom est deux fois immortalisé par nos soldats à un demi-siècle de distance.

L'armée franco-italienne, dont le rôle dut se borner à l'expectative durant ces marches et ces contre-marches de l'ennemi, s'était néanmoins rapprochée de lui peu à peu, et finalement à une distance si minime qu'un choc devenait inévitable.

Il eut lieu le 20 mai.

Quinze mille Autrichiens, ayant à leur tête le comte de Stadion, attaquent le général Forey qui commandait notre droite.

Ce dernier, sur des informations incomplètes et croyant à une simple reconnaissance, s'avance avec huit cents hommes seulement.

Cependant le nombre des ennemis est tel, et il déploie ses forces d'une manière si formidable, que le général Forey ne tarde pas à s'apercevoir du caractère réel de l'attaque.

Il requiert immédiatement le concours du reste de sa division, et pendant que ses ordres s'exécutent, il tient audacieusement tête à l'ennemi avec la poignée d'hommes qui l'entoure.

Ces héroïques entreprises sont vraiment si vulgaires dans notre histoire que c'est en vain qu'un simple récit chercherait à appeler l'intérêt sur leur relation. Quoi qu'il en soit, ce fait d'armes doit prendre rang parmi les plus remarquables de la campagne et fait un grand honneur à l'intrépidité du général, admirablement secondé par le colonel Cambriels. Ce brillant officier, dont le nom est inscrit dans tous les souvenirs de l'armée d'Italie, décida pour ainsi dire du succès de la journée.

Enfin la division joint son général. Les forces, bien qu'inégales par le nombre, sont au moins un peu mieux proportionnées.

Un combat sanglant, acharné, s'engage alors. L'artillerie autrichienne, préparée à la lutte, foudroie la campagne, tandis que la nôtre, s'organisant à la hâte et au milieu des chemins les plus détestables, ne répond encore que faiblement.

Cependant les bataillons disponibles des 74ᵉ, 84ᵉ, 91ᵉ et 98ᵉ de ligne avec le 17ᵉ chasseurs à pied harcèlent déjà l'ennemi, puis le culbutent, et le déroutent presque en même temps.

Deux de nos pièces de campagne, avantageusement situées, commencent à décimer les habits blancs, et en quelques heures l'ennemi se voit contraint à une retraite que précipite encore une vigoureuse charge de cavalerie dirigée par le général piémontais de Sonnaz.

Les nôtres, poursuivant alors les fuyards, les atteignent bientôt dans le village de Montebello, où ils se sont réfugiés. Là, la fusillade recommence, mais plus ardente, plus périlleuse que tout à l'heure.

C'est de derrière les murs, les arbres, du haut des fenêtres et des toits que l'ennemi tire.

Chaque maison nécessite un siége en règle, et protége l'ennemi contre l'irrésistible intrépidité des assaillants.

Montebello toutefois reste en notre pouvoir après mille scènes navrantes, mille drames émouvants.

Les Autrichiens s'enfuient en désordre à Pavie en laissant prisonniers un colonel et deux cents hommes, ainsi que plus de deux mille des leurs tués ou blessés.

Pour être moins considérables, nos pertes n'en sont pas moins douloureuses.

Le chiffre des hommes tués ou blessés se monte à sept cents d'après les documents officiels.

Parmi ces héros morts, il faut citer le général Beuret et le commandant Duchet, tués durant l'attaque de Montebello.

Les colonels Guyot de Lespart, de Bellefons, Conseil-Dumesnil et les commandants Lacretelle et de Ferussac sont seulement blessés.

A part le résultat précieux, comme préparation de la campagne, de la victoire de Montebello, il faut considérer de quelle importance il fut comme précédent moral pour l'armée alliée. Français et Piémontais s'étaient appréciés dans la lutte. La noble émulation des uns, ressort si puissant chez le Français, avait donné toute confiance aux autres pour le salut de l'Italie.

L'Empereur se rendit le lendemain même sur le champ de bataille.

Les morts gisaient encore sur le terrain, qui avait le même aspect qu'au moment où, la veille, la lutte avait cessé.

Le général Forey, douloureusement contusionné par une balle qui s'était amortie sur le fourreau de son sabre, s'avança en traînant un peu la jambe. L'Empereur vint à sa rencontre et l'embrassa avec effusion, ainsi que le colonel Cambriels, sur le théâtre même de leurs exploits.

Nos blessés furent reçus à Alexandrie avec les démonstrations de la plus tendre sympathie. Les dames de la ville se présentaient en foule, dans les salles d'hôpital, chargées de fleurs et de fruits. Elles venaient apporter les douces consolations et offrir les soins intelligents pour lesquels la Providence semble les avoir créées.

Chose singulière et frappante, les Autrichiens ne firent pas un seul prisonnier à Montebello. Ce trait n'est pas, à coup sûr, le moins caractéristique du courage et de la résolution de l'armée alliée.

L'accueil fait aux prisonniers autrichiens par nos soldats eux-mêmes ne fut pas moins touchant.

On mit à leur disposition des cigares, du café, du vin.

Un officier, qui les visita de la part de l'Empereur et qui venait les assurer qu'ils n'avaient à attendre que des égards de leurs vainqueurs, fut reçu froidement à la vérité. Mais lorsqu'après quelques jours, on les eut vaincus de nouveau par les bons procédés, ils ne purent s'empêcher de témoigner de leur reconnaissance pour la franchise et la magnanimité de leurs ennemis.

En effet, nos soldats prodiguaient des soins aux blessés autrichiens, partageaient avec les valides tabac et eau-de-vie.

Quelle animosité pourrait résister à d'aussi bons traitements?

L'Empereur fit remettre dix francs à chaque soldat prisonnier et cent francs à chaque officier. En outre, un bon repas leur fut servi avant leur embarquement pour la France.

Qu'il nous soit permis, parmi les nombreux épisodes de la journée de Montebello, de citer quelques traits.

Un soldat français dans la mêlée attaque le général autrichien Braun. Celui-ci blesse son adversaire à l'épaule d'un coup de pistolet. Le Français revient à la charge, porte un coup mortel au général et le dépouille des insignes de son grade, qu'il garde et cache triomphalement dans son sein.

Un autre fait seize prisonniers dans la même journée.

Un autre encore : un officier de zouaves voit un officier autrichien blessé au front et dont la blessure saigne abondamment. Lui-même a les deux bras rudement atteints, il n'importe, il tire son mouchoir, le trempe dans de l'eau fraîche et bande du mieux qu'il peut la plaie de son malheureux ennemi.

Somme toute, le seul événement pénible de cette grande affaire est la perte du général Beuret.

Né à La Rivière (Haut-Rhin), en 1803, le général Beuret, à la sortie de l'école Saint-Cyr, en 1823, entra au 27ᵉ de ligne, en qualité de sous-lieutenant et fit les campagnes de Morée et d'Espagne, de 1825 à 1830. Il passe successivement par tous les grades jusqu'en 1849, époque à laquelle il est nommé lieutenant-colonel du 60ᵉ de ligne, par suite de sa remarquable conduite dans l'expédition de Rome. En 1852, il prend encore part à la campagne de Kabylie et devient colonel. Il fait partie de l'armée d'Orient, est blessé à l'épaule au siége de Sébastopol et est promu au grade de général de brigade en 1855.

Tels sont les états de service du général Beuret, dont la mort s'est jouée au moment où la lutte allait cesser à Montebello et alors qu'il n'y avait plus que quelques rares tirailleurs sur la brèche.

IV

L'Empereur avait annoncé dès le 3 mai, au peuple, qu'il partirait prochainement pour l'armée d'Italie. La réalisation de ce projet ne se fit pas longtemps attendre, tant il avait hâte de rejoindre ses soldats et de faire triompher la cause qu'il avait promis de défendre.

Le 10 du même mois, en effet, il partit des Tuileries à six heures du soir, accompagné de l'Impératrice et se rendit à la gare du chemin de fer.

Il portait la petite tenue de général de division.

Sur tout le parcours de l'équipage impérial une foule compacte attendait.

Au passage de l'Empereur, ce furent des cris et des démonstrations d'enthousiasme frénétique.

Vive l'Empereur! Vive l'indépendance italienne! criait-on sans relâche.

C'est qu'au respect et à l'affection que la présence de l'Empereur Napoléon III a coutume de faire éclater, se joignaient, ce jour-là, les vœux d'un peuple entier, d'un peuple pour qui les opprimés sont sacrés.

L'Empereur avait pris l'initiative. Il allait lui-même électriser une armée impatiente de vaincre, de châtier de cruels oppresseurs.

Quel plus beau rôle un souverain pouvait-il jouer en France? Quel acte pouvait mieux réchauffer les cœurs, allumer les esprits?

Du reste, la conscience de ce triomphe, de l'ardeur de ces vœux, semblait illuminer le visage de l'Empereur.

Il était attendri, ému, il avait le cœur plein.

Il partit enfin, et la population, en rentrant au foyer calme et méditative, se préparait déjà aux nouvelles heureuses qui vinrent bientôt coup sur coup.

L'Empereur ne s'arrêta point à Marseille. Il traversa la ville et se rendit aussitôt à bord du yacht impérial *la Reine-Hortense*, qui s'éloigna immédiatement du quai, salué à son départ de cent un coups de canon.

Le lendemain, 12 mai, le yacht était en vue de Gênes. Le canon tonne de nouveau à cette arrivée et l'Empereur met pied à terre.

Quelque éclatante qu'ait été la joie au départ à Paris, elle ne saurait être comparée à celle de la réception qui attendait l'Empereur à Gênes et, du reste, dans toute la Sardaigne.

Une acclamation immense retentit aussitôt. La haute volée avait été donnée à toutes les cloches dans les églises. Les tambours battaient aux champs. Les fleurs pleuvaient de toutes parts. La ville était ivre de joie.

Des tentures étaient suspendues à toutes les fenêtres. Partout de grandes oriflammes sardes et françaises se balançaient au vent.

Partout on voyait d'innombrables médaillons ornés de guirlandes de feuillage suspendus et portant des inscriptions telles que :

Vive l'Empereur ! — Vive l'armée française! — A nos braves alliés! A la bravoure et à la générosité françaises !

Au théâtre, où l'Empereur se rendit le soir, les salves d'applaudissements durèrent plus de cinq minutes.

V

Le roi Victor-Emmanuel s'était empressé de venir au-devant de son allié. Les deux souverains eurent une entrevue des plus cordiales et la terminèrent par de mutuels embrassements.

Dès le lendemain tous deux partirent pour Alexandrie. Ils étaient accompagnés des ministres sardes, du ministre français des colonies et de l'Algérie, ainsi que de l'ambassadeur de France à Turin.

Le train impérial parcourut la distance de Gênes à Alexandrie, sans stationner nulle part, en telle sorte qu'il entrait en gare à quatre heures.

Dans cette nouvelle ville, des ovations attendaient encore l'Empereur; elles ne furent pas moins chaleureuses qu'à son débarquement.

La ville illumina à profusion, et au théâtre, entre les deux pièces qui composaient le spectacle, une ode de glorification et de reconnaissance fut récitée par les comédiens.

Le lendemain de son arrivée, l'Empereur prit un peu de repos, puis aussitôt il se rendit à la citadelle, qu'il visita avec le plus grand intérêt.

Ces fortifications sont effectivement l'un des boulevards les plus imprenables de toute l'Europe. Leur aménagement offre cette particularité que les bastions sont à double étage et peuvent, en conséquence, abriter une quantité considérable de troupes eu égard à leur grandeur.

D'Alexandrie l'Empereur se rendit à Valenza, remonta la rive du Pô et continua ses reconnaissances militaires jusqu'aux avant-postes français.

Ces différentes excursions continuent plusieurs jours encore, durant lesquels il s'arrête successivement à San-Salvatore et au quartier général du roi de Sardaigne, établi à Occimiano. De tous côtés, sur son passage, les paysans accourent du fond des campagnes pour le saluer et l'acclamer.

Mais le temps est détestable et tout à fait contraire à ces sorties. Les troupes que l'Empereur rencontre sur son passage ont leur uniforme littéralement percé d'outre en outre par des pluies torrentielles. Malgré ces conditions irritantes, elles se raniment à sa vue et vérifient une fois de plus que l'entrain et la bonne humeur sont le caractère dominant du Français.

L'élan et l'émulation leur sont aussi ardemment communiqués par cette présence de leur chef. Ils sont impatients d'engager la lutte.

Dans les environs de Valenza, où les deux armées par leur rapprochement sont pour ainsi dire en contact, des engagements partiels ont lieu en permanence. Les mousqueteries pétillent continuellement.

Ici se place un épisode intéressant qui fit diversion à la monotonie de ces escarmouches sans résultats importants.

Un jour l'artillerie autrichienne détonna et s'acharna pendant plusieurs heures sur un moulin placé de notre côté, à deux mille cinq cents mètres de distance environ. Elle avait voué cette construction, gênante probablement, à une destruction irrémissible. Or, que ce fût les pièces en mauvais état ou incapacité, elle ne pouvait venir à bout de son entreprise, et canonnait sans relâche comme sans succès.

Que faisaient pendant ce temps nos soldats?

Ils considéraient ces efforts avec toute la curiosité de simples spectateurs jugeant des coups.

Des petits paysans venus des environs couraient après les boulets et trafiquaient de leurs captures moyennant une dizaine de sous par bloc de fonte.

Cependant, lorsqu'après une longue ténacité de la part des ennemis, les nôtres crurent voir qu'elle n'aurait pas de terme, ils prirent la résolution de répondre enfin et de donner aux Autrichiens une idée de la précision de nos artilleurs.

Six canons rayés furent amenés et pointés. Quelques charges suffirent pour emporter, malgré la grande distance, les fascines, palissades et autres ouvrages de l'ennemi.

Cette riposte leur imposa si bien le silence que, non-seulement ils suspendirent leur feu, mais même qu'ils abandonnèrent leur campement.

Le lendemain l'Empereur en personne vint constater l'effet produit par cette sorte de persiflage martial, et reconnut avec une longue-vue combien les désordres qu'il avait apportés chez l'ennemi étaient grands.

VI

La victoire de Montebello n'était qu'un prélude; l'engagement allait être général et les forces respectives concentrées allaient se ruer tout entières les unes sur les autres.

Partout, sur son chemin, l'Empereur recueillait les signes de la profonde animosité des populations italiennes. Le mot *vendetta* était dans toutes les bouches.

A Tortone, l'administrateur de la ville prononça devant lui un discours plein des amertumes inspirées par les violences autrichiennes.

Cette ville, il est vrai, venait d'être cruellement éprouvée par les réquisitions exorbitantes du général Giulay.

Sans qu'il soit besoin de revenir sur le triste tableau des exactions commises par la domination autrichienne, qu'il nous soit au moins permis de dire à quel point la furie et la brutalité des soldats du feldmaréchal justifiaient le ressentiment italien. Le contraste surprenant du texte de la proclamation du comte Giulay avec sa conduite ultérieure avait été trop accusé, pour que la haine la plus envenimée contre les Autrichiens n'en fût pas l'effet inévitable.

Ce n'était pas seulement à des demandes de vivres ou d'objets en nature qu'on s'était livré, mais partout et toujours des sommes d'argent considérables avaient été prélevées sous le prétexte d'impôt extraor-

Bataille de Solferino.

dinaire. Le chiffre en était, presque constamment, tel que la ville imposée devait recourir à son crédit au dehors pour satisfaire les Autrichiens.

Mais ce n'est pas tout.

Les moyens de contrainte employés pour obtenir satisfaction étaient plus cruels encore que les réquisitions elles-mêmes n'étaient exagérées.

Toutes les villes par où avait passé l'invasion des troupes du maréchal Giulay avaient été traitées en pays conquis.

Peut-être est-ce à ce système d'épuisement qu'il faut rapporter l'incertitude apparente des marches et contre-marches de l'armée ennemie au commencement de la campagne? Mais alors, et si c'en est le vrai motif, il faudrait avouer que la guerre à ce point de vue est aussi peu avouable que mal entendue.

VII

A la suite du combat de Montebello, le général sarde Cialdini, par un tour de force stratégique, avait ouvert le passage de la Sésia en deux endroits. Cette opération avait nécessité à Villata un combat très-vif, meurtrier pour l'ennemi, et un autre dans les environs de Cappucchini-Vecchi, où deux compagnies autrichiennes furent littéralement culbutées. Les pertes des alliés avaient été insignifiantes et les prisonniers faits très-nombreux.

Enfin, sur un troisième point, les reconnaissances militaires de l'armée piémontaise, dirigées par le roi Victor-Emmanuel en personne, ayant rencontré une résistance très-sérieuse, durent se résoudre en un combat à Palestro, où l'avantage leur resta complétement.

D'un autre côté, Garibaldi avec le corps, dit chasseurs des Alpes, s'était avancé jusqu'à Romagnano le 23 mai, et de là pénétrait en Lombardie par Sesto Calende dès le lendemain.

Cette incursion du général se continue jusqu'à Varèse, où il est reçu à bras ouverts, tandis que les douaniers autrichiens, épouvantés des soulèvements qui s'opèrent sur le passage du partisan, abandonnent précipitamment leur poste.

Néanmoins Garibaldi est attaqué à Varèse.

Trois combats, trois victoires suivent cette attaque.

La première à Varèse même et dans laquelle, malgré l'artillerie autrichienne, la baïonnette a bientôt raison des agresseurs;

La seconde à Borgo-Vico, où le tocsin se mêle à la fusillade pour rallier tous les paysans voisins sous le drapeau de l'indépendance;

La troisième à Camerlata, tête de la ligne du chemin de fer de Milan où les Autrichiens s'étaient retirés.

Garibaldi entre alors à Côme, où il est accueilli triomphalement.

Ces succès précipités firent la plus heureuse diversion pour les corps d'armée alliée principaux, dont ils préparaient en quelque sorte les victoires postérieures.

VIII

Depuis le passage de la Sésia, si heureusement accompli sous les ordres du général Cialdini, et l'engagement provisoire de Palestro, l'ennemi avait fait une deuxième tentative pour reprendre ce village, où le roi Victor-Emmanuel s'était fortifié.

Ce fut au nombre de vingt-cinq mille que les Autrichiens entreprirent cette reprise.

Tout d'abord, ils furent refoulés par l'armée piémontaise. Mais ils la débordèrent bientôt par le nombre, et ils allaient eux-mêmes la faire céder, quand l'Empereur, dépêchant le troisième zouaves au secours des Piémontais, leur permit ainsi de soutenir une lutte trop inégale.

Ce régiment, accouru par le pont de bateau établi sur la Sésia et que les Autrichiens menaçaient, s'élance aussitôt, avant même qu'on eût le temps d'organiser une batterie qui pût le protéger.

Il marche au pas de charge sur les artilleurs ennemis, les défait au milieu de leurs pièces et décide en quelques instants de l'issue du combat.

Ce brillant coup de main n'eut cependant pas lieu sans des pertes sensibles.

Quelques heures plus tard, les Autrichiens tentaient encore une nouvelle attaque, plus vigoureuse encore que la précédente, et qui attestait combien la prise de Palestro leur semblait importante.

Comme la première fois, ils furent repoussés avec une intrépidité admirable et telle qu'elle devait leur ôter tout espoir de succès dans leurs efforts.

Cette journée fut glorieuse pour tout le monde.

Le roi Victor-Emmanuel y fit preuve d'une bravoure inébranlable. Constamment à la tête des siens et sous le feu des ennemis, ce n'est qu'à grand'peine que le régiment de zouaves envoyé à son secours pouvait le suivre et l'entourer pour le protéger.

La victoire de Palestro est la digne sœur de celle de Montebello. Elle est aussi le principal incident des mouvements nombreux qui se produisirent le 30 et le 31.

Ces journées paraissent avoir été choisies par le feld-maréchal Giulay pour une offensive générale sur toute la ligne de bataille. Mais elles sont sans heureux résultats pour lui, car le général Fanti à Confidenza et, le lendemain, les avant-postes sardes à Cesto-Calende, repoussèrent l'ennemi sur tous les points où il se présenta.

A partir de ce moment, les Autrichiens se retirent insensiblement vers le sud de Stradella. Ils essaient une fois encore de passer le Pô au-dessus de Casteggio, mais vainement. C'est à Vacarizza, aux environs de Pavie, qu'ils se retranchent.

Ainsi donc, dès les premières phases de la guerre, l'ennemi a déjà perdu un terrain non moins considérable qu'avantageux.

Le général Niel est entré à Novare, Garibaldi occupe la ville de Côme, où il s'est retranché. L'armée alliée se rapproche de Milan de plus en plus.

IX

Les opérations de Garibaldi et ses courses victorieuses, dont nous avons parlé plus haut, avaient la plus heureuse influence. Elles assuraient d'une manière définitive l'appui et l'enthousiasme de la Lombardie.

L'insurrection de la Valteline, la prise de Leno, restée d'abord aux mains de l'ennemi et tombée ensuite au pouvoir du général et de ses volontaires, après un combat acharné, ont ouvert la route aux troupes alliées, qui vont tout à l'heure envahir le pays.

Varèse fut la première ville lombarde qui reconnut avec ivresse la conquête piémontaise, et organisa sa nouvelle municipalité.

Partout aux environs, la souveraineté du roi de Sardaigne est acclamée avec empressement.

Des proclamations pleines de sentiments patriotiques animent le zèle et donnent à l'indépendance les plus douces espérances.

L'Italie, transportée par la perspective de la liberté, se sent revivre.

A Alexandrie, où était son quartier général, l'empereur Napoléon III attendait les derniers arrivages de troupes pour se rapprocher du centre de l'action qu'avaient reculé les victoires précédentes.

Jusqu'au moment où les derniers bataillons de la garde impériale arrivèrent, l'Empereur ne cessa de passer en revue les troupes qui débarquaient. Il continuait aussi ses excursions dans le pays et partout s'informait scrupuleusement des ressources militaires de chaque localité.

C'est ainsi qu'il visita Tortone, où il suivit pendant quelque temps les progrès des travaux de reconstruction et de réparation du pont de la Scrivia, que les Autrichiens avaient endommagé sans pouvoir le détruire.

Ces travaux furent exécutés par des ouvriers et des soldats du génie français avec une rapidité inconcevable.

Casale fut aussi l'objet d'une des pérégrinations de l'Empereur. Le roi Victor-Emmanuel, qui s'y était rendu également, y conféra longuement avec lui.

Lors de son retour dans l'après-midi, il se rendit sur le champ de bataille de Marengo; il examina pieusement cette plaine célèbre et en fit la reconnaissance.

Avant de quitter Alexandrie, il se rendit encore à Voghera et à Casteggio. A Voghera, il visita le lieu où la famille Cignoli avait été si odieusement assassinée.

Enfin, il alla voir Verceil, où bientôt il allait fixer son quartier général, ayant à sa suite plusieurs généraux, qui se renseignaient également pour cette importante opération.

C'est le 30 mai que les troupes commencèrent à défiler pour se rendre à Verceil. Napoléon, qui les accompagnait, fit en partant une dernière visite aux blessés de Montebello, tant français qu'autrichiens, et donna à ces derniers l'assurance qu'ils seraient rendus à leur patrie, sitôt que leurs blessures le permettraient.

Le déplacement de l'armée française s'accomplit avec un ordre admirable et surtout avec des précautions fort utiles pour la garantir des surprises de l'ennemi. Il avait été précédé d'un décret portant les promotions en grade et les nominations de commandeurs, officiers et chevaliers de la Légion d'honneur, dont la victoire de Montebello avait donné l'occasion.

Les avant-postes, situés sur le Pô, décampèrent également pour aller rejoindre le quartier général de Verceil. Aussitôt après leur départ, les Autrichiens s'empressèrent de reprendre la place qu'ils abandonnaient.

C'est le 30 mai, vers quatre heures de l'après-midi, que l'Empereur arriva à Verceil. Aussitôt, il part avec son état-major, sans prendre de repos et se dirige vers le pont jeté par les soldats du génie sur la Sésia.

Les troupes rangées en bataille étaient prêtes à passer la rivière et commencèrent à défiler sitôt que l'Empereur eut atteint la tête du pont.

Pendant que cette opération s'exécutait, le canon se faisait entendre au loin. C'était le combat de Palestro qui s'engageait et dont on entendait les éclats.

Le soir, la ville de Verceil fut illuminée à profusion, en réjouissance de la présence de l'Empereur et de la nouvelle de l'heureuse issue de l'engagement de Palestro, qui devait recommencer le lendemain.

X

Le lendemain, dès sept heures du matin, le roi Victor-Emmanuel, entouré de quinze mille hommes environ, tant en cavalerie qu'infanterie, se remit en campagne, ainsi que le troisième zouaves, qui ne l'avait pas quitté.

26.

C'est la victoire de Palestro, dont nous avons parlé plus haut, qui remplit cette journée avec le combat livré par les généraux Fanti et Durando, dans les environs de Confidenza.

Ces engagements, à part leur intérêt propre, en avaient encore un bien plus grand dans leurs conséquences. Les ennemis avaient cru à notre concentration sur les points qu'ils nous avaient abandonnés et à notre parti pris de les forcer de ce côté. Mais en réalité, un contre-ordre immédiat avait interrompu la marche de nos troupes, qui, rebroussant chemin, purent alors traverser la Sésia sur un point démuni et devant un ennemi trop peu nombreux pour s'opposer à ce passage. C'est ainsi qu'en moins de trois jours l'armée alliée débusque les Autrichiens de toutes leurs positions.

Du même coup, l'accès du Tessin était simplifié, les efforts de l'ennemi sur leur droite devenaient inutiles et la marche jusqu'à Novare, tête de route vers la Lombardie, était ouverte dans les conditions les plus heureuses.

Ce fut le général Niel auquel on confia le soin de balayer le parcours jusqu'à Novare. Mais ce fut presque sans coup férir qu'il mena à bien cette mission.

L'ennemi, en minorité, s'enfuit à l'approche des troupes alliées, et n'était deux canons établis sur les bords de la petite rivière de la Gogna, qui furent immédiatement enlevés à la baïonnette après avoir craché leur mitraille, l'opération aurait été exécutée sans un coup de feu.

L'Empereur transporta de suite son quartier général à Novare.

Là, comme toujours, à l'arrivée des troupes alliées et des deux souverains, la joie fut immense et ne prit fin qu'au départ des troupes qui presque aussitôt, la garde impériale en tête, se remettent en marche vers a Lombardie.

Mais avant de suivre l'armée alliée, qui livre bientôt sur son chemin la bataille de Magenta, il nous faut absolument considérer les événements secondaires qui ont eu lieu en Italie, simultanément au récit qui précède, et qui sont pour ainsi dire les contre-coups, les satellites de la grande action qui se passe en Sardaigne.

XI

Depuis la guerre, — et mieux encore, depuis que les bruits de guerre avaient pris quelque consistance en Europe, — les populations de la Toscane brûlaient du désir de s'associer à la lutte à laquelle la Sardaigne se préparait pour l'indépendance italienne.

Cependant les obstacles les plus graves s'opposaient à l'effet de ce vœu.

Le grand-duc Léopold avait espéré, jusqu'au dernier moment, voir cette effervescence s'apaiser. Peut-être même avait-il compté sur des avantages immédiats remportés par l'Autriche et qui naturellement, par leurs conséquences, feraient désespérer ses sujets de l'objet de leur enthousiasme.

Quoi qu'il en soit, la situation devint tellement tendue lors de l'expiration du délai fixé par l'ultimatum, que ce prince dut se consulter sur les mesures qu'il avait à prendre.

Des flots de foule s'étaient accumulés, le 27 avril, sur la plus vaste place de Florence et criaient en agitant des drapeaux aux trois couleurs: *Vive la guerre! vive l'indépendance! vive Victor-Emmanuel!* Le grand-duc fit aussitôt appeler le marquis de Lajatico et le corps diplomatique pour prendre leur avis.

Ceux-ci lui représentèrent nettement la nécessité indispensable de son abdication.

Le prince ne voulut point en tenir compte; il insista pour que d'autres mesures fussent prises, il chargea le marquis de constituer au besoin un nouveau ministère.

Mais les conseillers maintinrent leur opinion en faveur d'une abdication.

Tout à coup les cris plus intenses et plus violents de: *Vive la France! vive Napoléon III! vive Victor-Emmanuel!* retentissent sur la place.

L'hésitation devenait impossible. Cependant le grand-duc Léopold résistait encore, avec une fermeté digne d'une meilleure cause, aux prières des membres de sa famille et des grands dignitaires de la cour, qui cette fois s'étaient joints aux membres du corps diplomatique.

— Je ne me suis jamais abaissé au déshonneur, disait-il, et je me résous à quitter la Toscane avec ma famille, ne voulant point céder à la violence du peuple.

Ce dernier parti était un moyen terme. Il fut mis le soir même à exécution.

Durant le reste de la journée, les personnes les plus influentes de la ville prirent à tâche de modérer l'ardeur des citoyens et d'en obtenir l'assurance du libre passage pour le souverain fugitif.

En effet, le soir même les soldats furent consignés dans leurs casernes. Le prince se mit en marche avec sa famille à travers une foule compacte et muette vers Bologne; il était accompagné du corps diplomatique.

Cette retraite s'était accomplie au milieu du plus profond silence, sans désordres, partant sans victimes.

XII

La fuite du grand-duc Léopold avait pour nous, et surtout pour l'indépendance italienne, l'inappréciable avantage de susciter à l'Autriche un nouvel embarras, tout en nous apportant un surcroît d'alliance.

L'effet matériel et moral de cette diversion était complet.

Mais aussi la Toscane se trouvait privée de direction et sans gouvernement.

Les conseillers urbains, animés par le vœu universel, se réunirent immédiatement et décrétèrent, séance tenante, un gouvernement provisoire.

Il se composait du chevalier Ubaldino Puruzzi, des majors Vincent, Maleschieri et Alessandro Danzini, lesquels faisaient afficher dans Florence, et, pour ainsi dire quelques moments après le départ du grand-duc, la proclamation suivante :

« Toscans,

« Le grand-duc et son gouvernement, au lieu de satisfaire aux justes désirs manifestés de tant de manières et depuis si longtemps par le pays, l'ont abandonné à lui-même. Dans cette situation fâcheuse, le conseil municipal de Florence, seul vestige subsistant de l'autorité, s'est réuni extraordinairement en vue de pourvoir à la nécessité impérieuse qu'il y a de ne pas laisser la Toscane sans gouvernement, et nous a chargés de l'administrer provisoirement.

« Toscans, nous avons accepté ce grave fardeau seulement pendant le temps nécessaire pour que Sa Majesté le roi Victor-Emmanuel puisse pourvoir, promptement et durant la guerre, à gouverner la Toscane, de manière à concourir efficacement à la délivrance du pays. Nous nous confions à l'amour de la patrie italienne, qui anime notre pays et par lequel l'ordre et la tranquillité seront conservés. Ce n'est qu'avec l'ordre et la discipline qu'on parvient à régénérer les nations et à être vainqueurs dans les batailles. »

Le gouvernement provisoire débuta dans son exercice par la nomination d'un chef militaire.

Ce fut le général Ulloa qui eut l'honneur de ce choix. Georges Manin, fils du célèbre Daniel, lui fut adjoint en qualité de lieutenant général.

Personne plus que le général Ulloa n'était digne de ce choix.

Cet éminent soldat apportait au commandement des forces de la Toscane une série de titres glorieux, parmi lesquels sa défense héroïque de Venise, en 1849, est restée le plus brillant.

L'organisation martiale et administrative de la Toscane se fit avec une ardeur et un zèle admirables.

La levée des troupes demeura inutile, grâce au nombre des volontaires qui venaient s'enrôler sous les drapeaux.

La question financière se résolut aussi promptement par le bon vouloir des citoyens.

Bref, les proclamations nombreuses qui suivirent l'installation nouvelle, trouvant les populations plus que disposées à en accepter l'objet, il ne fut bientôt plus question que de la remise des pouvoirs au roi Victor-Emmanuel.

Les négociations pour arriver à ce résultat furent entamées et eurent pour résultat définitif l'envoi de M. Boncompagni en qualité de ministre plénipotentiaire en Toscane.

Toutefois, la mission de M. Boncompagni et la souveraineté du roi Victor-Emmanuel ne devaient être regardées jusqu'à l'issue de la guerre, et d'après les vœux mêmes de ce roi-soldat, que comme conventionnelles et subordonnées pour leur consécration aux exigences politiques de l'indépendance italienne.

XIII

Peu à peu l'armée toscane, qui devait porter le nom de 2ᵉ corps de l'Italie centrale, s'organise. Enfin, des actes administratifs pleins de sagesse complètent l'ensemble des moyens propres à lutter contre l'Autriche.

Cet exemple prépare naturellement les provinces limitrophes à l'alliance confédérative italienne.

Le roi Victor-Emmanuel envoie d'office des commissaires spéciaux à Massa et à Carrare, qui proclament l'annexion provisoire du duché de Modène, et la dictature définitive de leur mandant.

Il en fut de même dans le duché de Parme, dont l'insurrection fut assez énergique pour que l'auxiliaire des troupes toscanes devînt surabondant.

Mais l'important dans toutes ces affaires, depuis le soulèvement de la Toscane, était de rendre évidente *la déclaration de guerre de cet État à l'Autriche*.

Le commissaire délégué, Boncompagni, dans une communication adressée à M. de Cavour, à Turin, l'établit suffisamment.

Il y notifiait que l'état des choses actuelles n'étant que la conséquence des vœux des populations pour l'indépendance italienne, il impliquait de soi la déclaration de guerre à l'Autriche.

Que le protectorat demandé par les duchés de Toscane, de Modène et de Parme, avait, à coup sûr, pour signification l'alliance avec les ennemis de l'Autriche, et que, partant, il manifestait irrémissiblement les tendances de ces provinces, etc., etc.

Cette déclaration, dont l'expression pourrait paraître inutile au premier coup d'œil, avait cependant cet extrême intérêt qu'elle légitimait l'introduction des armées alliées dans ces États, introduction qui n'aurait pu se justifier entièrement en vertu d'aucun autre aveu.

Il est vrai de dire que, le 20 mai déjà, trois cent cinquante hommes de troupes françaises avaient été débarqués à Livourne. Mais ce contingent avait plutôt été conduit, comme parlementaires et éclaireurs chargés de s'enquérir des mesures à prendre pour un arrivage définitif de régiments, s'il était résolu, que comme un appoint d'armée de renfort.

Quoi qu'il en soit, il fut reçu avec le même enthousiasme qui avait éclaté partout sur les différents points de l'Italie à l'arrivée des troupes françaises. •

Quelques jours après, le prince Napoléon, à bord de la *Reine-Hortense*, était en vue de Livourne, porteur d'une adresse de Victor-Emmanuel qui constituait son autorité auprès des Toscans.

Le prince et les troupes qui le suivaient reçurent les mêmes marques de sympathie et de reconnaissance que les Français qui les avaient précédés. Les démonstrations dont ils furent l'objet et dont la description semble devoir fatiguer le lecteur, qui les retrouve à tout instant dans le récit de cette campagne, avaient cette fois un caractère bien accusé.

Les habitants, délivrés enfin d'un joug insupportable, reçurent les libérateurs avec des larmes d'attendrissement.

On voyait, disent les chroniques datées de Livourne et de ce jour même, des petits enfants se jeter aux pieds de hussards, embrasser leurs genoux et s'écrier :

— N'est-ce pas que les Autrichiens ne reviendront plus ici ?

Et les généreux cavaliers de pleurer en entendant ces paroles propres à ranimer les courages les plus chancelants.

Une proclamation ministérielle tendante à provoquer le bon accueil des soldats français sur le territoire fut dépassée, et au-delà de son esprit, puisque ceux qui concoururent au débarquement des chevaux et de l'artillerie ne voulurent accepter aucun salaire.

La sollicitude alla si loin qu'une commission fut nommée pour garantir les Français de la rapacité des juifs qui auraient pu chercher à leur surfaire leur habitation momentanée.

De Livourne, que le prince a parcourue accompagné de fervents vival, et sur un chemin littéralement couvert de fleurs, il se rend à Florence.

Il compte y établir son quartier général pour quelques jours.

Le ministre de France, le commissaire extraordinaire du roi de Sardaigne et le maire attendaient le prince commandant le 5° corps au chemin de fer. Toute la population de Florence et même celle des campagnes environnantes se pressaient aussi dans cet endroit.

A son arrivée, les acclamations populaires éclatèrent. Mais, lorsqu'il approche du palais qu'il doit occuper, elles deviennent tellement chaudes qu'il est obligé de se montrer et de saluer le peuple en signe de gratitude. Au théâtre, le soir, même enthousiasme.

Florence et Livourne, dans l'ivresse de leur joie, demeurèrent plusieurs jours en fête, les boutiques restèrent fermées, tant on se sentait inhabile à autre chose qu'à l'heureux événement.

Cependant les troupes ne cessaient de débarquer et au fur et à mesure d'être réparties dans les casernes et les campements. Le prince, malgré son triomphe, s'occupait activement de remplir sa mission. Il écrivait au général Ulloa pour se concerter avec lui; il incorporait les bataillons de ce dernier aux siens; en un mot, il éliminait tous les détails afin de se tenir prêt à toute éventualité et afin de profiter d'une expectative sans préoccupations.

XIV

De son côté, l'archiduc Léopold ne reste point inactif. Inquiet, agité depuis son exil, pour ainsi dire forcé quoiqu'en apparence volontaire, il écrit de Ferrare, où il s'est réfugié, une protestation qu'il adresse aux Toscans.

Cette récrimination caduque reste sans aucun effet, on le comprend de reste.

Le grand-duc, qui y avance assez témérairement que la contrainte à laquelle il a été soumis dénature un état de choses ratifié par le traité de Vienne de 1815, n'avait pas pris garde sans doute à cette observation, qu'en aucun cas l'interprétation de ce même traité de 1815 ne

pouvait faire que le duché de Toscane dût s'associer avec l'Autriche
et épouser sa querelle, la guerre échéant.

XV

Le lendemain du jour où l'empereur Napoléon III avait transporté
son quartier général à Novare, par suite de la prise que le général
Niel avait faite de cette ville, les Autrichiens évacuèrent les postes de
Robbio et de Mortara pour rentrer en Lombardie, après avoir traversé
le Tessin.

La Lomeline est complétement libre, et c'est à Rosate que le feld-
maréchal Giulay va établir son centre de défense.

Alors le général Espinasse s'avance avec une seule brigade à la tête
du pont de San-Martino, dont l'ennemi abandonne la garde après l'avoir
fait sauter.

D'un autre côté, le 2ᵉ corps tout entier, sous la conduite du maréchal
Mac–Mahon, franchit le Tessin à Turbigo, sur un pont que protégent
quelques bataillons de la garde impériale.

A Robecchetto où le maréchal Mac-Mahon veut établir ses troupes,
il voit se porter sur le même endroit une colonne autrichienne dans
le même but.

Robecchetto, dominant de quinze ou vingt mètres la plaine environ-
nante, avait pour l'ennemi cette attraction qu'il comptait y disposer
son artillerie et commander ainsi la campagne.

Mais ce projet, aussitôt deviné par le maréchal Mac-Mahon, est aussi
déjoué par lui avec une promptitude et un entrain extraordinaires.

Trois bataillons de tirailleurs, sous les ordres du général de la Motte-
Rouge, sont dépêchés sur Robecchetto, avec ordre de tourner l'ennemi
à son arrivée et de menacer sa retraite.

Ces trois bataillons s'élancent en effet à leur arrivée; ils sont salués
par une fusillade très-nourrie. Mais en quelques minutes ils ont refoulé
l'ennemi et, engageant aussitôt le combat à la baïonnette, ils le forcent
à battre en retraite et se jettent tête baissée à la poursuite des fuyards,
qu'ils déciment.

27

Ce brillant coup de main était aidé en flanc par une batterie de la réserve, commandée par le général Auger, et qui enleva un nombre considérable d'ennemis.

Pendant cet engagement, un acte d'une audace inouïe, et qui dénote une bravoure à toute épreuve chez le général Auger, lui valut une citation à l'ordre du jour.

Celui-ci, voyant dans les rizières une pièce de canon inhabile à suivre l'ennemi, s'élance et s'en empare presque à lui tout seul.

Les pertes du côté des Autrichiens furent immenses et de notre côté importantes, mais, comme toujours, relativement.

XVI

Dès le début de la guerre, comme nous l'avons constaté au commencement de ce récit, l'impéritie du feld-maréchal Giulay s'était manifestée d'une façon notoire.

Les marches et les contre-marches continuelles de ce général en chef, depuis que les armées sont en présence, et qui n'ont pour but que l'épuisement des localités par où il passe, avant l'arrivée des troupes alliées, ses hésitations à marcher sur Novare et à créer ainsi des embarras sérieux aux ennemis qu'il va combattre, enfin, les fautes sans nombre qu'il commet depuis que l'engagement a pris un caractère passionné, ouvrent enfin les yeux de l'empereur d'Autriche, qui lui substitue le baron Hess dans le commandement des troupes.

Celui-ci, général consommé et réputé à Vienne pour être l'un des meilleurs tacticiens des temps modernes, allait nous donner le spectacle d'une meilleure direction. L'ennemi mieux dirigé allait être plus digne de la victoire, et pouvait cette fois l'espérer avec quelque raison dans les grandes affaires qui suivirent de près la promotion du baron Hess.

Le commandement général de l'armée, après tant de fautes accumulées, passe des mains du comte Giulay à celles du feld-maréchal baron de Hess, sur une ordonnance du cabinet de Vienne.

Ce changement s'explique encore plus complétement par une courte notice sur les états de service de ces deux commandants.

Le comte Giulay est né à Pesth, en Hongrie, en 1797. Son dévouement aveugle au gouvernement fut toujours le mobile de son avancement et en dernier lieu de sa haute position.

Sa carrière militaire s'est plutôt accomplie dans les bureaux du ministère de la guerre que dans les camps.

Cette carrière est très-rapide. Dès 1848, on le trouve gouverneur de Trieste, un des postes militaires les plus importants de l'empire.

De 1855 à 1856, il s'acquitte d'une mission en Russie, à l'occasion de la guerre d'Orient, et la guerre d'Italie le met au pinacle.

L'occasion était solennelle. Il allait être à même de faire des preuves que ses antécédents, encore plus parlementaires ou administratifs que guerriers, avaient jusqu'ici retardées. Il ne sut point en profiter.

Quant au baron de Hess, c'est un autre homme.

Il est né à Vienne, en 1788. Il avait par conséquent, au moment de la guerre, soixante-douze ans; mais, ferme encore et plein d'énergie, il joignait à l'activité d'un soldat plus jeune, toute l'expérience des campagnes de l'empire, auxquelles il avait pris part à partir de la bataille de Wagram.

Depuis, il mit à profit la paix pour s'approprier à fond toutes les branches de l'art militaire. C'est à cette étude consciencieuse qu'il dut la protection et ensuite l'amitié de Radetzki.

En 1842 seulement il fut promu au grade de feld-maréchal.

La guerre de 1848, malgré ses causes déplorables, n'empêche pas de constater et sa valeur et les talents de tacticien dont il l'avait doublée dans la seconde période de sa carrière. Il mit le sceau à sa réputation par sa défense dans le fameux quadrilatère dont nous aurons occasion de parler plus loin, par sa marche savante sur Vicence, et la victoire de Custozza, qui prépara la défaite de Novare.

En 1854, sa campagne en Gallicie et en Transylvanie, quoique fort brillante, ne pouvait rien ajouter au renom qu'il s'était acquis dans la précédente.

XVII

Au moment où la guerre va prendre des proportions épiques, et puisque le théâtre du combat vient d'être transféré du Piémont en

Lombardie, il est nécessaire de jeter un coup d'œil sur la configuration du pays, tant au point de vue topographique qu'au point de vue des ressources qu'il peut offrir aux armées en lutte.

L'Autriche avait divisé les provinces de l'Italie du nord, qui étaient soumises à sa domination, en deux gouvernements distincts.

L'un, la Lombardie proprement dite, et qui avait pour capitale Milan.

L'autre, la Vénétie, et qui avait pour capitale Venise.

Ces deux gouvernements réunis se composent de 4,328 communes, réparties sur un espace de 568,416 mille mètres carrés. La population est de 4,500,000 habitants environ, sans compter les garnisons autrichiennes.

La Lombardo-Vénétie est peut-être le pays le plus fertile et le plus riche de l'Europe. Protégé au nord et sur les côtés par de hautes chaînes de montagnes, les Alpes ou leurs ramifications; arrosé de cours d'eau nombreux, ce pays semble destiné à la conquête et aux tentatives étrangères par son heureuse abondance et les accidents naturels qui en protègent la défense comme aussi l'invasion.

Cette chaîne de montagnes dont nous venons de parler et quelques-uns des cours d'eau sont les plus sûrs retranchements de l'armée autrichienne en Italie.

Voici, quant aux cours d'eau, l'ordre dans lequel ils se présentent:

Un peu après Milan se rencontre l'Adda, qui prend sa source dans le Tyrol, traverse les lacs de Côme et de Leno, passe à Cassano, puis arrive à Lodi et à Pizzighettone, où il se confond avec le Pô entre Plaisance et Crémone.

C'est sur ces points divers que les Autrichiens vont faire leur premier essai de résistance. Cependant il faut dire que l'Adda n'est encore qu'une médiocre résistance, parce qu'au centre, à Cassano, par exemple, il est plus qu'accessible.

A la suite l'un de l'autre se présentent en avançant le Serio, l'Oglio, la Mella, la Chiese, d'une bien moindre importance en ce qui touche la facilité du progrès des troupes.

Mais les monts du Tyrol, le lac de Garde, le Mincio et le bas Pô, qui viennent après, sont des obstacles plus sérieux, doublés qu'ils sont des places fortes de Trente, Roveredo, Peschiera, Vérone, Mantoue, Legnano, Ferrare et Comacchio.

Enfin l'Adige, tantôt mêlé à cette ligne, tantôt placé derrière, la réconforte en dernier lieu.

Comme on voit, c'est surtout dans ce centre, dont le point capital embrasse une dizaine de lieues, que résident toutes les ressources de la défense.

Aussi est-ce là que de tout temps ont été dirigés les efforts, notamment durant les campagnes de 1796, 1799 et de 1800, qui semblent avoir servi de modèle et de guide à celle de 1848 et aux opérations qui suivirent la bataille de Magenta.

Il est surtout important, pour tenter avec quelques chances de succès de forcer cette ligne, que l'armée l'occupe jusqu'aux sources de l'Adige dans le Tyrol.

C'est précisément ce point qu'occupait, comme nous l'avons vu, Garibaldi, et dont il se rendit maître d'une façon tout à la fois si brillante et si utile, coupant ainsi de ce côté à l'armée ennemie les communications avec l'intérieur de l'Autriche.

De toute la ligne de défense que nous venons de décrire, Vérone est la place forte la plus redoutable. En même temps qu'elle est une des meilleures villes fortifiées de l'Europe, elle est en outre un vaste camp retranché où l'armée autrichienne se réfugierait au besoin ; bref, elle passe pour imprenable.

XVIII

L'insurrection des duchés de Toscane, de Parme et de Modène, en rend désormais toute occupation par l'Autriche impossible. Les troupes qui s'y organisent, et qui forment le cinquième corps de l'armée d'Italie, vont se réunir au gros de l'armée.

Les conditions de la campagne nouvelle que les forces franco-italiennes vont entreprendre sont de tous côtés les meilleures. L'armée alliée occupe les positions les plus avantageuses, et ses précédents en Piémont lui assurent une trop grande supériorité morale pour que le succès ne soit pas assuré.

Cependant les Autrichiens, fidèles aux vieux systèmes de retranchements, de fossés, de palissades, ont compté sans la rapidité des évolutions et des déplacements de l'armée ennemie, qui inutilisent ainsi tous les travaux de prévision et forment à eux seuls l'esprit du nouveau système de tactique.

XIX

Le 31 mai, l'armée avait reçu l'ordre de marcher par la gauche. Elle passa le Pô à Casale, sur le pont qui était demeuré en notre possession. Elle se dirigea ensuite sur Vercelli, au-delà duquel elle opéra la traversée de la Sesia, nécessaire à notre marche forcée sur Novare ainsi qu'à sa protection.

L'armée fit de nombreuses démonstrations vers la droite de Robbio, où les troupes piémontaises livrèrent deux combats acharnés.

Ces mouvements et ces grosses escarmouches avaient encore pour but de faire prendre le change à l'ennemi, qui pouvait croire que nous poussions sur Mortara.

Cependant, en réalité, l'armée avait marché sur Novare, où elle s'était installée, et où maintenant elle pouvait tenir tête à l'ennemi quand il se présenterait.

Cent mille hommes postés à Olengo, au-dessus de Novare, avaient couvert cette marche audacieuse. Ce n'était par conséquent que la réserve qui avait pu prendre part aux mouvements et aux efforts simulés à Robbio.

Le surlendemain de ces opérations, l'Empereur détacha sur Turbigo, vers le Tessin, une division de la garde. Celle-ci, ne trouvant aucun obstacle à son passage, jeta trois ponts sur le Tessin, sur lesquels passèrent immédiatement le corps d'armée du général Mac-Mahon, et, à une journée de distance, une division de l'armée sarde.

C'est à peine si ces forces avaient pris position sur la rive où commence la Lombardie, que voilà tout à coup plusieurs régiments autrichiens, jetés là par le chemin de fer, qui les attaquent avec furie.

Ils furent immédiatement refoulés en présence de l'Empereur, qui assistait à l'engagement.

Le même jour, 2 juin, la division du général Espinasse, qui s'était avancée jusqu'à Trecate, sur la route de Milan, d'où elle menaçait la tête du pont de Buffalora, délogea l'ennemi qui s'y était retranché. Les Autrichiens, en se retirant, avaient tenté de faire sauter le pont ; mais ils échouèrent dans leur entreprise, car les deux arches du pont qui reçurent la secousse s'affaissèrent sans s'écrouler, et laissèrent ainsi un passage encore praticable à nos troupes.

L'Empereur avait ajourné au 4 juin la translation définitive de son armée sur la rive gauche du Tessin.

La division Mac-Mahon, augmentée des voltigeurs de la garde impériale et de toute l'armée du roi de Sardaigne, devait tout entière aller occuper Turbigo, Buffalora et Magenta.

Pendant ce temps les grenadiers de la garde devaient, de leur côté, s'emparer de la tête du pont de Buffalora sur la rive gauche, tandis que la division Canrobert s'avancerait sur la rive droite pour passer le Tessin au même endroit.

« L'exécution de ce plan d'opérations, » dit le rapport officiel, dont nous suivons le texte pour tout ce qui concerne cette grande affaire qui allait se décider à Magenta, « fut troublée par quelques-uns de ces « incidents avec lesquels il faut compter à la guerre. L'armée du roi « fut retardée dans son passage de la rivière, et une seule de ses divi- « sions put suivre d'assez loin le corps du général Mac-Mahon. »

La marche du général Espinasse souffrit aussi de ces retards, et d'un autre côté, lorsque le corps du maréchal Canrobert sortit de Novare pour rejoindre l'Empereur, qui lui-même s'était porté à la tête du pont de Buffalora, ce corps trouva la route tellement encombrée, qu'il ne put arriver que fort tard sur les bords du Tessin.

C'est dans une attente anxieuse que l'Empereur entendit vers deux heures seulement les détonations d'artillerie et de feux de file qui lui annonçaient l'arrivée du général Mac-Mahon à Buffalora.

Mais c'était aussi le signal du branle-bas général. L'Empereur, par une marche forcée, se porta sur Magenta, où il devait soutenir les arrivants. Il dépêcha les troupes du général de Wimpfen contre les Autrichiens retranchés à la tête du pont et dans des positions très-sûres. Les collines qui longent le Naviglio et Buffalora tombèrent presque aussitôt au pouvoir de nos troupes, dont l'entrain était admirable.

Ce début, malgré les lenteurs et les accidents dont nous avons parlé plus haut, présageait bien l'immortelle journée ; mais d'autres obstacles, d'autres graves résistances attendaient encore l'armée alliée.

Les régiments détachés qui avaient pris Buffalora et les positions environnantes, se trouvèrent bientôt en face de forces autrichiennes considérables qui arrêtèrent leur marche.

Malgré des efforts inouïs, des élans multipliés, on ne parvenait point à les ouvrir.

Et pourtant la division Canrobert n'apparaissait pas... et la canonnade qui avait signalé l'approche de la division du général Mac Mahon s'était apaisée, puis s'était tout à fait tue... Peut-être le général avait-il été repoussé? Peut-être la garde allait-elle avoir à elle seule à soutenir tout le poids de l'ennemi, qu'on n'avait point cru aggloméré dans cet endroit?

Or, voici ce qui s'était passé. Quand les Autrichiens eurent été instruits des mouvements de nos troupes à Turbigo, ils repassèrent aux deux tiers le Tessin à Vigerano et détruisirent les ponts qui se trouvaient derrière eux. C'est ainsi que, le 4 juin, ils se trouvaient au nombre de cent vingt-cinq mille hommes devant la garde, que commandait l'Empereur, et qui allait héroïquement soutenir cet effort gigantesque.

La garde, sous le commandement de l'Empereur, engagea la lutte. Ce fut un combat de lions.

Plusieurs généraux succombèrent. Zouaves et grenadiers firent des pertes considérables, mais pas un pouce de terrain ne fut cédé, et quatre heures durant quelques intrépides régiments français firent face aux *cent vingt-cinq mille* Autrichiens.

Ce ne fut qu'après ce temps *immense* qu'arrivèrent, les unes après les autres, diverses brigades des divisions Niel et Canrobert.

Puis le canon du général Mac-Mahon retentit de nouveau dans le lointain.

Le secret de l'intermittence de cette canonnade résultait d'une disposition prise par le général, puis, tout à coup, déconcertée par l'ennemi.

Le général Mac-Mahon s'était avancé vers Magenta et Buffalora sur deux colonnes. Les Autrichiens, projetant alors de les disjoindre, s'étaient jetés à la traverse; mais le général, ralliant aussitôt celle de droite sur celle de gauche, avait dû pour cela faire éteindre son feu, et ne plus s'occuper que des meilleures voies à prendre pour s'approcher de Magenta.

Ces opérations avaient amené des épisodes pleins d'audace et de bravoure.

Le 24ᵉ régiment de ligne s'élance avec furie à l'attaque d'une ferme appelée Cascina-Nuova et protégée par deux corps hongrois. Quinze cents de ces derniers sont contraints à y rendre les armes, et le surplus abandonne le drapeau.

La brigade de La Motte-Rouge est sur le point d'être écrasée par des forces innombrables relativement à son importance. Treize bataillons de voltigeurs de la garde, sous les ordres du général Camou, viennent à son aide et lui permettent, dans un effort suprême, de rejoindre la division Espinasse.

Dès lors les rôles sont intervertis, et mieux appuyés, nous reprenons l'offensive sur toute la ligne.

Le général Auger, à la tête du deuxième corps d'artillerie, aide aussi de la façon la plus puissante à la défaite des ennemis. Il fait ranger en batterie, sur le talus du chemin de fer, quarante canons qui, dit encore le rapport officiel, prenant en flanc et d'écharpe les Autrichiens défilant dans le plus grand désordre, en font un carnage épouvantable.

D'un autre côté, à Magenta même, le combat avait été acharné. Cette position, en effet, était le point le plus important à conserver. C'est pied à pied qu'il fallut la prendre. Les Autrichiens y laissèrent dix mille morts et cinq mille prisonniers.

Enfin, du côté où l'Empereur commandait en personne, il y eut des prodiges de valeur dont le résultat, après des pertes considérables de part et d'autre, fut l'enlèvement des positions et mille prisonniers autrichiens.

Pour donner une idée de l'ardeur sur ce point, il suffit de constater que le village Ponte de Magenta fut pris, perdu et repris sept fois de suite.

Ce n'est qu'à huit heures du soir que l'armée alliée se rendit enfin maîtresse du champ de bataille.

Ainsi, depuis le départ d'Alexandrie, en cinq jours, l'armée française avait livré trois combats préparatoires, il est vrai, mais glorieux, remporté une victoire capitale et refoulé les Autrichiens en Lombardie. Ces derniers avaient perdu vingt-cinq mille hommes et dix mille prisonniers, dix-sept canons, quinze mille fusils et trente mille sacs.

XX

Maintenant que nous venons de faire le récit technique de la bataille, jetons un coup d'œil sur les diverses conséquences qu'elle avait eues ou qu'elle devait avoir.

La bravoure et la fermeté autrichienne dans toute cette affaire décupla à coup sûr l'énergie de nos soldats, mais en même temps elle exalte leur gloire. La lutte avait été sanglante, effroyable. De toutes parts la campagne fut en feu pendant plus de quinze heures.

Cette bataille, toute d'infanterie, se place désormais dans l'histoire à côté des plus mémorables faits d'armes.

L'Empereur établit aussitôt son quartier général à Magenta.

Quoique bien moins sensibles que celles de l'ennemi, nos pertes avaient été néanmoins proportionnées à la vivacité des attaques.

Deux généraux avaient perdu la vie, Espinasse et Cler. Les généraux de Wimpfen et Martimprey avaient été seulement blessés; mais les colonels Drouhot, de Chabrière, Charlier, de Senneville, succombèrent également dans la lutte.

Le régiment de zouaves de la garde, qui s'était couvert de gloire, avait perdu deux cent cinquante hommes. Après la bataille il reçut les félicitations particulières de l'Empereur.

Après de pareils engagements, on peut citer comme toujours des traits qui dénotent la bravoure et l'héroïsme.

Dans un régiment de zouaves, le commandant, blessé en six endroits, tombe au milieu des Autrichiens, et est aussitôt séparé des siens. Ses soldats se replient, et dans un choc formidable arrachent à l'ennemi leur officier, qui survit à ses blessures.

Le colonel, le lieutenant-colonel et deux chefs de bataillon, dans un régiment de ligne, sont tour à tour mis hors de combat. Le dernier chef de bataillon, quoique grièvement blessé au pied par une balle, commande ses troupes pendant tout le reste de la journée.

A un moment donné, à l'assaut du village de Magenta, la baïonnette seule est en jeu; les coups à bout portant sont furieux, et par place on s'égorge comme en une immense boucherie. Un colonel qui force une maison, se trouve bientôt en face d'un général autrichien, qui l'évacue à la tête des siens, et il l'extermine d'un coup d'épée qui perce ce dernier de part en part.

Il est aisé de se faire une idée de la fermeté qu'il fallut déployer, en considérant aussi quelques traits isolés du désespoir plein de rage des Autrichiens.

Un capitaine ennemi s'est retranché avec trois cents des siens dans une maison de Magenta, et là tient bon contre la division de La Motte-Rouge jusqu'au moment où il ne voit plus que deux hommes à ses côtés, un lieutenant et un soldat. Il s'élance alors dans la rue, où la mitraille éclate et les balles sifflent de tous côtés, et combat au milieu de cette épouvantable atmosphère, sans pouvoir trouver la mort, jusqu'à ce qu'il soit fait prisonnier.

Trois jours durant, après la bataille, on fit des prisonniers.

Désarmés ou blessés, on recueillait des malheureux jusque dans les caves.

A cette occasion encore, la générosité de l'armée alliée renouvela le touchant spectacle qui avait suivi tous les combats précédents.

Les soins les plus intelligents et les plus exempts de ressentiments furent prodigués aux blessés et aux prisonniers.

La lutte avait cessé : il n'y avait plus que des soldats français ou autrichiens se confondant dans les ambulances.

L'Empereur, qui, ainsi que nous l'avons dit, avait établi son quartier général à Magenta, y demeura quelques instants dans une maison en ruine, où quelques matelas avaient été disposés pour lui et ses aides de camp.

Dès le lendemain, et par la route balayée par le maréchal Canrobert, commença le défilé des troupes qui devaient pousser jusqu'à Milan.

La nouvelle de la bataille de Magenta fit explosion en France, où des illuminations brillantes dans les grandes villes et des réjouissances jusque dans les plus petits bourgs eurent lieu pendant plusieurs jours.

Depuis le *Te Deum*, chanté partout, jusqu'aux cris des jeunes gens et aux pétards des enfants, il n'y eut pas un endroit en France où on ne célébrât la grande victoire.

Lyon, Strasbourg, Marseille et Bordeaux rivalisèrent avec la capitale dans l'expression de leur enthousiasme et le luxe de sa manifestation.

Il serait téméraire de vouloir donner une idée des joies nationales que la même nouvelle surexcita à Turin. Une députation se rendit chez M. de Cavour pour lui exprimer son allégresse. La cathédrale où fut dit le *Te Deum* portait au fronton une large banderolle où l'on lisait :

A Dieu qui donne la victoire à qui défend le droit.

XXI

C'est dans une plaine immense, que traverse la rivière l'Olona, que se trouve placée la ville de Milan. Sa haute importance dans l'histoire italienne, son ancienneté comme cité, en font non-seulement la ville la plus importante de la Lombardie, mais même, historiquement parlant et après Rome, de toute la Péninsule.

Dès 1162, époque de sa destruction presque complète, elle se manifeste comme un foyer important de nationalité, et se reconstruit en même temps qu'elle s'accroît.

Depuis lors, gouvernée successivement par les Della Tore, les Visconti et les Sforza, soumise ensuite par l'invasion française, puis par la cession de la Lombardie à Charles-Quint, tributaire de l'Espagne en 1700, elle tombe enfin au pouvoir des Autrichiens. Ces derniers la possèdent jusqu'en 1800.

Le général Bonaparte la conquiert et la garde jusqu'à la chute de l'Empire, et la Restauration la remet au pouvoir de ses anciens maîtres jusqu'à nos jours.

L'insurrection de 1848, il est vrai, fut une sérieuse tentative d'indépendance, mais le peu d'appui qu'elle trouva en Europe en laissa les conséquences inaperçues, bien que douloureuses.

Le joug autrichien, en effet, s'appesantit encore plus durement sur la pauvre ville, à partir de cette époque.

Un système de délation et de despotisme fut organisé de telle sorte, que la liberté de conscience, elle-même, put s'en alarmer. Ce furent des visites domiciliaires, des libertés inoffensives supprimées une à une, une surveillance dégoûtante, en un mot, toutes les vexations que peut imaginer la conviction de l'antipathie.

Mais enfin la France devait mettre un terme à l'oppression, et de fait Magenta, le 4 juin 1859, fut le signal éclatant de la complète délivrance.

Milan était donc libre. La ville nationale, libérale par excellence, était donc enfin rendue à elle-même. Conquise pendant cent ans, mais non soumise, elle frémissait enfin sous le soleil de la liberté.

XXII

Le jour même de la bataille de Magenta, les Autrichiens désertèrent Milan en désordre. Après la garnison, qui évacua la première, vinrent les fuyards de Magenta qui s'étaient repliés sur la ville. A peine y prenaient-ils quelques moments de repos. Officiers, soldats la traversaient en déroute, tout couverts de sang, de poudre et de poussière.

Il semblait que la Providence eût voulu que les opprimés vissent le spectacle de la défaite des oppresseurs.

Ils couraient harassés, inquiets, craintifs.

Les employés et les fonctionnaires autrichiens ne tardèrent pas à suivre l'exemple, tant la honte et l'appréhension les aiguillonnaient.

Cependant cette fuite n'excita aucune démonstration injurieuse. Comme à Florence, au départ du grand-duc, les Milanais demeurèrent calmes et dignes en présence de cette grande punition, de ce désastre irréparable pour leurs ennemis.

Les citoyens avaient déjà enlevé de la citadelle toutes les armes disponibles, et cependant ils ne disputaient rien aux fuyards. C'est qu'aussi sans doute l'oppression apprend à souffrir, et que déjà l'Italie respectait le malheur de ses anciens tyrans.

C'est le dimanche, au matin, que défilèrent enfin les derniers bataillons.

Aussitôt les Milanais élevèrent des barricades, pour prévenir toute velléité de retour de l'ennemi.

L'annexion de la Lombardie au royaume de Sardaigne fut unanimement proclamée, en même temps que les cris de liberté. Les six conseillers du podestat, qui avait pris la fuite, rédigèrent immédiatement, dans un acte spécial, l'expression du vœu général, et se rendirent aussitôt auprès du roi de Sardaigne pour l'aviser et le féliciter tout à la fois.

XXIII

C'est au milieu des réjouissances et de l'ivresse générale que les premières mesures gouvernementales furent prises à Milan.

Les jours suivants, l'arrivée des vainqueurs et leur entrée en ville devaient faire atteindre le paroxysme à l'enthousiasme.

Il faut, dit un témoin oculaire, se refuser à la relation de pareilles joies.

Jamais le bienfait de l'indépendance ne fut plus chaleureusement salué.

Mais quel avait donc été le despotisme et la fureur des Autrichiens, pour que leur départ causât de si grandes manifestations d'épanouissement et de détente ?

Certes, si c'en est là la mesure, il faut que la domination ait été bien cruelle.

Le 7 juin, vers dix heures, arrivèrent les premiers régiments ayant en tête le maréchal Mac-Mahon, le héros de la bataille qui faisait la ville libre.

C'est avec un choc de clameurs, si l'on peut ainsi parler, une détonation de vivat, une avalanche de fleurs qu'il fut accueilli.

A chaque fenêtre un drapeau, à chaque balcon sa tenture, ici de soierie, là de crépine d'or, plus loin du velours, enfin tout ce luxe caractéristique des fêtes italiennes. Partout des fleurs, de tous côtés des applaudissements, et une foule vertigineuse se disputant l'honneur du contact avec nos soldats.

Depuis les plus riches et les plus illustres maisons, qui regorgeaient des vainqueurs, jusqu'à la modeste habitation de l'artisan, tout était en disponibilité pour les nouveaux hôtes.

Est-il besoin de parler des secours dévoués qu'avaient trouvés les blessés arrivés la veille ?

Le bonheur ne se décrit pas, il s'observe et se constate, voilà tout; la pensée seule en est douce et ne veut pas de commentaires.

Ce ne fut que le lendemain que parurent les princes alliés, Napoléon III et Victor-Emmanuel.

Ces souverains, dans leur magnanimité, avaient voulu sans doute que ce fussent les soldats et leur chef qui moissonnassent les premières gerbes d'effusion.

Cependant l'ovation qui fut faite à l'Empereur et au roi de Sardaigne ne le céda ni en frénésie ni en prodigalité à celle qu'avaient reçue la veille les vainqueurs.

Les femmes, penchées sur leurs balcons, après avoir épuisé les couronnes et les fleurs qu'elles avaient pu trouver, envoyaient des baisers dans leurs mains.

Vive l'Italie ! Vive l'Empereur! Vive le roi Victor-Emmanuel! criait-on incessamment.

Chaque soldat avait un bouquet piqué à la baïonnette de son fusil. Les hampes des drapeaux disparaissaient sous les couronnes, et ceux qui les portaient fléchissaient sous le poids de ce brillant trophée.

C'était une telle expansion, une telle prodigalité d'approbation, que, pour en donner une idée exacte, il suffira de dire qu'à un moment donné les chevaux des deux monarques, points de mire de tous les bouquets, se cabrèrent à la vue de la litière qui naissait sous leurs pas.

L'Empereur, par une attention digne du rôle qu'il remplissait, et qui en rehaussait la grandeur, fit afficher dans Milan, quelques instants après son arrivée, une proclamation dont le texte confirmait la Lombardie dans les sentiments que lui avait inspirés son intervention. Il y renouvelait l'assurance de son appui et de son concours dans un esprit tel, que les populations devaient dégager encore de cette assurance la conviction d'une alliance et non d'une conquête.

C'est de même qu'il ne voulut entrer en ville qu'après que le roi Victor-Emmanuel aurait fait son apparition; qu'il se refusa à habiter le palais principal, et qu'enfin, loin de se mêler aux actes d'organisation provisoire, il employa ses premiers moments à la visite des blessés de la journée de Magenta.

XXIV

Le roi Victor-Emmanuel, le jour même, reçut l'adresse la plus flatteuse des principaux personnages de la ville, qui y avaient formulé les vœux unanimes.

Pour comble d'enchantement, la nouvelle du glorieux combat de Melegnano se répandit dans la soirée à Milan, et vint prolonger encore dans la nuit les applaudissements et les illuminations.

Le lendemain un *Te Deum*, suivi d'un *Domine salvum*, fut chanté au dôme de Milan devant les princes alliés, qui avaient été reçus à la porte de la cathédrale par monseigneur Caccia, archevêque de la ville.

Cette cérémonie, qui consacrait religieusement la prise de possession de la Lombardie par le roi de Sardaigne, fut suivie aussitôt des principaux décrets administratifs que nécessitait le nouvel état de choses.

M. Vigliani fut nommé gouverneur de la province, agissant au nom du roi.

Les fonctionnaires autrichiens furent révoqués.

Le comte de Belgiojoso fut nommé podestat.

Enfin tous ces actes furent appuyés par une proclamation pleine de patriotisme, dans laquelle le roi constatait le bon vouloir et la sympa-thie de ses nouveaux sujets.

Il fallut plusieurs jours encore à l'enthousiasme pour s'apaiser. Tous les soirs, au théâtre de la Scala, c'étaient de nouvelles ovations faites aux souverains. Mais enfin la satisfaction prit un caractère moins bruyant; les boutiques se rouvrirent, et l'attitude générale de la ville se traduisit bientôt en un bonheur plus conscient.

Ce fut le 12 juin ([ue l'Empereur quitta la ville pour transporter son
quartier général à G()r gonzola.

XXV

La victoire de M agenta avait eu pour effet immédiat, non-seulement
de replier l'ennemi du côté de l'Adda, mais encore de le forcer du côté
du Pô, vers la Stra della. En cet endroit, et avant d'abandonner Pavie
pour se concentr[r dans les environs de Melegnano, il avait fait sauter
le pont de la Stella.

Depuis le 6 jui[i le Piémont avait été complétement évacué, et cela
sur tous les points[, par les Autrichiens.

Tandis que l'E mpereur et le roi de Sardaigne entraient en vainqueurs à Milan [vec le gros de l'armée, un autre corps de troupes
poursuivait sa m[arche et débusquait trente-cinq mille ennemis retranchés à Melegnan[o.

Les Autrichie ns avaient compté pouvoir, dans cette position, protéger la retraite des leurs après la bataille de Magenta, et créer un
nouvel obstacle aux progrès de l'armée alliée.

Cependant c ette espérance fut vaine, comme on va le voir.

Melegnano [ )ccupe le centre d'une plaine immense coupée au milieu
par une route. Cette route, parallèle à deux canaux qui la longent à
droite et à gauche, est en outre bordée de fossés et de rizières pendant
tout son parcours.

La journée était déjà avancée lorsque arriva dans la plaine le corps
du maréchal Baraguey-d'Hilliers.

Le général Bazaine et sa division s'installèrent sur la route pendant
que le général Ladmirault avec la sienne s'était resserré sur un chemin
moins important. Enfin, et du même côté que cette dernière, s'étaient
rangées des batteries importantes d'artillerie, mais sur un point dont
les accidents en dérobaient la vue à l'ennemi.

C'est le 1er zouaves qui ouvrit le feu, et ce fut vraiment comme une
bombe d'obus qu'il tomba sur deux régiments autrichiens, aussitôt
refoulés.

Cependant l'ennemi, se retranchant alors dans un cimetière, fusillait les nôtres de derrière l'enceinte et les tombes d'une façon déplorable.

Les zouaves n'avançaient pas moins, et soutenus bientôt par un bataillon de chasseurs de Vincennes, ils enlèvent presque immédiatement le cimetière à la baïonnette.

Pendant ce temps la division Ladmirault prenait par le travers les ennemis campés dans le village. Il fallut deux heures d'un combat sanglant pour que les nôtres pussent entrer dans Melegnano.

Mais, là, la lutte se réengage partiellement dans chaque rue. Autant de maisons, autant de siéges qu'il faut faire, de redoutes qu'il faut enlever à la baïonnette.

Comme toujours, les soldats cachés dans les maisons font pleuvoir les balles sans en être atteints eux-mêmes. Les murs, crénelés à la hâte, servent partout de meurtrières.

A ces inconvénients se joint la nuit, et avec elle un orage qui en complique l'embarras. Mais rien n'arrête les intrépides assiégeants; ils avancent toujours et toujours, et contraignent enfin les Autrichiens à sortir des maisons. A partir de ce moment, quoique le combat recommence à nouveau dans la rue, il est corps à corps cette fois, et se résout vite en faveur des Français.

Cet inéluctable village fit une résistance de six heures, au bout desquelles les ennemis, lassés, désespérés, exténués, laissent enfin la place libre et se sauvent en désordre.

Le général Forey, à la tête de la réserve et de l'artillerie, avait pressenti cette fuite. Aussi, après avoir tourné le village et s'être utilement posté, accueillit-il la déroute avec une centaine de boîtes à mitraille qui fit essuyer à l'ennemi des pertes considérables.

Le brillant succès de cette journée n'avait point eu lieu, malheureusement, sans des pertes très-nombreuses pour nous. Retranchés comme nous l'avons dit, les Autrichiens avaient fait un affreux massacre de leurs agresseurs.

Cinquante officiers avaient trouvé la mort à Melegnano, et plus de huit cents hommes étaient ou tués ou blessés.

Le soir même de cette bataille, un gros de Hongrois et de Croates, venus en reconnaissance pour s'assurer du nombre de troupes laissées à Melegnano, et que sans doute ils croyaient sans importance, fut cerné et fait prisonnier, ce qui porta à huit mille le nombre total de ceux faits dans cette journée. Quant aux morts, ils pouvaient être évalués à quinze cents hommes.

XXVI

L'armée autrichienne, tout à fait abattue et démoralisée par tant d'insuccès, s'était retirée dans la Lombardie orientale, derrière l'Adda.

Cette retraite, qui s'effectua pendant les jours suivants, avait eu lieu sur l'avis du feld-maréchal Hess.

De Crémone et de Plaisance, au midi, les Autrichiens se concentrent sur l'Adige, et de Bergame et Brescia, au nord, les autres corps de troupes viennent joindre l'armée en cet endroit.

Dès le 12 juin l'empereur François-Joseph fait évacuer à ses troupes les garnisons de Brescella et de Reggio; il établit son quartier général à Cavatigozzi.

Cependant la rapidité des progrès de l'armée alliée ne lui permet bientôt plus de garder cette position. L'Adda, avec la ligne de défense qu'elle protége, n'est à la vérité que d'une médiocre importance. La rivière, en temps ordinaire peu profonde, peu large et assez calme, est très-accessible.

Le seul avantage qu'elle présente est la ligne de ponts répartis entre Lecco, Brivio et Lodi. Le pont placé sur cette dernière localité commande la route de Bergame, de Pavie et de Brescia, indispensable au passage de l'artillerie.

Il serait difficile d'expliquer l'abandon de toutes les places que nous venons de nommer, si, comme nous l'avons déjà dit, il n'avait, plus que certainement, eu lieu à l'instigation du feld-maréchal Hess, qui avait adopté un nouveau plan de campagne.

C'est ici l'occasion de faire remarquer quelle avait été l'incalculable importance de la victoire de Magenta, au point de vue de l'issue de la campagne.

Plaisance, que les Autrichiens avaient évacuée avec les autres villes en avant de l'Adige, et où ils laissèrent, dans la précipitation de leur fuite, quantité de vivres, d'artillerie et d'approvisionnements de guerre de toutes sortes, était regardée généralement, et surtout par eux, comme un des plus fermes boulevards de la Lombardie. Cette citadelle, munie d'une garnison, aurait pû sans doute soutenir un long siége et retarder longtemps sur ce point notre marche victorieuse. Cependant, après avoir fait, par précaution, sauter les forts, élevés à grands frais durant la paix, l'empereur d'Autriche l'abandonna, avons-nous dit, sans coup férir.

XXVII

Les armées alliées suivaient de près cette retraite rapide des ennemis.

De Gorgonzola, où l'Empereur avait installé son nouveau quartier général, il se rendit à Cassano, où il fit établir deux ponts sur l'Adda.

Le temps pluvieux et orageux des journées précédentes avait créé des difficultés, graves sans doute, à cette entreprise.

Toujours est-il qu'elles ne parurent point insurmontables, car sous l'impulsion savante et ferme du général Lebœuf, les pontonniers ne tardèrent point à jeter les deux ponts avec une célérité sans exemple.

Dès *le lendemain* l'armée traversait la rivière, et Victor-Emmanuel, à Vapreo, exécutait le même mouvement à la tête des divisions piémontaises.

Les deux armées s'avancèrent sur l'Oglio dans une marche parallèle, pour se réunir le 17 à Brescia. L'Empereur avait établi son quartier général à Coro.

Le général Urban, avec le gros de l'armée autrichienne, s'est porté sur Montechiari, après avoir brûlé le pont de Portogatello. Mais il abandonne encore cette position et se retranche définitivement, il y compte du moins, à Lonato, Castiglione, et à Castelgoffredo.

Dans ce nouvel état de choses, une grande bataille semblait inévitable aux populations; l'armée alliée l'attendait avec impatience.

De plus, durant la paix qui avait précédé la campagne, l'Autriche, sur ce même emplacement, qui comprenait en grande partie les plus célèbres champs de bataille de l'Empire, avait *répété*, pour ainsi dire, les manœuvres qui avaient amené leurs défaites à cette époque. Elle s'était rendu compte de ses fautes, de tous les avantages qu'elle y pourrait trouver au cas d'une seconde lutte sur le même terrain.

Ces études, la position du quartier général, tout semblait donc présager leur résistance sur ce point.

Il n'en fut pourtant pas ainsi.

Tout à coup l'empereur François-Joseph abandonne ses campements, qui aussitôt sont occupés par l'armée française.

Quel était son but? Voulait-il laisser ses ennemis s'engager dans l'archipel de places fortes qui se trouvent au-delà du Mincio? Voulait-il, s'appuyant sur les premières, disputer avec toutes ses forces le passage du Mincio à l'armée alliée? C'est ce que nous expliqueront tout à l'heure, sans doute, les manœuvres exécutées dans le fameux quadrilatère.

Pendant toutes ces marches, qui forcément nous laissaient dans l'expectative, nos soldats essuyaient gaiement tous les inconvénients d'une saison et d'une température défavorables. Les journées, dont la chaleur était intolérable, amenaient presque tous les soirs un orage qui était suivi de nuits humides et froides au matin.

De Milan à Brescia, la présence de l'empereur Napoléon, qui accompagnait ses troupes, tantôt en tête, tantôt au centre, avait suffi pour leur faire oublier les ennuis de la route et des mauvais campements.

C'est le 18 au soir qu'on arriva à Brescia, où l'Empereur fut conduit vers le palais Fanarolli au milieu des démonstrations de joie qui accueillaient partout le chef et l'armée.

Cette ville, une de celles qui s'étaient le mieux signalées par leur patriotisme en 1848, et qui avait, hélas! payé son zèle d'une manière si cruelle, dès la nouvelle de la bataille de Magenta, avait appelé Garibaldi dans ses murs.

Ce dernier, que depuis longtemps nous avons cessé de suivre dans ses opérations, les avait cependant continuées de la façon la plus brillante et la plus remarquable.

Par des feintes stratégiques, le général Urban avait tenté de le faire sortir de Côme et de l'attirer dans la plaine, où sans doute il comptait l'écraser par le nombre. Mais l'adroit partisan, tout en s'avançant jusqu'à Cantu, avait parfaitement évité de tomber dans le piége.

D'un autre côté, l'enthousiasme dans les villes soulevées par ses rapides avantages lui avait fait des prosélytes fanatiques. Ceux-ci lui amenèrent les bateaux à vapeur avec lesquels les Autrichiens desservaient le lac de Côme.

Alors, tandis qu'il semble vouloir poursuivre avec ses volontaires les Autrichiens jusqu'à Mouza, en réalité il profite de cette diversion pour envoyer deux des bateaux chargés de ses troupes à Leno, les rejoint par terre en faisant un circuit, et fait proclamer Victor-Emmanuel dans la ville.

C'est de la même manière qu'il obtient le même résultat à Sondrio et dans toute la Valteline. Puis il retourne à Varèse, qu'il reprend aux Autrichiens, qui y étaient rentrés, et revient enfin à Côme, dont il fait son quartier général.

Cette campagne auxiliaire, dont nous avons consigné plus haut les avantages, fermait aux ennemis toutes communications par le Tyrol avec Vienne.

Lors du séjour du roi Victor-Emmanuel et de l'empereur Napoléon III à Milan, Garibaldi, qui s'y était rendu pour conférer avec eux, reçut du roi de Sardaigne la décoration de la médaille d'or.

Aussitôt après il repart pour son quartier général, d'où il va sortir encore, à tout instant, pour engager d'utiles escarmouches et balayer en quelque sorte le terrain devant l'armée alliée, comme la trombe de vent qui précède l'orage.

XXVIII

Comme nous l'avons vu plus haut, la Toscane s'était spontanément et totalement agrégée à la cause de l'indépendance italienne. Le prince Napoléon, à Florence, aidé du général Ulloa, avait promptement organisé l'armée et l'administration provisoire.

Après la bataille de Magenta, tous les préparatifs étant terminés et les mesures prises, le prince s'occupa immédiatement de la jonction du cinquième corps d'armée au gros des forces franco-italiennes.

La division Uhrich partit la première pour Pistoia, le 13 juin; elle fut suivie de la cavalerie, et cette dernière à peu de distance des volontaires romagnols. Bref, en peu de jours, le cinquième corps put se réunir à Lucques.

Pendant ces mouvements, des faits d'un intérêt capital s'accomplissaient dans les duchés de Parme et de Modène. Bien que nous ayons eu occasion de les signaler dans le paragraphe où nous avons relaté les événements qui amenèrent la fuite du grand-duc de Toscane, il nous faut les développer maintenant à raison de l'importance de leur résultat.

Le duché de Parme est un petit État qui compte au plus cinq cent mille habitants, dont trois mille pour la troupe. C'est un pays pauvre, et dans de telles conditions que, chaque année, l'émigration peut y être évaluée à plus de trente mille individus.

Cependant, depuis 1853, sous l'habile et sage régence de la duchesse Louise, le pays était en voie d'amélioration. Il est juste de faire remarquer qu'une prospérité croissante a signalé chaque année de son gouvernement.

Libérale dans une juste mesure, en 1856 elle avait su triompher par son attitude ferme des prétentions protectrices de l'Autriche.

On pouvait donc s'attendre de la part d'une telle princesse à une conduite digne le jour où l'Italie s'éveillerait pour se rallier. C'est ce qui eut lieu en effet ; car, malgré quelques hésitations que son sexe ou sa mission de mère-régente lui firent montrer, il faut reconnaître qu'elle n'a laissé que de bons souvenirs.

Toujours est-il que l'insurrection italienne prenait un caractère trop unanime pour qu'elle pût demeurer au milieu des agitations qui l'entouraient. Elle partit donc dès le 1ᵉʳ juin après avoir fait une proclamation pleine de noblesse, dans laquelle elle instituait un gouvernement provisoire jusqu'à son retour.

La duchesse Louise laissait tant de sympathie, qu'il fut facile à l'armée de maintenir le gouvernement provisoire, décrété par la régence, contre le conseil municipal qui s'était formé à la suite de son départ.

La duchesse revint alors à Parme au bout de cinq jours, et, confiante dans cet avantage, elle fit publier une seconde proclamation dans laquelle elle insistait, sur ce que : c'était surtout à la délibération des grandes puissances européennes qu'il fallait s'en remettre, et non aux résolutions violentes que pouvait inspirer l'état de l'Italie, puisque d'ailleurs aucune pactisation antérieure avec l'Autriche n'avait pu surexciter l'esprit des populations.

Cependant, quelques jours après la victoire de Magenta, une dépêche du gouverneur autrichien de la citadelle de Plaisance l'engageant à évacuer à tout prix avec ses troupes la ville de Parme pour se rendre en toute hâte à Vienne par Mantoue, la duchesse Louise trouva trop lourd le poids du gouvernement qu'elle était venue reprendre. Sa fermeté l'abandonna, et dès lors elle reprit le chemin de la retraite, mais sans précipitation et avec le sang-froid le plus digne.

« J'appelle l'histoire et vous tous, habitants de l'État, en témoi- « gnage des actes du gouvernement de ma régence, » dit-elle, en tête de la dernière proclamation qu'elle fit avant son second départ; et plus loin, elle ajoute : qu'elle n'entend pas contredire les souhaits que l'Italie formule, bien qu'elle fasse l'expresse réserve du droit de ses fils bien-aimés à la souveraineté du duché de Parme.

Cette noble princesse mit le comble à l'esprit de ses derniers actes par le choix d'une retraite. Refusant formellement de se rendre à Vienne, ce fut en Suisse qu'elle alla attendre avec ses enfants la conclusion suprême de la révolution italienne. A l'histoire appartient de mettre la belle conduite de la duchesse Louise en regard de l'inqua-lifiable fuite du grand-duc de Toscane et de François V, duc de Modène, dont nous allons avoir à parler tout à l'heure.

XXIX

La commission municipale se reconstitua de nouveau à Parme après cette seconde sortie. Dans la proclamation où elle informait de son autorité, elle invitait en même temps les populations au bon ordre et au maintien solidaire de la tranquillité jusqu'à l'arrivée du repré-sentant du roi de Sardaigne. Elle voulait, en lui remettant ses pouvoirs, être à même de se glorifier d'un exercice heureux, quoique transitoire et expectatif.

Le premier décret de cette commission fut l'institution d'une garde nationale. Cette organisation se fit promptement et avec enthousiasme, malgré les sympathies qu'avait laissées, avons-nous dit, la duchesse Louise, et tant les sentiments de nationalité agitaient en cet instant les cœurs italiens.

Tous les événements qui venaient de se reproduire dans le duché de Parme étaient simultanés à d'autres dans le duché de Modène. Ils amenèrent, dans ce dernier, le même résultat, mais avec des motifs beaucoup plus pressants.

Le partisan le plus fervent de l'Autriche en Italie, au moment de la guerre, était François V, duc de Modène. Comme tel il était odieux à ses peuples, encore bien qu'il fût Italien et descendant de la maison d'Este.

Ce prince qui, par l'organe du journal officiel de Modène, n'avait cessé d'injurier le roi Victor-Emmanuel et ses ministres, se trouvait ouvertement en hostilité avec la Sardaigne au début de la guerre.

Dès les premiers engagements, il avait envoyé ses troupes contre Carrare et Massa, qui s'étaient proclamées alliées de Victor-Emmanuel. Mais les commissaires piémontais, appelés à la régence de ces villes, ayant aussitôt cherché un appui dans les troupes toscanes, que commandait le général Ulloa, force fut aux soldats d'Este de battre bientôt en retraite.

Dès lors François V, en proie aux mêmes appréhensions que le grand-duc de Toscane au moment de l'insurrection de Florence, et d'ailleurs, pour son compte, moins en sûreté dans ses États que ne l'avait été Louise de Bourbon dans les siens, à raison de ses précédents libéraux, François V, disons-nous, se résolut promptement à quitter Modène. Il nomma comme les autres princes italiens, mais pour la forme, une commission chargée de gouverner en son lieu et place, puis partit précipitamment.

Un instant les Modenais libres eurent la pensée de couper la retraite aux troupes autrichiennes, venues de Bologne, et qui évacuaient leur territoire à la suite du départ de François V, mais elles mirent une telle promptitude dans leur fuite, que la tentative demeura sans effet.

Les Modenais, comme les Parmesans et les Florentins, s'organisèrent promptement, les recrues se présentèrent d'elles-mêmes, et quand M. Farini, le dictateur envoyé par le roi Victor-Emmanuel, se présenta, il trouva la ville aussi prête qu'elle pouvait l'être au nouvel état de choses.

XXX

Avant de poursuivre le récit des événements qui amènent comme conclusion suprême la bataille de Solferino et comme couronnement de la campagne d'Italie la paix de Villafranca, nous avons à consacrer quelques pages à la description des lieux où le théâtre de la guerre se trouvait transporté de nouveau par suite des incessants progrès de l'armée alliée, et qui firent à cette époque l'objet de l'attention de l'Europe tout entière.

Nous voulons parler du fameux quadrilatère autrichien.

Les ennemis, comme nous l'avons vu, soit qu'ils y eussent été contraints par force, soit que la prudence le leur eût conseillé, s'étaient peu à peu démis de toutes leurs positions. Ils étaient maintenant adossés à leurs derniers retranchements et n'avaient plus de ressources que dans le régime de places fortes qui commande le point de rapprochement du Pô et de l'Adige.

Confiants outre mesure peut-être dans le système de défense qui allait donner un autre caractère à la lutte, ils en avaient de longue main, durant la paix, assuré l'inexpugnabilité. Mais tout en s'assurant un boulevard pour lequel on avait épuisé les moyens stratégiques, les Autrichiens avaient compté aussi sans les perfectionnements qu'apportaient chaque jour le génie et l'artillerie aux moyens d'attaque.

Voyons donc quelles pouvaient être les raisons de confiance ou de soucis que devaient donner soit à l'Autriche, soit à l'armée alliée, une guerre et des siéges entrepris dans le quadrilatère.

Quatre villes, Peschiera, Mantoue, Legnano et Vérone forment les quatre angles de ce carré irrégulier, qui bouche littéralement l'accès de la Vénétie. Quant à la disposition naturelle de la campagne, elle est telle qu'elle serait forte par elle-même sans le secours des citadelles. Les chaînes secondaires des Alpes qui viennent y rejoindre le cours du Pô y forment de tous côtés de formidables remparts. En outre, des lacs et des marais considérables, dans l'intérieur de l'espace compris par le quadrilatère et soumis à un système d'écluses qui se commandent, permettent d'inonder le pays et d'en fermer l'entrée à l'ennemi.

Des routes stratégiques innombrables, des chemins de fer tracés en vue de la guerre, viennent également ajouter à la facilité de l'action des troupes comme aussi à leur prompte concentration dans ce foyer. Tous ces travaux exécutés en partie depuis le premier empire, en partie depuis la campagne de 1848, sont venus consolider le quadrilatère, de façon à le faire regarder, surtout par les Autrichiens, comme le premier camp retranché du monde entier.

Cependant un examen plus minutieux et l'observation de quelques détails peuvent aussi faire controuver cette opinion.

D'abord, trois dates suffisent pour rappeler que le passage du Mincio n'est point impraticable, puisqu'en 1796, après la bataille de Lodi, en 1800, durant le combat de Bellegarde, les Français, et en 1848 à la suite d'une escarmouche engagée par le duc de Gênes, les Piémontais, le franchirent victorieusement.

Aussi, dans la campagne de 1859, les Autrichiens ne mirent-ils point d'acharnement dans sa défense, et nous le laissèrent-ils traverser presque aussitôt, comptant toujours aller nous attendre dans leurs forteresses.

La plus importante et la plus au nord de ces places fortes est Vérone. Elle est bâtie sur les rives de l'Adige et compte plus de 60,000 habitants. Depuis l'évacuation de Milan, c'est cette ville que les Autrichiens choisirent comme chef-lieu de leur administration en Italie. Le genre de fortifications qui l'entoure est construit d'après le système dit : Maximilien ; ce sont des tours d'une construction spéciale et reliées entre elles par des murs d'enceinte auxquels elles prêtent appui par leurs feux croisés. Vérone en outre protége les voies de communication avec la haute Italie, notamment les grandes routes du Tyrol et de la province du Frioul. C'est le point du quadrilatère le plus rapproché de Venise.

De plus, Vérone est entourée d'un cercle de forts, dont les principaux avoisinent les villages ou bourgs de Santa-Lucia, Chieno, Tomba, Tombetta et Massinio, et sont concertés avec le cours de l'Adige, qui en cet endroit est très-profond, pour dominer au loin la campagne. Cette place de guerre est regardée comme imprenable par les tacticiens, si toutefois, après la prise de la tour de Malakoff, une ville peut être regardée comme telle.

Au nord du quadrilatère également, mais du côté de la Lombardie, se trouve Peschiera. Elle s'élève dans une petite île qui confine à l'extrémité du lac de Garde.

Bien que cette petite place ait l'intérêt de commander le lac ainsi que le Mincio, à la sortie du même lac, elle n'a cependant pas une grande portée de défense, puisqu'elle fut prise, en 1848, par le feu frère du roi Victor-Emmanuel au bout d'un mois de siége.

Il faut cependant reconnaître que, depuis, elle a été bastionnée de cinq rangs de murs du côté du lac, et que c'est d'elle que dépend l'inondation des campagnes qui se trouvent au midi. Peschiera est une place de troisième ordre.

Au sud et toujours du côté de Milan, est Mantoue, la deuxième ville du quadrilatère comme importance. Elle compte 25,000 habitants. C'est après Vérone la mieux fortifiée des quatre citadelles.

Mantoue tire surtout ses avantages de sa situation naturelle. Elle forme le centre de quatre lacs ou marais au milieu desquels passe le Mincio qui les alimente.

Un canal navigable la traverse dans toute la longueur, et peut donner passage à une flottille entretenue sur le lac par les Autrichiens.

Cependant la ville est reliée à la terre ferme par cinq chaussées qui, bien que fortifiées, peuvent devenir pernicieuses suivant les phases du siége et servir elles-mêmes de passage à l'ennemi.

En plus de ses fortifications spéciales, Mantoue, comme Vérone, est protégée par des camps retranchés dont l'étendue au sud n'est pas moindre de quarante kilomètres.

Mais la protection de tous ces travaux ne peut être comparée, ainsi que nous l'avons dit, aux bénéfices de sûreté que Mantoue possède dans son entourage de nappes d'eau.

Enfin vient la ville de Legnano au sud-est de Vérone et sur l'Adige. Cette place, dont la résistance est encore moins redoutable peut-être que celle de Peschiera, fut prise par les Français en 1796, après trois jours de siége. Il suffit de ce souvenir pour comprendre que Legnano n'a guère que l'intérêt de compléter le quadrilatère. Legnano a aussi des digues propres à l'inondation.

Tel est le quadrilatère sur lequel l'Autriche base son dernier, mais aussi son plus ferme espoir. Constatons cependant que le cours du Mincio offre plusieurs points accessibles, et que des documents nombreux sur l'immortelle campagne d'Italie en 1796 doivent laisser une grande confiance aux agresseurs.

<h1 style="text-align:center">XXXI</h1>

L'armée alliée, au moment où nous l'avons quittée, venait d'entrer à Brescia; mais dès le 21 juin, les deux souverains avaient quitté cette ville pour aller prendre place à la tête de l'armée. De son côté, l'empereur d'Autriche avait transporté son quartier général de Vérone à Villa-franca.

En se retirant précipitamment derrière le Mincio, François-Joseph et ses conseils avaient eu pour but de nous donner tout à la fois une grande audace, et en même temps une immense étendue de campagne libre où nos troupes auraient pu se disjoindre.

Ce raisonnement de la part des ennemis paraît d'autant mieux justifié que c'est trois jours après l'avoir mis à exécution, qu'ils nous présentent la bataille. Mal informés, sans doute, ou trop sûrs de leurs prévisions, ils eurent à se repentir de leur tentative. Car, lorsque, revenus sur leurs pas et après avoir retraversé le Mincio, ils nous montrèrent leur ligne de bataille, ils nous trouvèrent également prêts et rassemblés devant eux.

Le terrain sur lequel s'est livrée la bataille de Solferino est à peu près le même qui fut immortalisé en 1796 par la victoire de Castiglione. Il forme une suite de monticules et de mamelons, tantôt agglomérés, tantôt en chaîne jusqu'au lac de Garde, auprès duquel ils se confondent avec les Alpes.

Ces sommets et ces vallées sont couverts de vignes, de forêts ou de blés ; çà et là se montrent quelques ruines de châteaux du moyen âge ou des tours comme on en voit sur les crêtes qui longent le cours du

29.

Rhin. Les principales sont celles de Solferino et de Cavriana, qui furent durant l'engagement deux foyers d'efforts.

La bataille de Solferino est un combat si gigantesque, qu'il ne paraîtra pas étonnant de constater qu'il fut livré en même temps sur deux points bien distincts, quoique reliés par les colonnes combattantes. L'un, circonscrit par les monticules que nous venons de signaler, offrit les plus grandes difficultés. L'autre, non moins acharné, put se dérouler dans l'immense campagne qui s'étend au pied de ces mamelons, et qu'on appelle la *Campagna di Medola.*

L'armée autrichienne, au moment de la bataille, se trouvait forte de 260,000 hommes environ. L'empereur François-Joseph, pour arriver à ce chiffre, avait non-seulement appelé à lui les garnisons du quadrilatère, mais il avait même fait venir de nouveaux renforts de l'empire.

Nos troupes, au contraire, obligées de laisser partout des corps d'occupation, s'étaient restreintes à 140,000 hommes à peu près, y compris celles du roi Victor-Emmanuel, qu'il faut évaluer à 35,000 hommes à ce moment de la guerre.

Il y avait de part et d'autre 600 pièces de canon en campagne.

XXXII

D'après l'ordre donné par l'Empereur, le 23 juin, l'armée sarde s'était portée sur Possolongo, c'est-à-dire à notre gauche, et les généraux Baraguey-d'Hilliers, Niel et Canrobert, sur Solferino, Cavriana et Medole. La garde impériale fut postée à Castiglione. Pour éviter l'accablante chaleur du jour, il fut aussi décidé que les mouvements commenceraient à deux heures de l'après minuit.

Le 24, le canon se fit entendre à Montechiaro après de nombreuses reconnaissances poussées par les Autrichiens. L'Empereur se rendit en toute hâte vers Castiglione où allait arriver la garde impériale.

A peine les maréchaux Baraguey-d'Hilliers et Mac-Mahon ont-ils dépassé cette dernière ville, qu'ils se trouvent en présence de forces ennemies considérables. A Medole, autant en arrive au général Niel, qui les heurte aussitôt. Enfin les troupes sardes, sous la conduite de Victor-Emmanuel, se choquent aussi contre les Autrichiens à la hauteur de Rivoltella en avant de Pozzolongo, et le maréchal Canrobert trouve la cavalerie autrichienne à Castelgoffredo.

Tous ces corps marchant simultanément à une assez grande distance, l'Empereur se mit de suite à les rallier. Il se porte du côté où se trouve le duc de Magenta, et lui remet le commandement de la cavalerie pour qu'il aille soutenir le général Niel. Puis, il envoie des ordres dans le même but au maréchal Canrobert, l'avertissant aussi de se garder contre un corps autrichien qu'il sait de bonne source devoir se porter de Mantoue sur Azola.

Au bout de quelques instants, le maréchal fut au pied de la colline sur laquelle est situé le village de Solferino, dans le château et le cimetière duquel l'ennemi s'est retranché à la faveur de murs épais.

A plusieurs reprises le maréchal entraîne ses troupes, composées des divisions Bazaine et Ladmirault; cependant il ne gagne le terrain que pied à pied et avec des difficultés inouïes.

L'Empereur fait alors soutenir cette attaque par une brigade du côté de la plaine et sur la hauteur, en flanc, par les voltigeurs de la garde.

Il fallut encore le concours de l'artillerie qui, placée à trois cents mètres de l'ennemi, put seule forcer l'ennemi assailli partout de généreux combattants.

Cette manœuvre décida le succès sur ce point.

La division Forey put enfin s'emparer du cimetière, et celle du général Bazaine entrer dans le village. A trois heures environ, les Autrichiens évacuaient Solferino sous le feu de l'artillerie qui couronnait les crêtes avoisinantes.

Mais pendant cette lutte au centre, qui ne devait plus donner de préoccupations sérieuses de tout le reste de la journée, des combats non moins acharnés et bien plus difficultueux se livraient sur la droite et la gauche.

Le duc de Magenta, qui a déployé son corps d'armée dans la plaine de Giudizzolso, se dirige à droite vers Medole. A neuf heures du matin, il est attaqué et doit encore le succès sur ce point à l'artillerie de divisions auxiliaires qui prend l'ennemi d'écharpe et en fait un massacre épouvantable.

C'est alors seulement, vers trois heures de l'après-midi, qu'il prend l'offensive. Le village de San-Cassiano, qui est son point de mire, est pris, perdu, mais enfin repris avec un acharnement héroïque.

Presque à côté du corps du duc de Magenta et en même temps qu'il s'empare définitivement du village de San-Cassiano, les voltigeurs et les tirailleurs algériens prennent possession de Cavriana.

C'est dans cet instant qu'éclata l'effroyable ouragan qui vint mêler au bruit de la canonnade les ronflements du tonnerre et qui, par les trombes de vent et les pluies torrentielles qui l'accompagnaient, interrompit un instant le combat.

Les Autrichiens avaient profité de cette tourmente de la nature pour prendre la fuite sur plusieurs points. Aussi lorsque le ciel eut été balayé, l'effort des nôtres n'eut-il d'autre effet que de donner à la retraite de l'ennemi le caractère d'un sauve-qui-peut.

Sur d'autres points la lutte était vive encore. A Medole, à Rebecco, à Castel-Goffredo, il fallut déployer un courage aussi impétueux que durable. Partout surpassé par le nombre, ce n'était qu'après plusieurs charges qu'on venait à bout des positions inattaquables, pour ainsi dire, où se trouvaient les Autrichiens.

De son côté, l'armée du roi Victor-Emmanuel, placée à l'extrémité de notre gauche, ne le cédait en rien en bravoure et en intrépidité à nos soldats.

La rude mission dont elle eut à s'acquitter dans la journée, les débusquements continuels que lui faisaient essuyer, grâce au nombre, les Autrichiens, et qu'elle repoussait aussitôt à force d'ardeur et d'entrain, témoignent suffisamment de sa valeur. Malheureusement les pertes furent considérables dans l'armée sarde, notamment près du village de San-Martino, qui fut le théâtre des plus sanglantes boucheries dont on ait jamais ouï parler.

Ce qui explique sans doute la fureur de l'immense combat de Solferino, c'est la présence, dans les deux armées, des souverains respectifs devant lesquels, les soldats durent redoubler de zèle et de dévouement.

En effet, la lutte, qui avait commencé à trois heures du matin avec une telle disproportion dans le nombre pour l'armée alliée, continuait encore dans quelques endroits à neuf heures du soir. Ce ne fut qu'à la nuit complète que le canon cessa de gronder.

Tels sont en gros les grands mouvements de cette bataille qui dura seize heures consécutives. Maintenant, s'il faut entrer dans les détails, nous n'aurions qu'à répéter le même fait sous vingt formes différentes, à savoir : le trait héroïque d'un soldat, d'un sergent, d'un capitaine, se défendant contre vingt ennemis, ou marchant encore, quoique perclus par les blessures. Qu'il nous suffise de rappeler que partout les nôtres se sont choqués contre des forces triples ou quadruples; que partout elles ont eu à les déloger de positions formidables et que partout enfin la résistance des ennemis s'est produite de manière à couvrir de gloire les assaillants.

XXXIII

Après la bataille de Solferino, les Autrichiens, complétement démoralisés, abandonnèrent spontanément le passage du Mincio et ne songèrent plus qu'à se replier sur Vérone.

Dès lors la coopération du cinquième corps d'armée, arrivant de Toscane sous les ordres du prince Napoléon et du général Ulloa, allait devenir d'un grand secours.

Depuis que nous avons interrompu le récit de ses mouvements il avait fait de grands progrès. Il était tout entier concentré à Parme et, de là, il allait créer par sa situation de nouveaux embarras à l'ennemi.

L'Empereur, préoccupé d'opérer la jonction, avait transporté son quartier général au-delà du Mincio à Vallegio, à la date du 1ᵉʳ juillet.

De ce campement l'Empereur surveille le passage des troupes sur le Mincio, qui s'effectue, comme toutes les opérations préparées par les pontonniers et le génie, avec une grande promptitude.

De son côté, le roi Victor-Emmanuel, établi à Ponti, commençait dès les derniers jours de juin l'investissement de la forteresse de Peschiera.

Donc dès le 8 juillet, l'armée alliée, répartie dans les positions les plus favorables pour l'attaque du quadrilatère et la continuation de la guerre, allait entamer de nouvelles entreprises. Le général Garibaldi, au nord avec le général Cialdini, dirigeaient tous leurs efforts sur l'isolement de Vérone du côté du Tyrol et sur la prise du lac de Garde. En un mot, tout présageait les meilleurs résultats, quand tout à coup une communication de l'Empereur à l'Impératrice, publiée aussitôt, informa l'armée et les populations d'une suspension d'armes.

Sa durée devait prendre fin le 15 août.

Cet armistice, concerté par les grandes puissances neutres afin de pouvoir donner voie à une médiation honorable, fut suivie, à la date du 11 juillet, d'une entrevue des deux empereurs à Villafranca, où, d'un commun accord, les deux souverains arrêtèrent les bases de la paix.

L'empereur Napoléon III, dans une nouvelle dépêche à l'Impératrice, la lui annonça dans les termes suivants :

« L'EMPEREUR A L'IMPÉRATRICE.

« La paix est signée entre l'empereur d'Autriche et moi.

« Les bases de la paix sont :

« Confédération italienne sous la présidence honoraire du Pape.

« L'empereur d'Autriche cède ses droits sur la Lombardie à l'em-
« pereur des Français, qui les remet au roi de Sardaigne.

« L'empereur d'Autriche conserve la Vénétie, mais elle fait partie
« intégrante de la confédération italienne.

« Amnistie générale. »

XXXIV

Telle fut l'issue de la plus glorieuse et de la plus formidable campagne des temps modernes, à laquelle trois souverains, dont deux des plus puissants de l'Europe, firent concourir l'élite de leurs peuples.

Bien que les opérations militaires n'aient point été poussées jusqu'où il était probable qu'elles devaient l'être, les résultats de la guerre n'en sont pas moins aussi complets, aussi satisfaisants que pouvait le désirer une prudente et sage politique.

Les Italiens sont depuis lors soustraits au joug autrichien. Ils forment par eux-mêmes une puissance suffisante pour tenir en arrêt sans appui étranger toutes prétentions ultérieures de l'Autriche.

D'autre part, la retraite des princes qui gouvernaient les duchés a fait disparaître un morcellement de la Péninsule, qui pouvait indéfiniment retarder les efforts de l'esprit de nationalité.

Maîtresse de ses destinées, l'Italie peut enfin s'organiser suivant ses vœux ou ses intérêts. La possibilité de cette organisation, de cette réunion des provinces dans une seule main, est d'autant plus libre que le concours d'une nation étrangère ne venant pas à cet effet peser sur les princes italiens qui résistent encore, ils ne peuvent pas non plus de leur côté requérir légitimement l'intervention d'alliés quelconques pour défendre leurs droits caducs. Ce n'est plus désormais que contre les Italiens eux-mêmes qu'ils peuvent revendiquer leur pouvoir en Italie.

Quant à nous, Français, nous avons acquis par cette guerre tous les avantages que nous pouvions lui demander, à savoir :

L'alliance d'un peuple généreux qui nous doit son indépendance ;

En second lieu, l'éviction des Autrichiens, dont les continuels progrès au nord de la Péninsule pouvaient enfin atteindre nos frontières en nous créant un voisinage inquiétant.

Il faut donc applaudir à la paix de Villafranca et attendre en toute confiance, des événements qui se succèdent actuellement en Italie, la preuve de la profondeur des desseins de celui qui l'a dictée.

FIN.

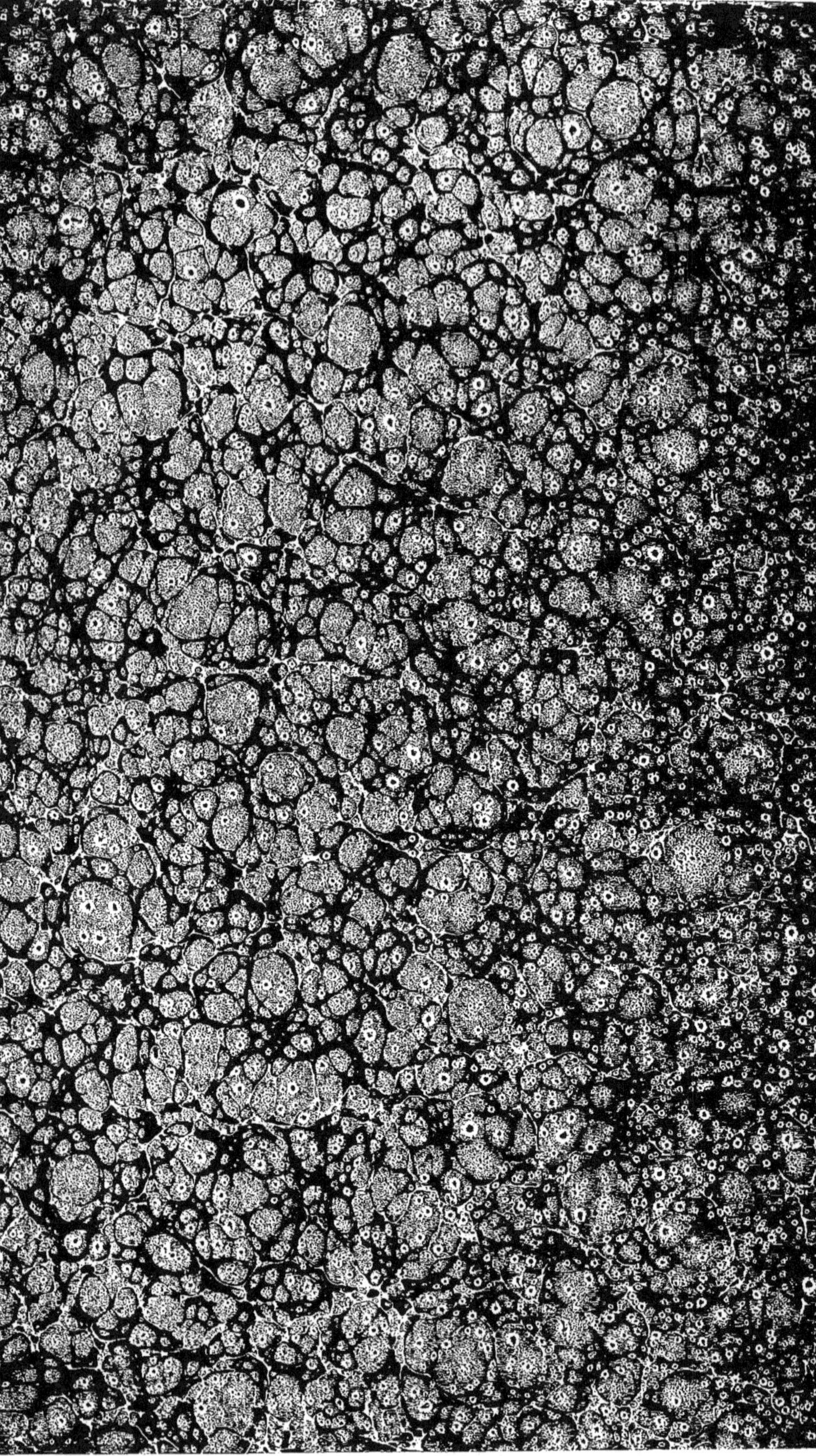

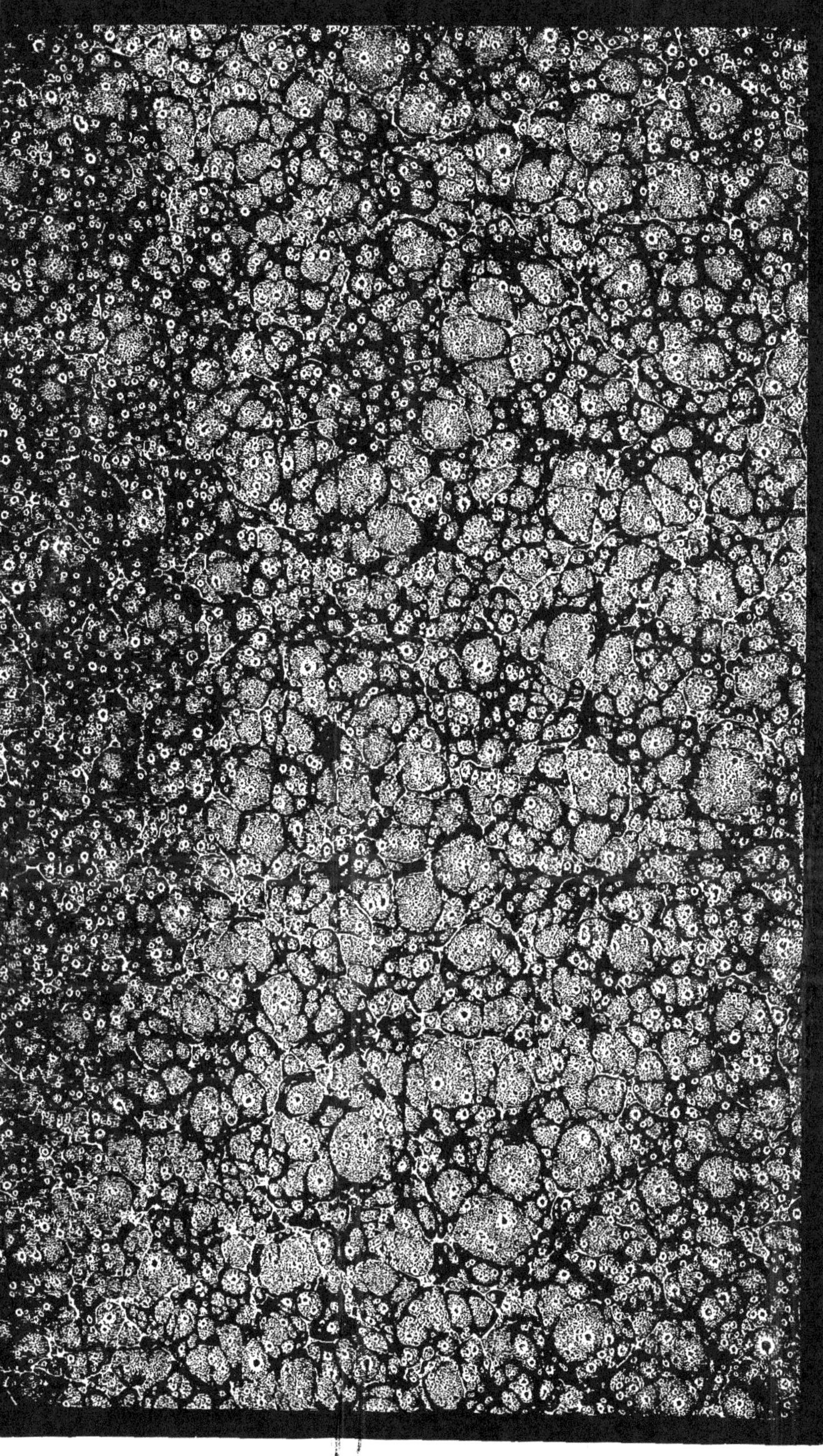